생각이 열리는

교과서 토론
한국사

생각이 열리는

교과서 토론 - 한국사

초판 1쇄   찍은 날 2022년 7월 8일
초판 1쇄   펴낸 날 2022년 7월 15일

지은이   강문형·김굉미·송동근·안희평·오정은·윤주한·정대성·한효석

발행인   육혜원
발행처   이화북스
등 록   2017년 12월 26일(제2017-0000-75호)
주 소   서울특별시 마포구 월드컵북로 400 서울산업진흥원 5층 15호
전화   02-2691-3864
팩스   02-307-1225
전자우편   ewhabooks@naver.com

편집   박나리
디자인   책은우주다
마케팅   임동건

ISBN   979-11-90626-24-8 (04080)

교과서 토론 시리즈 05

생각이 열리는

교과서 토론

한국사

강문형·김굉미·송동근·안희평·오정은
윤주한·정대성·한효석 지음

이화북스

한국사 토론여행

'토론'이라고 하면 누구나 뭔가 좀 무거운 느낌부터 들지요. 어렵고 전문적인 능력이 필요하지 않을까 하는 생각도 곧장 납니다. 하지만 이미 '세계사 토론'을 통해 역사 토론은 전혀 그렇지 않다는 것을 알게 되었습니다. 오히려 흥미롭게 공부할 수 있는 좋은 방법이라는 사실도 배웠고요. 쉽게 말하면 토론은 대화의 형태로, 주제를 놓고 상대방과 주거니 받거니 이야기를 나누는 것입니다. 신기하게도 토론 방식이 시험공부에도 더 효과적이라고 밝혀졌습니다. 책에서 끙끙대며 외운 것은 자고 나면 잊어먹기 일쑤지만 친구들과 신나게 말한 내용은 웬만해선 까먹지 않는 것과 같은 이치라고 하겠지요.

토론은 논쟁처럼 뜨거워질 수도 있지만 상대방을 이기는 일은 절대 아닙니다. 오히려 생각이 다른 상대의 말을 귀담아 듣고 내 주장을 펼치며 서로의 의견을 보충하고 넓혀 가는 일입니다.

우리는 '세계사 토론'을 통해 세계사의 주요 쟁점에 대해 배웠습니다. 이번에는 한국사의 차례입니다. 이 책은 단군 신화에서 시작해, '삼국사기와 삼국유사'가 어떻게 다른지를 살펴보고, 고려 멸망의 원인에 대해 토론을 펼칩니다. 그런 다음, 우리 역사의 아픈 쟁점인 임진왜란과 병자호란을 거쳐 고종과 일제강점기 그리고 남한과 북한의 형성까지 종횡무진 신나는 토론 여행이 꼬리를 물고 이어집니다. 각 쟁점의 끝에는 '그때 세계는'이라는 코너를 통해 세계사 속에서 한국사의 위치도 가늠해 보도록 합니다.

각 주제를 놓고 매번 찬반 토론이 격렬하게 벌어지지만, 크게 보면 찬성편도 반대편도 토론을 통해 새로 배움을 얻고 있습니다. 손에 땀을 쥐며 토론을 지켜보거나 한쪽을 열심히 응원했던 독자들도 결국 양쪽 주장 모두를 통해서만 주제의 내용이 풍부해지고 설득력을 얻게 됨을 깨달아 가지요. 토론은 결국 배움을 위한 가장 열정적인 수단입니다. 논리적이고 비판적인 대화의 광장인 토론을 통해 한걸음 더 나아가며, 미처 생각하지 못한 점을 상대방에게서 배우기 때문입니다.

이 책은 한국사 속의 결정적 순간으로 여러분을 초대해 토론에 뛰어들게 할 것입니다. 자, 준비되셨나요? 토론여행을 위한 열차가 이제 출발합니다. Go, Go!

저자 일동

차례

· 쟁점 1 ·
단군 신화
― 단군 신화를 어떻게 볼 것인가

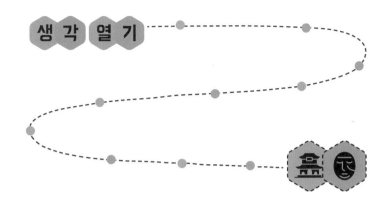
우리가 물이라면 새암이 있고
우리가 나무라면 뿌리가 있다
이 나라 한아바님은 단군이시니
이 나라 한아바님은 단군이시니

이 노래는 해마다 10월 3일에 불리는 개천절 노래 1절 가사입니다. 노래 가사에서 알 수 있듯이 개천절은 단군이 우리 역사상 최초의 국가인 고조선을 세운 것을 기념하는 국경일입니다. 개천절에는 단군을 낳은 환웅이 하늘에서 내려와 세상을 이롭게 하고자 하는 '홍익인간'의 뜻을 펼치기 시작한 날로서의 의미도 있다고 합니다. 삼일절이나 광복절만큼 개천절이 가진 의미가 큰 것을 알 수 있습니다.

대한민국뿐만 아니라 고려, 조선, 일제 강점기에도 고조선

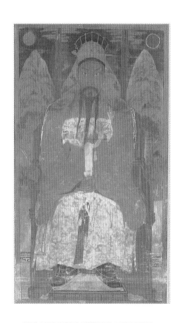

▲ 일제 강점기 화가 채용신이 그린 단군상
출처: 부산시립미술관 홈페이지

원래 나라 이름은 조선이다. '옛 고(古)'를 붙인 고조선이라는 표현은 일연의 『삼국유사』에 처음 등장하는데, 일연은 단군왕검이 세운 조선을 나중에 등장하는 기자 조선이나 위만 조선과 구분하기 위해 썼다. 현재 우리가 고조선이라고 부를 때는 태조 이성계가 세운 조선과 구별하여 단군 조선부터 위만 조선까지 모두 포함하는 의미로 사용한다.

을 우리 역사의 출발점으로 삼는 기록들이 있고, 단군을 숭배하는 전통도 오래전부터 이어져 왔습니다. 그만큼 단군과 고조선에 대한 인식도 역사가 깊다는 것이겠지요. 대한민국 사람이라면 누구나 단군이 고조선[1]을 세웠다는 이야기를 알고 있겠지만, 좀 더 깊이 들어가 보면 단군과 고조선에 대해 우리가 알고 있는 사실이 의외로 적으며, 아주 격렬한 논쟁의 대상이라는 사실에 놀랄 수도 있습니다.

단군과 고조선에 대해 알려진 사실이 적고, 많은 논쟁의 대상이 되는 이유는 무엇보다 관련 기록이 적기 때문입니다. 현재 단군과 고조선에 관해 기록한 책 중, 우리나라에서 가장 오래된 것은 『삼국유사三國遺事』로, 고조선이 멸망한 때(기원전 108년)로부터 약 1,400년 뒤인 고려 시대 후기에 쓰였습니다. 내용도 공식적인 역사 기록이라기보다는 신화의 형태로 단군의 고조선 건국 이야기를 전하고 있습니다. 이웃 중국에도 전국 시대의 기록에 고조선 이야기가 남아 있지만, 기원전 7세기에 고조선이 존재하고 있었다는 사실만 전할 뿐, 단군이나 고조선 건국 과정에 관한 이야기는 없습니다.

부족한 역사 기록을 보완하기 위해 고고학 발굴의 결과를 적극적으로 활용하고 있지만 유물, 유적을 남긴 사람들이 정확히 누구인지 알 수 없다는 한계 때문에 아직도 많은 의문이 해결되지 않은 채 남아 있습니다.

『삼국유사』에 신화로 전해져 오는 단군의 건국 이야기를 그대로 믿어야 하는지, 믿는다면 어디까지 믿어야 하는지부터 시작해, 단군이라는 인물이 실제 존재한 인물인지도 논쟁의 주제가 되고 있습니다. 기록에 따르면, 단군왕검이라 부르는 아이가 자라나 고조선을 건국하였다는데, 사실 단군왕검은 한 개인의 이름이 아니라 '왕'과 같이 고조선의 통치자를 일컫는 칭호였다는 주장과 최초의 건국자를 가리킨다는 주장으로 나뉘고 있습니다.

개천절이 10월 3일이니 고조선이 세워진 때를 분명하게 알 것 같지만, 이에 대한 의견도 갈립니다. 한편에서는 『삼국유사』나 『동국통감東國通鑑』을 믿어야 한다고 하지만, 다른 한편에서는 그 시기가 국가가 등장하기에는 이르다고 합니다. 고조선은 세월이 더 흐른 뒤에 세워졌을 것이라는 주장입니다.

고조선이 건국될 당시의 중심지, 그러니까 수도는 어디였는가는 의견이 훨씬 분분합니다. 아쉽게도 고조선의 수도라고 할 수 있는 유적지가 아직 확실하게 확인되지 않았기 때문입니다. 그러니 고조선의 영역도 발굴되는 유물, 유적으로 대략 짐작만 할 뿐입니다.

이렇게 고조선이 남긴 수수께끼를 풀기 위해서는 사실에 근거한 합리적인 추론과 상상력이 함께 필요합니다. 단군 신화에 담긴 역사적 의미와 논쟁을 따라가면서, 역사의 빈자리를 메울 수 있는 추리력을 발휘해 보는 것은 어떨까요?

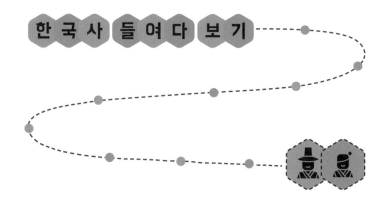

　기원전 3500년 무렵 메소포타미아에서 문명이 등장한 이후 세계 각지에서 청동기 문화를 바탕으로 국가가 하나둘씩 세워졌습니다. 중국에서는 기원전 2000년쯤 청동기를 사용하기 시작해, 기원전 1600년쯤에 청동기 문화를 바탕으로 한 최초의 국가 상 왕조가 등장하였습니다. 중국 역사가 사마천이 쓴 『사기』에는 그 이전에 하 왕조가 있었다고 하지만, 아직 고고학적으로 입증되지 못하였습니다.

　만주 지역에서는 기원전 2000~1500년 무렵 청동기 사용이 시작되고, 한반도에서는 그보다 늦게 청동기 문화가 확산하기 시작합니다. 우리 역사의 첫 국가인 고조선은 이 청동기 문화를 바탕으로 세워졌습니다.

　하지만 청동기라고 해서 모두 고조선과 연결되는 것은 아닙니다. 중국이나 북방 지역 등 다른 청동기 문화와 구별되면서 고조선 사람들이 남긴 것이라고 여겨지는 유물들이 있습니

▲ 비파형 동검과 다른 동검 비교

다. 고인돌, 비파형 동검, 청동거울, 미송리식 토기 등입니다. 예를 들어, 비파형 동검은 중국이나 북방 유목민족과는 다른 형태의 청동검으로 요령 지방에서 기원전 1000년 전후에 집중적으로 제작, 사용됩니다. 고조선이 실제로 등장하는 시기는 이 시기 이후일 가능성이 크지요.

청동기가 확산하던 시기 만주와 한반도 곳곳에서는 농경이 발달하고 인구가 증가하면서 사회의 규모가 커집니다. 계급과 빈부 차이가 나타나고, 직업이 세분화되는 등 사회 구조도 복잡해지지요. 그 가운데 일부 집단이 세력을 확대하고 전쟁을 벌이면서 주변 지역을 흡수, 통합하여 유력한 지배 세력으로 성장하였습니다.

군장이라 불리는 지배 세력은 고인돌과 같은 무덤을 세우고 청동검, 청동거울 등으로 권위를 드러내는 한편, 지배를 정당화하기 위한 논리를 만들어 냈습니다. 자신이나 조상이 '하늘의 자손'[2]이라며 출신을 신비화하는 주장이 대표적인데, 우리나라뿐아니라 다른 나라에서도 비슷한 주장을 볼 수 있습니다.

이들 군장 사회 가운데 주변의 여러 사회를 통합하여 가장 먼저 국가 단계로 접어든 것이 고조선입니다. 고려 후기에 일연이 쓴 『삼국유사』[3]는 신화적인 이야기로 되어 있습니다만, 고조선이 건국되기 전후 상황을 기록하고 있는 가장 오래된 책입니다. 조금 뒤에 쓰인 이승휴의 『제왕운기帝王韻紀』를 비롯해, 조선 시대의 기록들에서도 단군 이야기를 만나 볼 수 있습니다.

국가의 시조가 하늘에서 내려왔다는 내용을 담은 신화를 '천손 강림 신화'라고 한다.

『삼국유사』의 내용을 일부 소개하면 다음과 같다. "하늘신 환인의 아들인 환웅이 풍백, 우사, 운사 등 무리 3천을 거느리고 태백산 신단수 아래에 내려왔다. 곰 한 마리와 호랑이 한 마리가 찾아와 사람 되기를 빌자, 환웅이 쑥과 마늘을 주고 100일 동안 햇빛을 보지 말라고 하였다. 호랑이는 참지 못하고 뛰쳐 나갔으나 곰은 끝까지 견디어 여자의 몸이 되었다. 웅녀가 잠시 사람의 몸이 된 환웅과 혼인하여 아이를 낳으니, 이름을 단군왕검이라 하였다. 단군은 요임금 즉위 50년째에 평양성에 도읍을 정하고, 나라 이름을 (고)조선이라 하였으며, 천오백 년간 나라를 다스렸다."

	삼국유사	제왕운기
단군 이전	천신 환인의 서자 환웅이 무리 삼천을 거느리고 태백산 신단수 아래로 내려와 신시를 건설하고 세상을 다스림	상제 환인의 서자 웅이 무리 삼천을 거느리고 태백산 신단수 아래로 내려 왔는데, 단웅 천왕이라 부름
단군의 출생	곰과 호랑이가 찾아와 인간이 되기를 원했고, 환웅의 지시를 잘 따른 곰은 인간으로 변함. 환웅이 잠시 인간의 몸이 되어 그녀와 혼인하여 단군왕검을 낳음	단웅 천왕이 손녀로 하여금 약을 먹고 사람의 몸이 되게 하고 단수신과 혼인을 하여 아들을 낳으니 이름을 단군이라 함
단군의 건국	중국 요임금 50년(경인년)에 (고)조선을 건국함	중국 요임금 원년(무진년)에 왕이 됨
통치 기간	1,500년 동안 나라를 다스리다가 아사달에서 산신이 됨	1,038년 동안 나라를 다스리다가 아사달산에 들어가 산신이 됨

▲ 『삼국유사』(1281)와 『제왕운기』(1287)의 단군 신화 비교

『삼국유사』에는 그대로 믿기 어려운 이야기들이 펼쳐지고 있지만, 신화 속 허구적인 내용을 걸어 내면 고조선의 건국 과정에서 일어난 역사적 사실들을 되살릴 수 있습니다.

하늘에서 내려왔다는 환웅의 무리는 다른 지역에서 옮겨 온 이주민 세력이었습니다. 환웅이 이끄는 집단이 고조선의 지배 세력이 되면서 자신들의 권위를 높이고 다른 사람들과 차별화하기 위해 집단의 우두머리가 하늘신의 아들이라고 한 것이지요. 고구려의 주몽, 신라의 혁거세 같은 인물들의 출신도 비슷하게 이야기됩니다. 환웅과 함께 내려온 풍백, 우사, 운사는 바람, 비, 구름 등 날씨와 관련된 신들이니, 날씨를 다스릴 수 있는 환웅 집단은 발달한 농경 기술을 지닌 집단이었다고 볼 수 있습니다.

사람이 되고 싶어 한 곰과 호랑이는 환웅 부족이 옮겨 오기 전부터 그 지역에 살던 세력으로 각각 곰과 호랑이를 숭배하는 부족이었던 것으로 짐작됩니다. 환웅이 곰과 호랑이 위에 군림하는 모습에서 환웅 부족이 그들보다 우위에 있었던 것을 알 수 있지요. 곰이 여인이 되어 환웅과 결혼해 단군왕검을 낳았다고 하는데, 신화나 전설에서 결혼은 정치적인 결합을 뜻하는 경우가 많습니다. 환웅 부족과 곰 부족이 연맹을 맺어 고조선을 세우고, 단군왕검이 새로운 통치자로 등장한 것입니다.

청동기 문화를 바탕으로 성립된 고조선에서 철기가 보급되기 시작한 것은 기원전 4세기 무렵부터입니다. 전국 시대였던 중국에서 여러 국가가 왕을 칭하자, 고조선 또한 왕을 칭하고, 상, 대부 등의 관직을 두어 통치 체제를 강화하는 한편, 인접해 있던 연나라와 충돌하기도 하였습니다.

　기원전 2세기 초는 중국이 진 왕조에서 한 왕조로 교체되던 혼란기였습니다. 이때 중국에서 흘러들어 온 이주민 집단의 우두머리인 위만이 준왕을 몰아내고 고조선의 왕이 됩니다. 이를 위만 조선이라고 합니다. 위만 조선은 발달한 철기 문화를 바탕으로 영역을 넓혀 나가며 한반도 남부의 진과 중국 한 왕조를 잇는 중계 무역으로 이익을 얻기도 하였습니다. 그러나 기원전 108년 중국 한 나라의 침공을 받아 장기간의 항쟁으로 일어난 내부 분열로 멸망하고 말았습니다.

단군 신화를
어떻게 볼 것인가

주제 펼치기

'반만년 역사에 빛나는 대한민국.' 우리가 5천 년에 가까운 긴 역사를 가지고 있다고 말하게 된 것은 고조선의 건국에서 비롯되었다. 『삼국유사』에 따르면 하늘에서 내려온 환웅이 곰이 변해 사람이 된 여자(웅녀)와 혼인하여 낳은 단군왕검이 우리 역사의 첫 나라인 고조선을 건국하였다. 후세 사람들이 기록을 토대로 단군의 고조선 건국을 기원전 2333년으로 추정하면서, 우리는 4,300여 년의 역사를 갖고 있다고 말하게 되었다.

하지만 단군의 고조선 건국은 신화적인 이야기의 형태로 기록되어 있어, 그 내용을 어떻게 받아들일지를 두고 많은 논란이 되어 왔다. 극단적인 예로 어떤 이들은 단군 신화가 대부분 실재했던 역사적 사실이라고 주장하는데, 또 어떤 이들은 이야기 대부분이 허구이므로 전혀 믿을 수 없다고 정반대로 주장하기도 한다. 우리 역사의 출발점인 고조선에 대한 올바른 이해를 위해 균형 잡힌 시각이 필요한 이유이다.

오늘 JWBS '한국사 맞짱 토론'에서는 단군 신화에 담긴 역사적 실체는 무엇이고, 단군과 고조선이 오늘을 살아가는 우리에게 어떤 의미가 있는지 짚어 보고자 한다. 극단적이고 감정적인 주장보다는 합리적인 토론을 통해 단군과 고조선에 대해 올바로 이해할 기회가 되기를 기대한다.

사회자 —— 안녕하십니까? 한국사의 중요한 쟁점을 짚어 보는 '한국사 맞짱 토론' 시간입니다. 오늘의 토론 주제는 '단군 신화를 어떻게 볼 것인가?'로, 고조선의 건국 이야기를 담고 있는 단군 신화를 둘러싼 여러 쟁점을 살펴보고자 합니다. 오늘 이 자리에는 한국 고대사를 전공하신 정사실 교수님과 단군 연구소 오민족 소장님을 모셨습니다. 본격적인 주제 토론에 들어가기 전에 단군과 고조선에 대한 두 분의 입장부터 들어 보도록 하겠습니다. 오민족 소장님께서 먼저 말씀해 주시기 바랍니다.

오민족 —— 네, 고조선은 우리 민족사의 시작이라는 상징성을 갖고 있지요. '우리는 단군의 자손'이라는 말은 우리 민족의 뿌리가 어디에 있는지 분명하게 보여 줍니다. 그런데 단군과 고조선에 대한 기록과 자료가 적다는 핑계로 단군 신화에 담긴 단군과 고조선의 역사성을 축소하려는 분들이 있어서 안타깝습니다. 저는 기록과 고고학적 자료가 말해 주지 않는 공백들을 적극적인 상상력으로 메워야 한다고 생각합니다.

정사실 —— 저는 상상력보다는 합리적 사고가 더 중요하다고 생각합니다. '우리는 단군의 자손'이라고 하셨는데, 한번 생각해 봅시다. 우리가 모두 단군의 자손이라면 고조선에 살던 백성의 후손들은 어떻게 되었을까요? 고조선의 백성들은 우리와 아무런 상관이 없는 사람들일까요? 조금만 생각해 봐도 그 표현은 상징적인 의미로만 받아들여야지, 진짜 사실로 받아들이면 안 된다는 것을 알 수 있습니다. 지나친 상상은 역사를 왜곡할 수도 있습니다. 단군과 고조선에 대한 애정은 가지되, 냉철한 이성으로 다가가야 역사적 실체를 제대로 파악할 수 있다고 봅니다.

주제 1
단군은 어떤 인물인가

사회자 — 네, 두 분 말씀을 들으니 오늘 토론이 아주 뜨거워질 것 같은 예감이 듭니다. 본격적인 주제 토론에 들어가겠습니다. 먼저, '단군은 어떤 인물인가?'라는 주제부터 시작해 보겠습니다. 우리가 알고 있는 단군이라는 인물은 신화 속 주인공으로 등장하고 있어서 단군이 실재하였는가를 두고 오랫동안 논란이 되어 왔는데요, 어느 분께서 먼저 말씀해 주시겠습니까?

오민족 — 현재 단군 신화가 실려 있는 가장 오래된 책은 고려 시대에 일연이 쓴 『삼국유사』(1281년)입니다. 고조선이 멸망하고서도 한참 지난 후에 쓰인 책이고 신화적인 내용 때문에 전혀 믿을 수 없다는 사람들도 있습니다. 하지만 일연은 역사서로 짐작되는 『고기古記』라든가 『위서魏書』 같은 책들을 인용하여 단군 이야기를 소개하고 있습니다. 이를 통해 일연이 그냥 지어 낸 이야기가 아니라, 당시에 전해지던 역사 자료를 근거로 썼다는 것을 알 수 있습니다. 또『삼국유사』이후에 쓰인 역사서들도 내용은 조금씩 다르지만, 고조선 건국 이야기를 싣고 있어요. 옛날부터 단군의 존재와 고조선의 건국은 역사적 사실로 받아들여졌던 것입니다.

정사실 ── 단군 신화가 고조선의 건국 이야기를 담고 있는 것은 사실입니다. 다만, 신화적인 이야기 속에 은유적으로 표현되어 있어서 합리적인 잣대를 가지고 분석할 필요가 있습니다. 하늘에서 사람이 내려와 곰이 변한 여인과 결혼하였다든가, 단군 한 사람이 천 년 넘도록 나라를 다스렸다는 이야기를 그대로 믿을 수는 없지 않겠습니까?

오민족 ── 물론 신화의 내용을 곧이곧대로 믿을 수는 없지요. 환웅은 다른 지역에서 온 이주자들의 지도자, 곰과 호랑이는 고조선이 건국되던 지역에서 곰이나 호랑이를 숭배하던 집단을 상징한다고 생각할 수 있습니다. 그리고 단군은 환웅이 이끌던 부족과 곰을 숭상하던 부족을 중심으로 고조선을 세웠던 것이지요. 웅녀와 환웅이 혼인하여 낳은 단군왕검이 고조선을 세웠다는 이야기를 역사적으로 해석한 것입니다. 이렇게 이야기의 신비성을 걷어 내면 고조선을 건국한 단군의 실체가 분명하게 드러납니다.

정사실 ── 저 역시 단군의 존재를 부정하지는 않습니다. 다만, 단군을 어느 특정 인물, 한 개인으로 보기 어렵다는 생각입니다. 단군이라는 말은 무당을 가리키는 '당굴'이나 북방 유목민족들 사이에 하늘을 뜻하는 '텡그리'와 어원이 같다고 합니다. 단군은 하늘과 인간을 이어 주는 매개자를 뜻한다고 볼 수 있습니다.

사회자 — 그러면 '단군'이 무당이었다는 말씀인가요?

정사실 — 당시 국가의 통치자를 가리키는 말이니까, 제사장 역할을 했다고 하는 것이 더 적절할 것 같습니다. 덧붙이자면 『삼국유사』에는 건국자의 이름이 '단군왕검'이라고 되어 있습니다. 여기서 왕검은 우리가 잘 아는 '임금'이라는 말과 뜻이 통합니다. 결론적으로 '단군왕검'은 개인의 이름이 아니라 종교와 정치를 아우르는 고조선의 최고 통치자를 가리키는 말입니다. 고대 이집트의 통치자를 '파라오'라고 불렀던 것처럼 말입니다. 이렇게 보면 단군이 천 년 넘게 나라를 다스렸다는 이야기도 합리적으로 해석할 수 있게 됩니다. 진짜로 오랫동안 나라를 다스린 게 아니라 여러 단군왕검이 대를 이어 나라를 다스린 일을 그렇게 표현한 것이지요.

오민족 — 중국 기록에 따르면, 전국 시대에 고조선이 '왕'이라는 칭호를 사용하며 연 나라와 충돌하였다는 이야기가 있으니, 그전에는 통치자를 다른 이름으로 불렀을 가능성이 크긴 합니다. 신라가 거서간, 차차웅, 이사금, 마립간 등의 칭호를 쓰다가 왕이라는 칭호를 사용한 사실도 있으니까요. 하지만 단군은 고조선의 통치자를 가리키는 호칭이고 왕검은 이름이라고 보는 것이 적절할 것 같습니다. 그래야 고조선의 건국자에 대한 이야기라는 단군 신화의 성격과도 맞지 않을까요?

주제 2
고조선은 언제 세워졌는가

사회자 — 네, 적어도 여러 명의 통치자가 고조선을 다스렸다는 사실에
는 두 분 생각이 일치하는 것 같습니다. 이제 다음 주제로 넘어가겠
습니다. 단군의 실존 여부만큼이나 단군이 고조선을 언제 세웠느냐
도 중요한 관심사입니다. 우리 역사가 '반만 년 역사'라고 하는 것은
『삼국유사』를 근거로 기원전 2333년에 고조선이 건국되었다고 보
기 때문으로 알고 있습니다. 오 소장님, 단군이 이때 고조선을 세운
것이 맞습니까?

오민족 — 먼저, 바로잡을 부분이 있는데, 기원전 2333년이라는 연도
는 조선 성종 때 편찬된 『동국통감』의 해석을 따른 것입니다. 『삼국
유사』, 『제왕운기』, 『동국통감』 등의 기록에는 단군이 건국한 때를
중국 요임금의 통치 시기와 연결하고 있는데, 세운 때가 책마다 달
라요. 『동국통감』은 요임금이 즉위하고 25년 뒤에 단군이 즉위했다
고 보는데, 이 주장에 따라 추정한 연대가 기원전 2333년입니다.
요임금 즉위 50년에 세웠다는 『삼국유사』를 따르면 기원전 2308년,
요임금과 같은 해에 나라를 세웠다는 『제왕운기』를 따르면 기원전
2357년이 건국한 해가 됩니다.

사회자 — 기록마다 단군이 건국한 시기가 다른 것을 오늘 처음 알았습
니다. 게다가 『삼국유사』도 아니고 조선 시대에 나온 해석을 따라 단
군 기원[4]이 정해진 것도 흥미롭습니다. 그런데 『동국통감』의 기록은

단군이 즉위한 해인 기원전
2333년을 기원으로 삼는 연
호를 줄여서 단기(檀紀)라고 한
다. 1948년 대한민국 정부 수
립과 동시에 사용하다가 1962
년부터는 공식적으로 서기(西紀)
를 사용하기 시작하였다.

믿을 만한가요?

오민족 —— 기록상의 차이도 있고 후세의 추정이기 때문에 정확한 연도를 알기는 힘들어도, 기원전 24세기 전후에 세워졌다고는 할 수 있습니다.

정사실 —— 그건 아닙니다. 요임금은 삼황오제[5]라는 중국 신화 속 군주 중 한 사람입니다. 사마천이 쓴 중국 역사서『사기史記』에도 삼황오제가 등장합니다만, 실존 인물로 보지 않습니다. 그러니 전설 속 군주가 즉위한 해가 언제인지 누가 알겠습니까? 요임금의 즉위년을 추정하고, 그것을 토대로 다시 단군의 고조선 건국 연도를 추정하는 것은 의미가 없는 일이지요. 무엇보다 세계적으로 청동기 시대부터 국가가 세워지는 것이 일반적인데, 고조선의 영역이었을 것으로 보는 만주와 한반도에서는 기원전 24세기가 아직 신석기 단계였습니다. 이때 고조선이 건국되었다고 보기에는 무리가 있습니다.

오민족 —— 우리나라 청동기 문화가 펼쳐진 무대는 중국 동북 지방과 한반도입니다. 그중 요동 지역에서는 대략 기원전 2000년에서 1500년 사이에 시작되고, 한반도에서는 좀 더 시간이 흐른 후에 청동기가 사용되기 시작하였다고 합니다. 하지만 근래 발굴되는 청동 유물 가운데 시기가 더 앞선다는 연구도 있으니,『삼국유사』에 나오는 건국 시기가 아주 터무니없는 것은 아닙니다.

정사실 —— 청동기를 사용하기 시작하면서 곧바로 국가가 성립하는 것은 아닙니다. 청동기 보급을 전후로 각 지역에서 여러 정치 세력이 등장하여 주변과 경쟁을 합니다. 그중 유력한 정치 세력이 주변 지역

중국의 고대 신화에 등장하는 제왕들이다. 기록에 따라 삼황과 오제에 해당하는 인물이 조금씩 다른데, 보통 오제에 드는 인물은 황제, 전욱, 제곡, 요, 순이다.

을 통합하고 지배하는 과정을 거치면서 점차 국가 단계로 나아가지요. 환웅이 곰과 호랑이를 만나고, 웅녀와 결혼하는 이야기가 그런 상황을 보여 준다고 할 수 있습니다. 보통 비파형 동검과 탁자식 고인돌, 미송리형 토기 같은 유물을 고조선 문화와 연결 짓습니다. 그중 대표 유물이라 할 수 있는 비파형 동검의 경우 일찍 잡아도 요동 지방에서 기원전 12~10세기 전후에 등장합니다. 그러니 고조선의 등장은 이때 이후의 어느 시점에 이루어졌을 것입니다. 중국에서는 기원전 7세기의 상황을 전하는 『관자管子』라는 책이 고조선을 언급하는 가장 이른 기록이라는 점도 참고할 필요가 있습니다.

오민족 ── 『관자』의 기록은 고조선이 언제 건국되었다는 이야기가 아니잖습니까? 그냥 7세기 무렵에 고조선이 있었다는 사실만 이야기하는 것이지요. 건국 기원 연대가 완전히 증명된 것은 아니지만 말씀하신 내용으로는 제 주장이 틀렸다고 할 수도 없을 것 같습니다. 지금 중국에서는 입증되지 않은 하 왕조보다 먼저 등장하는 삼황오제 시기도 실제 역사로 만들려고 시도하고 있습니다. 이런 상황에서 이미 우리 생각 속에 자리 잡은 '반만년의 역사'를 굳이 부정할 이유는 없다고 봅니다.

정사실 ── 그러니 더더욱 분명한 근거와 합리적 추론을 바탕으로 역사를 해석해야 하지 않을까요? 『삼국유사』나 『동국통감』의 주장을 그대로 믿는다면, 중국의 전설 속 요임금 이야기도 실제 역사라고 인정하는 셈이 됩니다. 오히려 중국의 역사 왜곡을 도와주는 일이 되지 않습니까?

사회자 ── 그럼 중국 요임금 때에 나라를 세웠다는 옛 기록은 어떻게 이해해야 할까요?

정사실 ── '요·순 시대'라는 말에서 알 수 있듯이, 요임금은 유교에서 말하는 이상적인 통치자의 대명사입니다. 고조선이 바로 그 요임금과 같은 시기에 등장하였다는 것은 우리도 중국 못지않게 오랜 역사를 지니고 있다는 사실을 강조하기 위해서였다고 생각합니다. 일연이 『삼국유사』를 쓸 때는 고려가 몽골과의 전쟁을 끝내고 그들의 간섭을 받던 시기였습니다. 단군과 고조선을 통해 우리 역사의 유구함을 밝혀 외침에 시달리던 고려인의 일체감과 자존감을 높이려 한 것입니다. 이승휴가 『제왕운기』에 "신라, 고구려, 남북 옥저, 동북 부여, 예맥 등이 모두 단군의 자손"이라고 쓴 것도 그런 맥락으로 해석할 수 있습니다. 다만, 이런 이야기를 역사적 사실로 그대로 믿기보다는 고려 말기 사람들의 정신세계를 엿볼 수 있는 자료라고 생각하는 게 타당할 것 같습니다.

주제 3
지금 우리에게 단군 신화와 고조선은 어떤 의미인가

사회자 ── 네. 정사실 교수님 말씀이 자연스럽게 마지막 주제로 이어지는 것 같습니다. 우리 역사의 첫머리를 장식하는 고조선과 고조선의 건국 이야기를 담은 단군 신화가 우리 역사에서 커다란 상징성을 가지고 있다는 데는 모두 동의한 것 같습니다. 『삼국사기』와 『제왕운기』

의 단군 신화가 원의 간섭을 받던 고려인들의 일체감과 자존감을 높여 주었다면, 오늘날의 한국인에게는 어떤 의미가 있을까요?

정사실 — 그전에 단군 신화가 왜 만들어졌는지 짚어 볼 필요가 있습니다. 건국자가 하늘에서 내려왔다거나 하늘에서 내려온 신의 아들이라는 이야기는 고구려를 비롯한 삼국의 건국 신화에서 비슷하게 전해집니다. 하늘 혹은 신의 힘을 이어받은 신비한 능력으로 통치자가 될 수 있었다는 이야기입니다. 이런 이야기를 통해 백성들은 통치자의 지배를 신의 뜻으로 알고 자연스럽게 받아들였을 것입니다. 통치자의 입장에서 단군 신화는 고조선을 정치, 사회적으로 통합하는 데 필요한 이야기였던 것이지요.

오민족 — 고조선의 멸망 후에도 단군 신화가 계속 전해질 수 있었던 것은 시대가 원했기 때문이라고 할 수 있습니다. 정사실 교수님 말씀처럼 몽골 침략이나 일제 강점기 때 단군 신화가 부각된 것은 민족적 위기 극복을 위한 노력과 무관하지 않다고 저도 생각합니다. 특히 고조선으로부터 시작된 우리 역사의 유구함은 외세의 침략으로 위기에 빠진 우리 민족에게 민족적 자부심과 역사를 이어 가야 한다는 사명감을 일깨워 주었지요.

사회자 — 단군 신화의 생명력이 유지될 수 있었던 것은 시대의 요구에 부응하는 역할을 할 수 있었기 때문이라는 말씀 같습니다.

오민족 — 그렇습니다. 지금 우리는 세계화와 함께 국가 간 경쟁이 치열하게 펼쳐지는 시대에 살고 있습니다. 한국인으로서의 정체성을 지키고 전통을 유지해 나가려는 노력이 어느 때보다 강하게 요구되는 시대이지요. 그런 점에서 우리가 반만년의 역사를 지닌 단군의 자손임을 일러 주는 단군 신화는 후손들에게 매우 소중한 자산이라고 생각합니다.

정사실 ── 오민족 소장님의 말씀을 듣다 보면 동일한 혈통을 유지하면서 반만년의 유구한 역사를 지켜 온 우리는 '우수한 민족'이라는 점을 강조하고 싶으신 것 같습니다.

오민족 ── 남들보다 긴 역사를 가지고 있는 것에 자부심을 가지면 안 됩니까? 그렇다고 역사가 300년도 안 되는 미국 같은 나라들을 무시해도 된다는 말은 아닙니다. 하하. 그리고 단일 혈통까지는 아니더라도 다른 나라나 민족에 비해 주민의 구성에 있어서 오랫동안 큰 변화가 없었고 언어나 문화의 동질성도 크기 때문에 우리가 단일 민족이라고 충분히 이야기할 수 있을 것 같습니다.

정사실 ── 민족적 자부심을 내세우기 위해 검증되지 않은 주장을 사실인 것처럼 이야기하시는 것 같아 드린 말씀입니다. 1993년에 북한이 기원전 3000년 무렵에 조성된 단군릉을 발굴하였다고 하더니, 급기야는 세계 4대 문명에 버금가는 고대 문명이 평양을 중심으로 형성되었다고 선전하고 있지 않습니까? 이런 주장에 같은 민족으로서 자부심을 느끼는 분들도 있을 것 같습니다만, 북한 정권의 역사적 정통성을 선전하기 위한 역사 왜곡일 뿐이라는 싸늘한 비판이 따라다닌다는 것을 알아야 합니다.

사회자 ── 그런데 우리가 단일 민족이라는 주장은 오랫동안 이야기되어 온 사실 아닌가요?

정사실 —— 그렇기는 합니다만. 우리가 단일 민족이라는 주장에 대해서도 다시 생각해 보셔야 합니다. 우리가 단일 민족이라는 관념은 일제 강점기에 본격적으로 등장합니다. 그 당시에는 일제의 식민지 지배에 맞서 정체성을 지키기 위한 논리로서 커다란 의미가 있기는 했지만 실제 역사적 사실과는 부합하지 않는 부분이 많지요. 조선 시대에 여진족이나 일본인을 비롯해 조선에 들어와 살게 된 이민족의 사례를 쉽게 찾아볼 수 있습니다. 고대로 갈수록 민족이나 영토의 경계가 모호한 것도 염두에 둬야 하지요. 게다가 외국인의 이주 노동과 유학, 국제결혼이 증가하고, TV 프로그램에 외국인이 출연하는 일이 전혀 낯설지 않은 다인종·다문화 사회의 사회적 통합에도 바람직하지 않은 주장이기도 합니다.

오민족 —— 저 역시 다른 민족이나 외국인에 배타적인 민족주의는 경계해야 한다고 생각합니다만, 교수님의 말씀은 단군 신화를 통해 우리가 누구이고 어디에서 비롯되었는지를 따지는 것이 아무런 의미가 없다는 뜻으로 들리는군요.

정사실 —— 하하. 그럴 리가요. 저 역시 단군 신화의 현재적 의미를 찾을 수 있다고 봅니다. 저는 단군 신화에 등장하는 '홍익인간弘益人間'[6]에 주목하고 싶습니다. 여기서 인간을 사람만이 아니라 우리가 사는 세상 전체라고 보면, 고조선이라는 나라의 건국에는 세상을 살기 아름다운 곳으로 만들고자 하는 바람이 담겨 있는 셈입니다. 세상을 어떻게 이롭게 할 것인가는 시대에 따라 그 내용이 다를 수밖에 없겠지요. 고조선이 건국될 당시에는 환웅 부족과 곰 부족 같은

6
'널리 인간을 이롭게 한다'는 뜻으로 고조선의 건국 이념이자 대한민국의 기본 교육 이념이기도 하다.

세력의 통합이었고, 일제 강점기 때는 민족해방운동을 통해 제국주의 세력을 몰아내고 다양한 민족과 국가가 평등한 세상을 만드는 것이었다고 할 수 있습니다. 그렇다면 지금의 과제는 무엇일까요? 저는 세계화 시대에 대한민국을 다인종·다문화가 조화를 이루는 사회로 만들고, 기후 변화로 고조되고 있는 전 지구적 위기에 적극적으로 대처하는 일이 지금 우리에게 주어진 과제라고 생각합니다.

마무리 발언

사회자 ── 두 분께서 아주 흥미로운 주장들을 펼쳐 주셨는데, 아쉽게도 이제 토론을 마무리해야 할 때가 된 것 같습니다. 오늘 토론에 대한 소감 한마디씩 부탁드립니다.

오민족 ── 오늘 토론을 하다 보니 새삼 단군과 고조선에 대한 생각에 큰 차이가 있다는 것을 느꼈습니다. 기본적인 자료의 부족이 이런 차이를 낳게 된 가장 큰 원인이겠지요. 앞으로 새로운 기록이나 자료가 발굴되면 얼마나 좋을까요? 그리고 이런 토론이 자주 열려 많은 분이 단군과 고조선에 대해 더 깊이 이해할 수 있는 기회가 제공되었으면 합니다.

정사실 ── 저 역시 오민족 소장님과 같은 생각입니다. 다만, 기록과 자료의 부족을 메우기 위해 상상력을 발휘할 필요는 있지만, 역사 왜곡으로 흐르는 일은 없어야 할 것입니다. 그러기 위해서 기록과 자료에 대한 합리적인 추론과 해석이 뒤따라야 한다는 점을 다시금 강조하고 싶습니다. 그리고 우리 역사가 오래되었다는 것에 집착하기보다는 역사에서 현재와 미래를 살아가는 데 필요한 영감을 찾으려는 노력을 기울이면 좋겠다는 말씀을 드리고 싶습니다.

사회자 — 네, 두 분 말씀 잘 들었습니다. 오늘 이 시간의 토론이 단군 신화에 대한 해석상의 차이가 무엇인지, 또 단군 신화를 어떻게 해석하는 것이 바람직한지 정리하는 데 도움이 되었기를 바랍니다. 이상으로 맞짱 토론을 마치도록 하겠습니다. 긴 시간 토론에 임해 주신 두 분과 시청자 분들께 감사드립니다.

기자는 고조선에 왔을까

『삼국유사』에 따르면 상을 멸망시킨 주 무왕이 기자를 조선에 봉하자, 단군왕검이 기자에게 자리를 물려주었다. 중국의 역사서 『한서漢書』에는 "기자가 (고)조선으로 가서 백성으로 하여금 예의에 힘쓰고, 농사와 누에치기, 길쌈하는 법을 가르쳤다"라고 되어 있습니다.

▲ 평양의 기자릉

출처: 한국저작권위원회 공유마당

이를 근거로 고려 시대에 기자를 숭배하고 평양에 기자를 기리는 사당을 세웠으며, 조선 초기에는 단군과 기자가 나란히 숭상되었고, 기자에 대한 전기가 편찬되기도 하였습니다. 기자 덕분에 우리가 예의범절을 알게 되고 문화 국가가 되었다고 생각하였기 때문입니다.

현재는 남북한 학계 모두 기자가 조선에 왔다는 사실을 인정하지 않습니다. 기록에 따르면 기자는 기원전 1000년쯤에 살았던 인물입니다. 그런데 당시 기록에는 기자 이야기가 없다가 기원전 3세기 무렵이 되어서야 등장하기 때문에, 후대의 사람들이 지어 낸 이야기라고 보는 것입니다. 또 기자가 고조선을 다스렸다면 당시 기자와 관련된 중국 문화의 흔적이 남아 있어야 하지만 아직 그런 사실을 보여 주는 청동 유물은 보이지 않습니다.

기자 조선 이야기는 왜 생겼을까요? 중국이 세상의 중심이고 주변 민족이 중국 문화에 영향을 받아 발전하였다는 '중화사상'은 중국 한나라 때에 성립하였습니다. 기자가 조선에 가서 왕이 되었다는 이야기도 이런 배경에서 생겨났을 것으로 보입니다.

단군 신화를
어떻게 볼 것인가

1. 단군 신화에 대한 토론 내용을 읽고, 각 주장에 관한 근거를 정리해 적어 보세요.

단군 신화를 어떻게 볼 것인가?

단군왕검은 어떤 인물인가?	고조선의 통치자이다. 근거 :	고조선의 첫 통치자이다. 근거 :
고조선은 언제 세워졌는가?	기원전 10세기 이후에 세워졌다. 근거 :	기원전 24세기 무렵에 세워졌다. 근거 :
지금 우리에게 단군 신화와 고조선은 어떤 의미인가?	주장 1 :	주장 2 :

2. 단군 신화에 대한 본인의 생각을 적어 보세요.

고인돌과 거석 문화

◀ 프랑스 카르나크 마을 고인돌
출처: Wikipedia
ⓒ Vassil

　우리나라 청동기 시대의 대표적인 무덤 양식인 고인돌은 세계 곳곳에서 발견되는 거석 문화 유적의 일부이기도 합니다. 우리나라는 많은 고인돌이 남아 있는 '고인돌 왕국'으로 유명합니다. 유럽에서는 신석기 시대부터 거석 기념물들이 만들어졌는데, 받침돌 여러 개를 연이어 세우고 그 위에 덮개돌 여러 개를 얹어 놓은 것이 특징입니다. 프랑스 브르타뉴 지방의 카르나크 마을에 있는 고인돌(돌멘) 가운데 가장 오래된 것은 기원전 3500년 무렵에 만들어졌다고 합니다.

· 쟁점 2 ·

삼국사기와 삼국유사

— 삼국사기와 삼국유사는 어떻게 다른가

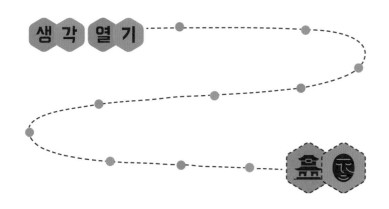

생 각 열 기

우리는 고구려, 백제, 신라가 때로는 경쟁하고, 때로는 힘을 합쳐 다양한 역사를 만들어 갔던 시기를 삼국 시대라고 부릅니다. 기원전 1세기경 만주와 한반도 일대에서 성립한 삼국은 주변 소국들을 정복하며 중앙 집권 국가로 발전하였고, 삼국 간의 항쟁 결과 신라가 통일을 이루게 됩니다. 그렇다면 우리는 고구려, 백제, 신라의 건국과 멸망 그리고 이 과정에서 치열한 삶을 살았던 사람들의 모습을 어떻게 알 수 있을까요? 유물, 유적 등을 통해 파악할 수도 있지만 우리가 삼국에 대해 알고 있는 대부분의 지식은 무엇보다도 『삼국사기』와 『삼국유사』라는 두 역사서에 기대고 있습니다. 김부식과 일연이 쓴 삼국사기와 삼국유사를 통해 고구려, 백제, 신라로 시간 여행을 하게 되는 것이지요.

삼국사기와 삼국유사가 갖는 역사적 의미는 아주 큽니다. 삼국사기는 현재 전하는 우리나라 역사책 중 가장 오래된 것으

▲ 김부식 표준 영정
　　　　　　출처: 한국학중앙연구원

▲ 일연 표준 영정
　　　　　　출처: 삼성현역사문화공원

로 한국 고대사의 정본 역할을 하고 있고, 삼국유사 역시 귀족, 농민, 여성, 승려 등 삼국 시대를 살았던 여러 사람의 다채로운 삶을 파악할 수 있는 소중한 문화유산입니다. 결국 우리는 고구려, 백제, 신라인이 쓴 역사책이 남아 있지 않은 상태에서 삼국사기와 삼국유사라는 두 창을 통해 삼국의 모습을 바라보는 것입니다.

　　그런데 삼국사기와 삼국유사는 고려 시대에 편찬되었다는 점, 고구려, 백제, 신라에 관한 서술이 책의 주된 내용이라는 점을 제외하고는 책의 내용과 서술 방식 등에 많은 차이가 있습니다.[1] 김부식과 일연이 모두 고려의 인물이고, 삼국이라는 공통된 내용을 주제로 하였음에도 두 책 내용에 차이가 있는 이

아예 두 책을 비교하여 '삼국사기는 유교적이고, 삼국유사는 불교적이다', '삼국사기는 사대주의적이고, 삼국유사는 자주적이다'라고 대립적으로 평가하기도 한다.

유는 무엇일까요?

해답을 찾는 것은 어렵지 않습니다. 삼국사기와 삼국유사의 저자 김부식과 일연이 역사를 바라보는 관점, 즉 '사관史觀'이 다르기 때문입니다. 과거의 수많은 사건 중 어떤 사건을 선택하여 서술할지의 문제, 사건에 대한 해석 등은 역사가가 과거를 바라보는 관점인 사관에 의해 좌우됩니다. 따라서 삼국사기와 삼국유사를 온전히 바라보기 위해서는 먼저 김부식과 일연의 삶을 면밀히 살펴보아야 합니다. 김부식과 일연이 어떤 인물이고 어떤 삶을 살았는지 알아야 삼국사기와 삼국유사의 실체에 좀 더 가까이 다가갈 수 있는 것이지요. 아울러 역사가는 자신이 살고 있는 시대에서 벗어날 수 없기에, 김부식과 일연이 살았던 시기에 어떤 일들이 있었는지를 분석하는 것 역시 삼국사기와 삼국유사에 대한 이해의 폭을 넓히는 데 도움이 될 것입니다.

이번 쟁점에서는 삼국사기와 삼국유사는 어떤 책인지, 그리고 두 책에서 그리고자 했던 삼국의 모습에 대해 알아보고, 우리가 막연히 갖고 있던 삼국사기와 삼국유사에 대한 편견의 실체를 살펴보도록 하겠습니다.

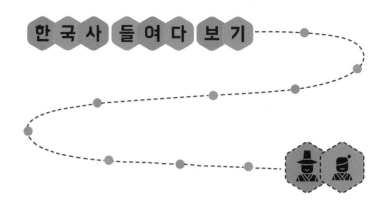

고구려, 백제, 신라는 기원전 1세기경 한반도와 만주 일대에서 건국되었습니다. 초기에는 강력한 전통을 자랑하는 여러 부가 모여 구성한 연맹체에 불과하였지만, 주변 소국을 정복하면서 점차 영토를 확대하였습니다. 이 과정에서 정복 전쟁을 주도한 왕의 권력이 강해졌고, 삼국은 왕을 중심으로 한 중앙 집권적 고대 국가로 발전하였습니다. 고구려, 백제, 신라는 중앙 집권적 지배 체제로 나아가는 과정에서 자치적 성격을 갖고 있던 부部를 행정적 단위로 재편하였고, 각 부의 지배자는 중앙 귀족으로 편입되었습니다. 각 부에 속한 관리도 왕을 정점으로 하는 관등제[2]에 편입되었으며, 관등제는 신라의 골품제와 같은 신분제와 연계하여 신분별로 올라갈 수 있는 관등에 제한을 두었습니다. 또 율령[3]을 반포함으로써 형벌과 행정에 관한 법적 통치 기반을 확립하였고, 불교를 수용, 공인하여 국왕 중심의 지배 이념을 세우고 정신적 통합을 도모하였습니다. 이처럼 삼

관리의 등급을 나눈 제도이다. 고구려는 대로 이하 10여 관등, 백제는 좌평 이하 16 관등, 신라는 이벌찬 이하 17 관등으로 정비되었다.

율령은 형벌과 행정에 관한 법규로, 삼국은 중국에서 가져온 율령을 현실에 맞게 수용하여 국왕 중심의 통치 체제를 확립하였다.

교과서 토론 | 한국사

국은 내부의 통치 체제를 확립하고 부여, 가야 등 연맹체 국가의 단계에 머물렀던 나라들을 흡수하면서 한반도와 만주 일대에서 강력한 세 국가로 성장하였습니다.

이후 삼국은 각국의 이해관계에 따라 서로 동맹을 맺기도 하고, 때로는 중국의 정세를 적절히 이용하여 치열하게 경쟁하기도 하였습니다. 삼국 중 먼저 주도권을 잡은 국가는 백제였는데요. 백제는 4세기 중엽 근초고왕 때 남쪽으로는 아직 굴복하지 않은 마한의 소국들을 차례로 정복하고, 북쪽으로는 고구려를 공격하여 경기도 북부와 황해도 지역까지 영토를 넓혔습니다. 더 나아가 고구려의 평양성을 공격하여 고국원왕을 전사시키는 등 이 시기 백제는 한반도의 패자로 군림하였습니다.[4] 또 중국의 국가인 동진과 국교를 맺고 왜와 친선 관계를 구축하는 등 대외 교류를 활발하게 펼쳤습니다.

그러나 5세기에 접어들면서 삼국의 주도권은 점차 백제에서 고구려로 넘어가게 됩니다. 중국과의 전쟁으로 위기를 겪기도 했던 고구려는 광개토 대왕 시기에 만주 지역 대부분을 차지하고, 백제를 공격하여 한강 이북 지역을 점령하는 등 영토를 크게 넓혔습니다. 또 군대를 파견해 신라에 침입한 왜와 가야의 연합군을 격파하고 신라에 영향력을 행사하기도 하는 등 동아시아의 강자로 군림하였습니다. '영토를 넓혔다'는 의미의 '광개토廣開土'라는 명칭을 왕명으로 사용한 점에서 광개토 대왕 시기 고구려의 강성함이 얼마나 대단했는지 잘 드러납니다.

근초고왕 이전 백제@후국은 나라 이름에서 맏형의 의미를 뜻하는 '백伯' 자를 썼으나 근초고왕 때 '많다'라는 의미를 가진 '백百'자를 썼다. 이는 백제가 주변 소국 중 두각을 나타내는 국가라는 의미에서 더 나아가 주변국들을 복종시켜 거느린 고대 국가로 발전한 것을 의미한다.

▲ 광개토 대왕릉비(중국 지린성)

출처: 국립중앙박물관

그러나 우리는 광개토 대왕의 뛰어난 업적은 칭송할 수 있지만 광대한 영토가 그 나라의 국력이라는 환상에 사로잡히는 일은 없어야 합니다. 우리 주변에는 아직도 '고구려가 삼국을 통일했다면 드넓은 만주 지역이 지금 우리 영토일 텐데'라며 아쉬워하는 사람들이 있습니다. 이는 영토의 크기와 국가의 발전을 동일시하는 위험한 생각으로, 국가 영토의 크기가 그 나라의 국력과 비례하는 것은 아닙니다. 오히려 이러한 생각은 주변 나라를 침략하여 영토를 넓혀 나가려는 제국주의[5]로 빠질 수 있음을 항상 경계해야 합니다.

광개토 대왕의 뒤를 이은 장수왕은 아버지와 달리 북쪽 방면으로 영토를 확장하기보다는 백제, 신라가 있는 남쪽 방면으로의 진출을 꾀했습니다. 장수왕은 남진 정책을 펼쳐 수도를 국내성에서 평양으로 옮긴 후, 백제를 몰아내고 한강 유역을 차지하였습니다. 고구려는 국력에 대한 자신감을 바탕으로 독자적인 천하관을 드러냈는데, 이는 그 무렵 세워진 광개토 대왕릉비, 충주 고구려비에서 확인할 수 있습니다.[6] 고구려의 팽창으로 위기를 맞은 백제는 신라와 나·제 동맹을 맺어 대응했으나 결국 한강 유역을 빼앗기고 웅진으로 천도합니다. 이후 백제는 무령왕 때 지방 22담로에 왕족을 파견하여 지방에 대한

한 국가가 강력한 군사력을 토대로 다른 국가를 침략하여 정치·경제적인 지배권을 확대, 팽창시키려는 정책을 의미한다. 우리에게 익숙한 '일제'라는 표현은 '일본 제국주의'의 줄임말이다.

고구려 왕은 하늘의 후손임을 자처하였고, 신라 등을 동쪽 오랑캐(동이)로 인식하였다. 또한 고구려가 천하의 중심이고 신라와 백제 등은 자신들에게 조공을 바치는 국가라고 여기는 독자적인 천하관을 내세웠다.

통제를 강화하는 등 약화된 왕권을 수습하기 위해 노력하였습니다. 이후 성왕 때 수도를 사비(부여)로 옮기고 국호를 남부여로 고치면서 중흥의 발판을 마련하게 됩니다.

한편, 신라는 고구려, 백제와 비교하면 발전이 늦었는데요. 이는 신라가 한반도 동남쪽에 치우친 지리적 한계 때문에 중국 등 선진 문화 수용에 어려움을 겪었기 때문입니다. 신라는 초기에 고구려의 간섭을 받기도 하였고, 독자적으로 중국과 교류하지 못하고 백제를 통하는 등 삼국 중 발전이 가장 더딘 국가였습니다.

그러나 6세기에 이르러 신라의 국력이 크게 성장합니다. 지증왕은 국호를 '신라', 왕호를 중국식 호칭인 '왕'으로 정하였고, 법흥왕 때에는 율령을 반포하고 불교를 공인하여 중앙 집권적 고대 국가로서 통치 체제를 갖추게 됩니다. 이어 진흥왕 때 화랑도를 국가적인 조직으로 개편하여 인재를 양성했습니다. 또 한강 유역을 차지하여 중국과 직접 교류하게 되면서 삼국 경쟁의 주도권을 갖게 됩니다. 이 과정에서 신라는 대가야를 정복했을 뿐만 아니라 함경도 일대까지 진출하는 등 고구려, 백제를 위협하는 강력한 국가로 성장하지요.

신라가 삼국 항쟁의 주도권을 잡은 6세기에 동아시아 국제 정세도 크게 요동쳤습니다. 수나라가 남조와 북조로 분열[7]되어 있던 중국을 통일하고, 동아시아의 패권을 장악하기 위해 주변 국가들을 압박하였던 것입니다. 이런 상황에서 대규모 군대

중국의 화북 지역은 북방 민족이 세운 국가, 강남 지역은 한족이 세운 국가로 나뉘어 대립하던 시기이다.

▲ 안시성 전투 기록화. 645년 당나라 태종이 지휘하는 군대가 3개월가량 안시성을 포위하고 공격하였으나, 고구려군은 끈질긴 항전으로 이를 물리치고 당나라를 격퇴하였다.

출처: 독립기념관

를 동원해 쳐들어 온 수나라를 고구려가 전쟁 끝에 격퇴하였지요. 그러나 고구려의 위기는 이것으로 끝이 아니었는데요. 수나라의 멸망 이후 들어선 당나라가 또다시 고구려를 침략하는 등 한반도가 전쟁의 소용돌이에 휩싸이게 되었답니다.[8]

한편, 거듭되는 공격으로 영토를 빼앗기는 등 백제의 확장에 위협을 느낀 신라는 위기를 타개하기 위해 당나라와 동맹을 맺고 나당 연합군을 결성하였습니다. 나당 연합군은 백제를 공격하여 멸망시키고(660년), 지배층의 내분으로 혼란을 겪고 있

고구려는 살수(청천강)에서 을지문덕 등의 활약으로 수나라의 군대를 격퇴하는 등 여러 차례에 걸친 수나라의 침입을 막아 냈으며, 당의 군대도 안시성 등지에서 물리쳤다.

던 고구려 역시 멸망시켰습니다(668년). 이후 당나라는 백제와 고구려의 옛 땅에 웅진도독부와 안동도호부를 설치하는 등 한반도 전체를 지배하려는 야욕을 부렸고, 결국 신라가 당나라 군대를 몰아내고 삼국을 통일하였습니다(676년).

지금까지 고구려, 백제, 신라의 건국부터 삼국 간의 항쟁, 그리고 신라에 의한 삼국 통일 과정을 간단히 살펴보았습니다. 삼국사기와 삼국유사에는 고구려, 백제, 신라 건국 시조들의 기이한 탄생부터 이 시기를 살았던 인물들의 다양한 삶이 펼쳐져 있습니다. 과연 김부식과 일연은 삼국사기와 삼국유사를 통해 무엇을 말하고자 했던 것일까요? 또 우리는 삼국사기와 삼국유사를 어떤 관점을 가지고 읽어야 할까요? 지금부터 고대사의 비밀 속으로 들어가 보겠습니다.

삼국사기와 삼국유사는
어떻게 다른가

지금으로부터 2,000년 전의 사실들을 정확하게 파악하기는 쉽지 않다. 전해진 기록과 유물, 유적을 통해 과거의 모습을 그려 볼 뿐이다. 이 과정에서 우리는 역사의 미로에 빠지게 된다. 무엇이 사실이고, 무엇이 거짓인지, 어디까지가 신화이고, 어디까지가 실제 기록인지, 불분명한 미로 속을 헤매다 결국 방향을 잃어버리게 된다. 그러나 우리에게는 고구려, 백제, 신라의 복잡한 미로 속에서 빠져나올 수 있는 열쇠인 삼국사기와 삼국유사가 있다. 이 고전들을 통해 삼국 시대를 살았던 사람들의 다양한 삶을 경험할 수 있으며 고구려, 백제, 신라에 대한 진실에 한 발짝 다가갈 수 있다.

김부식이 쓴 『삼국사기』는 현재 전해지는 가장 오래된 역사서로, 고려 인종의 명을 받은 김부식이 삼국의 흥망과 변천을 기술한 책이다. 한편, 『삼국유사』는 고구려, 백제, 신라의 이야기뿐만 아니라 고조선, 가야, 부여 등 우리 땅에 존재했던 여러 국가의 이야기까지 담고 있으며, 특히 고조선을 우리 역사상 첫 번째 국가로 기록하고 단군 신화를 서술하는 등 자주성을 드러낸 책이라 평가받고 있다.

그러나 삼국사기와 삼국유사는 책의 제목과 고구려, 백제, 신라를 주로 다룬다는 유사성을 제외하면 역사 서술 방식 및 책의 주된 내용, 그리고 역사를 바라보는 인식 등에서 차이를 보인다. 이에 '한국사 집중 탐구' 프로그램을 통해 삼국사기와 삼국유사가 어떤 의도를 가지고 쓰였는지, 차이점은 무엇인지, 그리고 두 책에 대한 편견은 무엇인지에 대해 살펴보기로 하자.

사회자 ── 안녕하세요. '한국사 집중 탐구' 시간입니다. 오늘은 '삼국사기와 삼국유사는 어떻게 다른가'라는 주제로 전문가 두 분을 모시고 이야기를 나누고자 합니다. 삼국사기, 삼국유사를 오랫동안 연구해 오신 삼국대학교의 나위대, 현명한 교수님, 두 분 인사 나누시기 바랍니다.

나위대 ── 안녕하세요. 삼국대학교 나위대입니다. 이번 시간을 통해 김부식이 쓴 삼국사기에 대해 소개해 드리게 되어 영광입니다. 그동안 삼국사기에 대한 많은 오해와 비판이 있었던 것으로 알고 있습니다. 오늘 토론을 통해 이런 오해가 많이 사라질 것으로 기대합니다.

현명한 ── 반갑습니다. 현명한입니다. 저도 오늘 우리나라의 대표적인 역사서인 삼국유사를 좀 더 많은 분께 알려 드릴 수 있게 되어 기쁜 마음으로 이 자리에 참석하였습니다. 삼국유사가 우리 역사에서 얼마나 중요한 책인지 말씀드리도록 하겠습니다.

사회자 —— 네, 두 분 교수님 감사합니다. 그러면 본격적인 이야기에 앞서, 우선 삼국사기와 삼국유사를 저술한 김부식, 일연에 대한 소개가 있어야 할 것 같은데요. 두 사람이 어떤 인물이었는지 간단한 소개 부탁드립니다.

나위대 —— 제가 먼저 말씀드리겠습니다. 삼국사기를 저술한 김부식은 고려 중기인 12세기에 주로 활동한 문신이자 학자입니다. 과거에 급제하여 관리로 임명되었고, 예종에게 유교 경전과 역사를 강의할 정도로 유교와 역사에 대한 소양이 깊은 인물입니다. 일찍이 중국 송나라에 여러 차례 사신으로 가 선진 문물을 둘러보는 등 국제 정세에도 밝았지요. 또 묘청 등의 서경 세력이 반란을 일으켰을 때는 토벌군 원수가 되어 반란을 진압해 공신으로 책봉되었으며, 고려의 최고 관직인 문하시중에까지 오른 12세기의 슈퍼스타라고 볼 수 있습니다.

현명한 —— 김부식의 경력이 정말 화려하네요. 그렇지만 제가 소개할 일연 역시 그에 못지않은 경력을 가지고 있습니다. 우선, 많은 분이 짐작하셨겠지만 일연은 실제 이름이 아니라 법명입니다. 승려 일연이 살았던 고려는 불교 국가라고 불릴 정도로 불교가 융성했는데요. 일연은 고려 시대 불교계의 최고 정점인 국존의 자리에 올랐던 인물입니다. 혹시 대각국사 의천, 보조국사 지눌이라고 들어 보셨죠. 국사는 고려 승려의 법계 가운데 가장 높은 등급으로 나라의 스승이 될 만한 승려에게 내리던 칭호이지요. 일연이 활동했던 시기에 국사라는 호칭이 국존으로 바뀌었습니다. 많은 분이 일연을 속세에서 벗어나 산속에 은거한 승려로 오해하시는데, 실제로는 운문사의 주지 스님으로 있으면서 충렬왕에게 불법을 강론할 정도로 고려 불교계의 지존이었던 인물입니다.

사회자 — 네, 삼국사기와 삼국유사의 저자인 김부식, 일연 모두 최고의 자리에 계셨던 분이네요. 자, 그럼 본격적으로 삼국사기와 삼국유사에 관한 이야기 속으로 들어가 보도록 하겠습니다.

주제 1
삼국사기와 삼국유사는 어떤 책인가

사회자 — 먼저 나 교수님, 삼국사기를 현존하는 가장 오래된 역사서라고 하는데, 그렇다면 삼국사기가 쓰이기 이전에는 역사서가 없었나요?

나위대 — 그럴 리가요. 삼국사기가 편찬된 시기는 고려 시대로, 고구려, 백제, 신라는 각각 자신의 역사를 정리하여 역사서를 편찬하였습니다. 고구려는 『신집』 5권, 백제는 『서기』, 신라는 『국사』라는 역사서를 편찬하였고, 고려 초기에도 『구삼국사』라는 역사서가 있었습니다. 다만, 아쉽게도 이 역사서들은 현재 전하지 않고 기록에만 등장하고 있습니다.

사회자 — 아, 그렇군요. 그럼 나 교수님, 시청자를 위해 삼국사기에 관한 간단한 소개 부탁드립니다.

나위대 — 네, 알겠습니다. 삼국사기는 김부식이 고려 인종의 명을 받아

관청에서 서적을 편찬하는 것으로, 국가에서 펴낸 공식 역사서를 '관찬'이라고 한다.

편찬한 역사서로 고구려, 백제, 신라 그리고 삼국 통일 이후 통일 신라의 흥망과 변천을 기술한 관찬[9] 역사서입니다. 김부식은 기존 역사서에 수록된 삼국에 대한 기록이 너무 소략하다고 여겨, 구삼국사를 비롯하여 중국의 사서 및 경서, 문집 등 국내외 자료를 참고함으로써 삼국의 건국부터 멸망, 제도와 문화 그리고 당시 인물들의 다양한 활동까지 자세한 기록을 남겼습니다. 이런 이유로 삼국사기는 현재 우리 고대사를 연구하는 데 가장 기본이 되는 자료로 인정받고 있습니다.

사회자 —— 그렇군요. 그럼 이어서 현 교수님께서 삼국유사에 대해 간략히 소개 부탁드립니다.

현명한 —— 네, 먼저 이 자리를 빌려 삼국유사의 의미에 대해 여러분께 소개할 수 있게 되어 영광입니다. 삼국유사는 삼국사기와 달리 고구려, 백제, 신라에 관한 이야기뿐만 아니라 고조선을 비롯하여 가야, 발해, 낙랑 등 만주와 한반도에 위치했던 여러 국가에 관해 서술하고 있는 책입니다. 삼국의 왕들과 연대, 그리고 고조선 및 여러 고대 국가의 흥망, 신화, 전설, 불교에 관한 기록, 고승들의 행적, 효행을 남긴 사람들의 이야기 등 다양한 내용을 수록하고 있습니다. 중국과 우리의 옛 기록을 두루 포괄하고, 비문, 고문서 등 다양한 자료를 활용하여 서술한 점이 특징이라고 볼 수 있습니다.

사회자 —— 아, 삼국유사는 제목과 달리 고구려, 백제, 신라에 관한 이야기만 수록되어 있는 것이 아니군요. 우리 역사에 존재했던 여러 국가가 서술되어 있다는 점이 흥미롭습니다. 그렇다면 좀 더 구체적으로 삼국사기와 삼국유사의 특징에 대해 알고 싶은데요. 나 교수님부터 설명해 주시죠.

나위대 — 네, 제가 먼저 말씀드리겠습니다. 우선, 삼국사기의 서술 방식상 특징부터 설명하겠습니다. 김부식은 중국 한나라의 역사가 사마천이 만든 역사 서술 방식인 기전체[10]로 삼국사기를 서술하였습니다. 즉, 신라, 고구려, 백제 순으로 삼국의 역사를 「본기」에서 다루고, 삼국의 건국부터 멸망까지의 왕의 계보를 「연표」, 삼국의 다양한 문물과 제도를 「잡지」, 장수, 재상, 학자 등 여러 인물의 생애를 「열전」에 수록하였습니다. 또 삼국사기에는 역사적 사실을 기록한 내용과는 별도로 김부식이 역사적 사실에 대해 평가를 내린 총 31편의 사론이 실려 있어, 그의 역사 인식도 살펴볼 수 있습니다. 기전체로 역사를 서술하는 방식은 흔히 정사正史라고 하는 공식 역사서에서 주로 사용하고 있으며, 삼국사기가 기전체로 쓰였다는 사실을 통해 그 위상을 확인할 수 있습니다.

현명한 — 하하, 나 교수님께서는 삼국사기가 국가에서 편찬한 공식 역사서라는 사실에 굉장한 자부심을 가지고 계시네요. 일연이 쓴 삼국유사는 총 9편으로 구성되어 있으며, 우리가 익히 알고 있는 단군 신화를 비롯하여 고구려, 백제, 신라의 건국 신화 등 신이한 내용과 한반도 및 만주에 있었던 여러 국가에 대한 이야기가 수록되어 있습니다. 또 불교와 관련하여 삼국에 불교가 전래되고 발달한 과정, 승려들의 행적, 그리고 윤회, 인과응보[11] 등 불교 윤리에 대한 다양한 이야기가 일연의 선택을 통해 빼곡히 수록되어 있습니다.

역사를 서술할 때 본기, 세가, 열전, 지, 연표 등으로 구성하는 역사 서술 체제로서 중국 한나라의 역사가 사마천이 지은 사기史記에서 처음 시작되었다. '본기'는 왕의 역사나 정통성을 가진 국가의 역사를 기록하며, '세가'는 제후국의 역사를 기록하는 부분이다. '표'는 연표 형식으로 중요한 역사적 사실을 간략하게 기록한 부분이고, '지'는 제도, 문화, 지리, 경제, 사상 등 다양한 주제를 선정하고 그에 대해 서술한 부분이다. '열전'은 특정한 인물에 대해 종합적으로 서술한 부분으로, 기전체 역사 서술 방식은 중국과 우리나라의 역대 왕조에서 정사 서술의 기본 형식으로 자리 잡고 있다.

'윤회'는 불교 용어로 생명이 태어나 늙고 병들었다가 죽기를 반복한다는 의미이다. '인과응보'는 모든 일에는 원인과 이유가 있다는 뜻으로, 흔히 지은 죄가 있으면 반드시 벌을 받고, 착한 일을 하면 좋은 보답을 받게 된다는 의미이다.

사회자 —— 네, 정리하면 삼국사기는 국가에서 편찬한 공식 역사서로 삼국의 역사와 제도, 인물 등을 정리하였고, 삼국유사는 신화, 전설 그리고 불교에 관련된 이야기가 주요 내용이며, 일연이 개인적으로 편찬했다는 말씀이시네요.

나위대 —— 현 교수님 말씀을 들어 보니, 삼국사기는 정사正史, 삼국유사는 야사野史[12]라는 점을 분명히 인식하고 계신 것 같습니다. 모두 아시다시피 삼국사기가 국가에서 편찬된 공신력을 갖춘 역사서라면, 삼국유사는 민간에서 개인이 저술한 역사서입니다. 또 삼국사기가 객관적인 역사 인식을 바탕으로 삼국의 역사를 체계적으로 서술한 반면, 삼국유사는 저자가 자유롭게 주제를 선정하여 서술하였기에 체제상의 규칙도 제대로 갖추어지지 않은 한계가 있는 것 같습니다.

현명한 —— 음. 나 교수님 말씀은 정사만이 의미 있는 역사 기록이고, 개인이 편찬한 역사서는 그 객관성을 인정할 수 없다는 오해를 가져올 수 있습니다. 한나라의 역사가 사마천 역시 개인의 노력만으로 후대에까지 빛나는 역사서 『사기』를 편찬하였습니다. 이처럼 개인이 저술한 역사서가 국가가 편찬을 주도한 것보다 더 위대한 경우도 있습니다. 더욱이 나 교수님께서 말씀하신 국가가 편찬한 역사서만이 공신력 있다는 발언은 매우 위험한 생각입니다. 우리는 국가 권력이 자신의 정당성을 확보하기 위해 역사를 이용했던 사례를 많이 보았습니다. 다시 말해 국가 권력은 자신의 목적과 필요에 따라 과거의 사실을 언제든지 왜곡할 수 있다는 뜻입니다. 몇 년 전의 한국사 교과서 국정화 논란[13] 때 많은 사람이 역사 교과서 국정화가 역사 인식

12
민간에서 개인에 의해 기록된 역사를 '야사野史'라고 한다.

13
2015년 교육부가 중·고교 역사(한국사) 교과서를 국정으로 발행한다고 공식 발표하여 찬반 논란이 거세게 일었으며, 결국 국정 역사(한국사) 교과서는 폐지되었다.

교과서 토론 | 한국사

의 다양성을 훼손하고 국가에 의해 획일화된 역사관을 주입시킬 우려가 있다며 반발했던 일을 떠올려 보시기 바랍니다.

나위대 ─ 제 말을 오해하신 것 같네요. 삼국사기는 국가에서 편찬한 역사서이기 때문에 중국과 우리나라의 여러 자료를 면밀하게 검토한 객관성을 갖춘 역사서이고, 이에 반해 삼국유사는 개인의 창작물이기 때문에 아무래도 일연의 주관적인 생각이 좀 더 반영되었을 것이라는 의미였습니다. 그리고 저는 삼국사기가 국가가 편찬한 역사서이기 때문에 역사의 진실보다는 권력의 정당성을 뒷받침하기 위해 쓰인 것이 아니냐는 현 교수님 말씀에 동의하기 어렵습니다.

사회자 ─ 네. 이야기가 좀 과열되는 것 같습니다. 잠시 마음을 정리하시고 두 분 교수님께 다른 질문을 하겠습니다. 김부식과 일연이 삼국사기와 삼국유사를 저술했을 당시 고려의 상황은 어떠했는지 말씀해 주십시오.

나위대 ─ 네, 이번에도 제가 먼저 말씀드리겠습니다. 고려는 11세기 후반까지 귀족이 중심이 되어 유교적 통치 이념에 따라 국가가 운영되었습니다. 유교적 통치 이념이란 왕과 신하가 상호 존중하며 자신의 본분에 맞는 역할을 해야 한다는 것입니다. 그러나 12세기에 들어 고려는 숙종, 예종, 인종의 3대 50년 동안 왕위 계승을 둘러싸고 내분이 발생합니다. 또 왕의 외척이 권력을 독점하는 와중에 이자겸의 난이 일어나 개경의 궁궐이 불타는 등 왕의 권위가 약화됩니다. 이러한 상황에서 묘청 등 서경 세력이 불교와 풍수도참설[14]을 내세우며 기존 개경을 중심으로 한 문벌 세력을 억누르고자 시도하다 실패

산세, 지세, 수세 등을 판단하여 이것을 인간의 길흉화복에 연결하는 주장이 풍수설이며, 앞날에 대한 예언을 믿는 도참사상과 결합한 것이 풍수도참설이다.

한 서경 천도 운동까지 일어나게 됩니다.

사회자 ── 고려 내부가 매우 혼란스러웠군요. 안정적으로 유지되던 왕권이 흔들리면서 이자겸의 난, 묘청의 서경 천도 운동 등이 일어나고, 기존 질서의 모순이 폭발하였네요. 이 시기 대외적으로도 고려가 위기를 겪었다고 하던데 중국과의 관계에서 무슨 일이 일어났나요?

나위대 ── 네, 12세기에 여진족이 세운 금나라가 강성해지면서 결국 중국의 북쪽 지역인 화북 지방을 차지하게 되었고, 송나라는 남쪽인 강남 지역으로 밀려나게 되었습니다. 더구나 금나라가 고려에 군신 관계를 요구하는 일까지 발생하였지요. 고려는 전통적으로 송나라를 섬겼는데, 그동안 오랑캐라 하찮게 여겼던 금나라가 새로운 관계를 요구하였던 것입니다. 결국 고려는 금나라의 요구를 수용하여 군신 관계를 받아들였고, 동아시아의 질서가 새롭게 재편되는 상황이었습니다.

사회자 ── 아, 그렇군요. 이번에는 현명한 교수님께서 삼국유사가 편찬된 시기에는 어떤 일이 있었는지 알려 주시죠.

현명한 ── 네, 삼국유사가 편찬된 13세기에 고려는 몽골의 침략을 받았습니다. 당시 집권 세력이었던 최씨 무신 정권은 수도를 강화도로 옮기고 항전하지만 결국 몽골에 항복하게 되었지요. 이후 고려는 몽골족이 세운 원나라의 간섭을 받게 되어 자주성에 큰 상처를 입게 됩니다. 고려의 왕은 원나라의 승인을 받아야만 즉위할 수 있었고, 왕실 호칭과 관청의 명칭도 제후국 수준으로 격이 떨어졌습니다.[15] 또 원나라는 쌍성총관부, 동녕부, 탐라총관부를 설치하여 고려 영토

15
왕실 용어가 격하되어 조·종이 왕으로, 폐하가 전하로 격하되었고, 관제의 경우 이전 중서문하성과 상서성이 합쳐져 첨의부가 되었으며, 6부가 4사로 격하되었다.

일부를 직접 통치하였고, 정동행성을 통해 고려의 내정에 간섭하였지요. 더군다나 원나라를 배경으로 하는 다양한 부류의 부원 세력이 성장하여 관직을 독점하고 권력으로 농장을 확대하는 등 백성을 힘들게 하였습니다.

사회자 — 네. 그렇다면 13세기의 시대 과제는 원의 간섭으로부터 벗어나는 것이었겠네요.

현명한 — 그렇습니다. 13세기에 일어난 고려의 사회 모순은 원의 간섭과 관련이 있습니다. 결국 원의 간섭에서 벗어나는 것만이 고려의 자주성을 다시 회복할 수 있는 길이었습니다.

주제 2
삼국사기는 유교적, 삼국유사는 불교적?

사회자 — 네. 두 분 교수님 말씀을 들어 보니 삼국사기와 삼국유사가 쓰인 시기 모두 고려로서는 힘겨운 시대였다고 할 수 있겠네요. 그렇다면 김부식, 일연은 왜 이러한 위기의 시대에 삼국사기와 삼국유사를 저술하였는지 궁금합니다.

나위대 — 김부식이 삼국사기 편찬을 마치고 인종에게 올린 표문을 보면 책의 편찬 의도를 알 수 있습니다. 김부식은 「진삼국사기표」에서 중국의 여러 책에는 능통하면서 자기 나라의 역사는 잘 모르는 사람들을 비판하고, 아울러 기존의 삼국에 관한 서술이 미흡하다고 여겨 삼국사기를 편찬하였다고 밝히고 있습니다.

현명한 — 제 생각에는 나 교수님께서 말씀하신 부분은 김부식이 겉으로 내세운 편찬 의도일 뿐, 김부식은 실제 다른 의도를 가지고 책을 저술하였다고 생각합니다. 김부식은 유학자로서 유교 이념을 평생의 신념으로 삼았던 인물입니다. 그러나 12세기에 들어 앞에서 말씀하신 것처럼 이자겸의 난과 묘청의 서경 천도 운동이 일어났으며, 금나라가 발전하고 송나라가 쇠퇴하는 등 혼란스러운 상황이 연이어 지속되었습니다. 이러한 과정에서 유교적 가치인 군신 관계가 흔들리게 되고, 불교와 풍수지리설을 주장하는 세력이 성장하였습니다. 더군다나 사대의 대상이었던 송나라가 쇠퇴하고 오랑캐라 여겼던 금나라를 섬기게 된 현실 속에서 김부식은 그동안 자신이 지켜왔던 유교적 세계관이 흔들리는 것을 경험하였습니다. 이에 유교적 세계를 부활시키기 위해 유교적 사관에 입각하여 삼국사기를 저술한 것입니다.

나위대 — 현 교수님 말씀처럼 김부식이 유학자로서 유교 이념에 충실했던 것은 사실입니다. 그러나 김부식은 '술이부작述而不作', 즉 '있는 그대로의 사실을 기술하되, 새로운 것을 꾸미지 않는다'는 원칙에 따라 객관적 합리주의 정신을 바탕으로 삼국의 역사를 서술하려 하였습니다. 우리가 주목해야 할 것은 삼국사기에 반영된 합리주의적 역사 인식입니다. 저는 오히려 삼국유사가 객관적이고 합리적인 내용을 담기보다는 실제와는 관련 없는 신화, 전설 등 신비주의 세계로 가득 찬 책이 아닌가 되묻고 싶습니다. 삼국유사를 살펴보면 '기이편'이 압도적인 분량을 차지하고 있습니다. 기이는 신기한 일을 기록한다는 뜻인데 곰이 변한 웅녀가 단군을 낳았다는 단군 신화, 알에서 태어난 주몽이 고구려를 세웠다는 주몽 신화 등 황당한 이야기가 삼국유사 대부분의 내용을 차지하고 있습니다. 삼국유사는 현실 세계에서는 일어날 수 없는 이야기, 불교와 관련된 이야기로 가득 차 있습니다. 과연 삼국유사를 역사서라 말할 수 있는지조차 의문스럽습니다.

현명한 —— 삼국유사에 고조선을 비롯하여 여러 국가 건국 시조의 탄생 설화와 불탑, 절과 관련된 신기한 일들이 수록되어 있는 것은 사실입니다. 다만, 일연은 눈에 보이는 것만이 전부가 아니라고 생각하였습니다. 눈에 보이지는 않지만, 우리가 직접 알 수 없는 또 다른 세계가 있다고 일연은 생각한 것입니다. 삼국유사는 역사 이면에 감춰져 있는 신화와 전설을 말하고, 신기하고 기이한 이야기를 통해 삼국의 다채로운 모습을 보여 주려 하였습니다. 이는 김부식이 중요하게 여겼던 유교적 세계관에 대응하는 불교적 세계관입니다. 일연은 김부식이 표방했던 합리주의에 정면으로 맞서, 합리성이라는 이름 아래 배제된 여러 사실에 새로운 가치를 부여하였다고 생각합니다.

나위대 —— 물론 제가 고구려, 백제, 신라의 건국 시조에 대한 기록 등 신화의 영역을 부정한다는 말은 아닙니다. 어느 나라 어느 민족이든 자신의 시조에 대한 건국 신화가 존재하고, 이는 합리성만으로 해석할 수 없다는 것도 이해합니다. 다만, 제가 말씀드리고 싶은 것은 삼국유사의 특정 내용이 아니라 전체 서술 방향입니다. 삼국유사 대부분의 내용은 신이한 일에 대한 믿음을 바탕으로 쓰였습니다. 불탑과

불상에 얽힌 영험한 이야기, 불교의 참뜻을 보여 주는 일화, 효심과 불심의 관계 등 역사적 사실을 파악하기 위한 역사서로는 부족함이 많다는 것입니다. 실제로 국문학자들은 삼국유사를 고려 시대의 대표적인 문학 작품으로 판단하여 삼국유사에 실린 설화나 향가 등에 대해 주로 연구하고, 불교 관련 연구자들은 삼국유사를 불교적 사료로 보고 있습니다. 역사서, 문학 작품, 불교사 등으로 분류되는 실정을 감안하면, 과연 삼국유사를 어떤 성격의 책이라 말해야 할지 저로서는 의문입니다.

현명한 —— 앞에서도 말씀드렸다시피 일연은 우리 눈에 보이지 않지만, 다른 의미로 존재하는 또 다른 세계를 표현하려고 하였습니다. 일연은 기이한 일화들을 통해 보이지 않는 세계를 말하려 한 것이고, 우리는 그 속에서 역사적 사실을 읽어 내면 됩니다. 분명 삼국유사가 불교적 세계관의 바탕 위에 존재하지만, 그렇다 하더라도 역사서로서 삼국유사의 가치를 깎아내리는 것은 잘못된 생각이라고 봅니다. 오히려 우리가 두려워해야 할 것은 유교적 합리성이라는 명분 아래 이루어지는 왜곡된 역사 인식입니다. 예를 들어, 삼국사기에는 백제의 멸망을 하늘이 이미 정했다는 허황된 암시가 드러나 있습니다. 이는 객관적 사실만을 기록한다는 삼국사기의 역사관에도 어긋날 뿐만 아니라, 자신의 주장을 합리화하기 위해 비현실적 사건이라도 끌어들이는 것을 주저하지 않았던 역사 왜곡이라 볼 수 있습니다.

사회자 —— 네, 두 분이 상당히 다른 관점을 보여 주고 계시네요. 정리하면 두 분 교수님 모두 전반적으로 삼국사기가 유교적, 삼국유사가 불교적이라는 점에 대해서는 동의하시는 것 같습니다. 혹시 덧붙일 말씀 있으시면 해 주시죠.

현명한 ── 일연이 삼국유사를 쓴 의도를 제대로 말씀드리지 못한 것 같아 부연 설명하겠습니다. 일연이 작성한 삼국유사 서문을 보면 '제왕이 일어날 때는 반드시 부명符命[16]을 얻게 된다. 그 때문에 보통 사람과는 다른 점이 있게 마련이다'라고 하여 삼국유사의 편찬 목적을 당시 사람들이 보편적으로 인식하고 있던 선조들의 신이한 이야기를 수록하는 것이라고 밝히고 있습니다. 삼국유사에 수록된 내용이 비논리적인 인물, 황당한 사건을 나열한 것처럼 보이지만, 이야기 속에 내재된 진실과 사실, 교훈 등을 통해 삶의 진정한 실체를 파악하도록 한 것이 삼국유사가 의도한 진정한 목적입니다. 이런 이유로 삼국유사는 고구려, 백제, 신라만이 아니라 고조선 등 우리 역사 속에 등장했던 다양한 국가에 대한 내용을 수록하고 있는 것입니다. 이 점이야말로 삼국사기와 차별화되는 부분이지요. 고조선에 대한 기록이 삼국유사의 첫머리를 장식하는 것을 통해 우리 민족의 기원을 밝히려는 목표와 의도가 드러난다고 볼 수 있습니다.

16
하늘이 상서로운 징조로 왕에게 내리는 명령

주제 3
삼국사기는 사대적, 삼국유사는 자주적?

사회자 ── 네, 잘 알겠습니다. 삼국사기와 삼국유사에 대한 두 분의 애정이 그대로 드러나는 것 같습니다. 현 교수님께서 삼국유사에는 고조선, 즉 단군에 대한 서술이 수록되어 있다고 말씀하셨는데요. 이와 관련하여 삼국사기는 사대적이고 삼국유사는 자주적 성격을 띠고 있다는 평가가 있습니다. 이러한 평가에 대해 어떻게 생각하시는지 이번에는 현 교수님이 먼저 포문을 열어 주시죠.

현명한 —— 역사적으로 사대주의는 우리 민족의 자주성을 드러내기보다는 중국 왕조를 우위에 두고 그에 의존해 자기 존립을 유지하려는 경향이라 할 수 있습니다. 쉽게 말하면, 주체성 없이 중국의 문화 등을 받들어 섬기는 것을 말합니다. 삼국사기에는 사대주의적 모습들이 여기저기 드러나는데요. 고구려가 수와 당이라는 중국 왕조의 명을 거역하고 순종하지 않아 멸망하였다고 한 점이나, 백제 역시 당나라 천자의 거듭된 훈계를 듣지 않아 결국 망하게 되었다고 서술한 부분을 예로 들 수 있습니다. 고구려, 백제의 멸망 원인을 구체적인 사실을 바탕으로 서술하지 않고, 중국 왕조의 말을 따르지 않아 멸망하였다니, 삼국사기의 사대주의적 성격이 그대로 드러난다고 볼 수 있습니다.

나위대 —— 현 교수님, 역사는 어쩔 수 없이 승자의 기록입니다. 승자인 신라의 입장에서 삼국 통일의 정당성을 부여하기 위해 자신을 높이고 패자인 고구려, 백제를 낮춰 서술하는 것은 당연한 일입니다. 이는 동양과 서양을 막론하고 역사 서술의 일반적인 현상입니다. 그리고 중국 황제의 말을 듣지 않아 고구려, 백제가 멸망했다는 내용은 신라가 당나라와 연합하여 나당 연합군을 결성한 사실을 설명하기 위해서입니다. 이 내용만으로 삼국사기를 중국 세력을 섬기고 복종하였다는 사대주의적 성격으로 해석하시는 것은 무리라고 생각됩니다.

현명한 ── 하하, 그렇다면 제 주장을 뒷받침할 또 다른 근거를 말씀드리겠습니다. 삼국사기에 실려 있는 고구려, 백제, 신라에 대한 내용 분량을 살펴보면 고구려, 백제보다 신라와 관련된 서술이 훨씬 많은 부분을 차지하고 있습니다. 또 역사적으로 고구려가 가장 먼저 건국되었음에도 불구하고 고구려 건국 시조인 주몽이 아닌, 신라의 시조인 혁거세부터 시작합니다. 이를 통해 삼국사기는 삼국 중 신라를 우위에 두었음을 알 수 있지요. 명확히 객관적인 역사 서술을 표방했지만, 삼국에 대한 인식은 그렇지 않았습니다. 결국, 삼국사기는 당과 연합하여 백제, 고구려를 멸망시킨 신라를 우리나라의 정통으로 여겼다는 것이 명백합니다. 신라가 외세와 손을 잡고 삼국을 통일하면서 우리가 잃어버리게 된 만주와 한반도 북부의 땅을 떠올려 보십시오. 더구나 외세를 우리 민족의 일에 끌어들이다니 신라의 행태에 분노가 치밉니다.

나위대 ── 너무 감정적으로 보시는 듯합니다. 현 교수님 말씀처럼 삼국사기에 신라 관련 내용이 많은 것은 사실입니다. 그렇다고 해도 삼국사기가 신라 중심의 사대주의적 역사서라는 점에는 동의하기 힘듭니다. 무엇보다도 현 교수님께서는 삼국사기의 저자 김부식이 고려 시대 인물이라는 점을 잊으신 것 같습니다. 삼국사기가 편찬된 시기는 고구려, 백제가 멸망한 이후 대략 500년이라는 시간이 흐른 뒤입니다. 이 기간에 고구려, 백제의 기록은 대부분 사라졌고, 이에 반해 삼국을 통일한 신라는 오랫동안 유지되었기에 신라 관련 기록이 많이 남아 있었던 것입니다. 현 교수님은 삼국사기가 신라 중심이라고 비판하시는데, 신라가 삼국을 통일하였기에 신라 중심으로 삼국사기가 쓰인 것은 너무나 당연한 일입니다. 더군다나 삼국 시대에는 아직 민족이라는 개념이 확립되기 이전이기 때문에, 외세를 끌어들여 삼국 통일을 이룩하였다는 평가는 잘못이라 생각됩니다.

사회자 — 네, 잠깐 정리하겠습니다. 현 교수님은 삼국사기의 내용이 신라에 편중된 면이 있으며, 고구려, 백제에 대해 객관적인 서술이 이루어지지 않고 있다고 말씀하셨습니다. 이에 반해 나 교수님은 삼국사기가 신라에 편중된 것은 사실이나 이는 신라가 삼국 통일을 이루고 고구려, 백제보다 더 오랫동안 존속하였기 때문이며, 어쩔 수 없는 현상이라 하셨습니다.

현명한 — 그렇다면 삼국사기가 신라 중심의 역사서라는 증거를 더 제시하겠습니다. 저는 삼국의 역사를 만들어 간 것은 왕이나 제후 등 지배 세력이 아닌 삼국 시대를 치열하게 살았던 민중이라고 생각합니다. 삼국사기에도 이러한 민중들의 모습이 「열전」에 나와 있고, 열전에 어떤 인물이 실려 있는지를 통해 삼국사기에 내재한 역사관을 알 수 있습니다. 열전에는 고구려, 백제, 신라의 다양한 인물의 삶이 수록되어 있는데요. 혹시 나 교수님은 열전에 실린 삼국의 인물이 총 몇 명인지 아시는지요?

나위대 — 물론 알고 있습니다. 고구려, 백제, 신라의 인물 총 69명의 기록이 열전 10권에 실려 있습니다.

현명한 ── 네, 잘 알고 계시네요. 그런데 좀 더 구체적으로 살펴보면 69명의 인물 중 신라인이 56명, 고구려인 10명, 백제인 3명입니다. 신라인에 관한 서술이 압도적으로 많을 뿐만 아니라, 10권의 열전 가운데 첫 3권에 달하는 분량이 신라의 장군 김유신에 대한 기록입니다. 이처럼 삼국사기에는 신라 중심의 역사관이 노골적으로 드러나 있습니다. 또 전쟁에서 용맹하게 싸운 인물을 기록한 권7의 인물을 살펴보면 황산벌의 영웅 계백보다 신라의 화랑인 관창이 먼저 서술되어 있고, 고구려의 연개소문은 반역의 대표적인 인물로 수록하고 있는 등 삼국의 역사를 객관적으로 수록했다고 말하기에는 민망한 수준입니다.

나위대 ── 현 교수님께서는 눈에 보이는 것만이 전부가 아니라고 말씀하시면서 막상 삼국사기에서는 진정한 모습을 보시기보다 겉으로 보이는 것에만 치중하시는 것 같습니다. 아까도 말씀드렸다시피 삼국사기의 내용 중 상당 부분이 신라와 관련된 이야기라는 점은 인정합니다. 다만, 삼국사기가 사대주의적 역사서이기 때문이라거나, 혹은 백제, 고구려에 대한 악감정 때문에 신라 관련 서술이 많은 것은 아닙니다. 삼국사기가 김유신을 중요하게 평가하여 그에 관한 기록을 많이 수록한 이유는 그가 신라 사람이기 때문이 아니라, 삼국 통일의 대업을 이루었기 때문입니다. 고려의 태조 왕건이 후삼국의 분열을 극복하고 통일을 이룬 사실을 강조하기 위하여 김유신의 의미를 부각한 것입니다. 즉, 김유신의 삼국 통일을 고려의 후삼국 통일을 뒷받침하는 역사적 근거로 서술한 것입니다.

사회자 — 아, 네. 삼국사기에 신라 관련 서술이 많고, 특히 김유신의 업적이 자세히 서술된 이유는 고려의 후삼국 통일을 강조하기 위해서라는 말씀이시죠. 그럼 이번에는 삼국유사에 대한 이야기를 해 보겠습니다. 일반적으로 삼국유사는 우리 민족의 시조인 단군을 수록하는 등 자주적 성격을 드러내는 역사서라고 평가받는데요. 이에 대해 현 교수님 자세한 설명 부탁드립니다.

현명한 — 네, 삼국유사는 단군 조선에 대한 기록을 수록한 역사서 중 가장 오래된 책으로 그 자주성이 돋보인다고 할 수 있습니다. 삼국사기가 신라의 건국자 박혁거세 신화를 책의 첫 장에 서술한 데 반해, 삼국유사는 단군 신화로부터 시작합니다. 우리가 잘 알고 있는 곰과 호랑이가 쑥과 마늘을 먹었다는 이야기가 바로 삼국유사에 실려 있지요. 이 외에도 고조선의 멸망 이후 우리 영토에 설치되었던 한사군,[17] 마한, 진한, 변한, 가야, 심지어는 신라가 삼국을 통일한 이후 한반도 북부와 만주 일대에 존재했던 발해에 대한 기록까지 수록되어 있습니다.

사회자 — 아, 제가 알고 있던 단군 신화가 삼국유사에 실려 있는 내용이었군요. 그런데 현 교수님, 단군 신화 내용이 실려 있다는 이유만으로 삼국유사를 자주적이라 할 수 있을까요?

현명한 — 삼국유사가 편찬될 당시 고려는 몽골에 항복한 이후 원나라의 간섭을 받아 민족의 자주성이 크게 손상되었던 때였습니다. 아시다시피 고려의 왕은 원나라의 승인 없이는 즉위할 수 없었고, 원나라에 각종 공물을 바쳐야만 했던 시기였지요. 이러한 시기에 삼국유

17
한나라의 황제 무제가 고조선을 멸망시키고 설치한 네 개의 군으로 낙랑군, 임둔군, 진번군, 현도군을 가리킨다.

교과서 토론 | 한국사

사는 단군을 시조로 기록하고, 우리의 전통문화를 자랑스럽게 여기며, 우리 민족의 독자성과 유구함을 강조하여 민족 정체성을 확립하고자 하였습니다. 한 가지 더 의미 있게 살펴보아야 할 부분은 삼국유사에 담긴 민족 통합 의식입니다. 고려 중기까지도 사람들은 자신을 고구려나 백제의 후예라고 생각하는 의식이 남아 있었습니다. 무신 집권기에 일어난 농민과 천민의 봉기가 고구려, 백제, 신라의 부흥을 내세운 것도 이러한 의식이 여전히 존재하였다는 점을 보여 주고 있습니다. 그러나 삼국유사는 우리는 고구려인, 백제인, 신라인이기 이전에 다 같은 단군의 후예라는 점을 강조하려 했습니다. 삼국은 제각기 발전한 국가가 아니라 고조선의 역사를 계승한 국가들이고, 우리나라는 삼국 시대 이전에 이미 단일한 역사적 정체성을 갖고 있었다는 민족 통합을 내세운 것이지요. 이런 의도로 삼국유사는 단군과 고조선을 우리 역사의 기원으로 삼고, 이후 등장한 많은 나라를 우리 역사로 포함했다고 볼 수 있습니다.

사회자 ─ 아, 그렇군요. 현 교수님 설명을 들으니 삼국유사의 자주적 성격이 와닿는 것 같습니다. 이에 대해 나 교수님은 어떻게 생각하시는지 말씀 부탁드립니다.

나위대 ─ 네, 현 교수님의 설명을 들으니 일제의 지배로 우리 민족이 위기를 맞이했을 때, 역사를 통해 애국심을 고취하고 민족의 주체성을 확립하려 했던 민족주의 역사학[18]이 떠오르네요. 그런데 저는 삼국사기도 삼국유사 못지않게 자주적인 성격을 띠고 있다고 생각하는데, 많은 분이 잘 모르시는 것 같아 안타까운 심정입니다.

18
일제 강점기 신채호, 박은식 등 민족주의 역사학자들은 역사 연구를 통해 민족정신을 일으키는 독립운동을 전개하였다.

사회자 — 아, 그런가요? 근거가 있으면 말씀해 주시죠.

나위대 — 네, 삼국사기는 기전체 역사 서술 방식에 따라 편찬되었는데요. 고구려, 백제의 역사가 제후국의 역사를 기술하는 「세가」가 아닌, 「본기」에 실려 있습니다. 기전체 역사 서술 방식에서 「본기」는 천자天子에 대한 기록이나, 정통성을 가진 국가의 역사를 기록하는 부분임을 생각하면 놀라운 일입니다. 결국, 삼국사기는 「고구려본기」, 「백제본기」 등 신라뿐 아니라 고구려, 백제도 본기로 서술하여 삼국 모두를 우리 역사의 정통으로 생각하였다는 점을 알 수 있습니다. 또 삼국 각각의 본기에는 해당 국가가 '나'로 표현되고 있습니다. 즉, 「고구려본기」에는 고구려가, 「백제본기」에는 백제가, 「신라본기」에는 신라가 각각 '나'로 표현되는 것이지요. 이와 같은 서술을 통해 삼국사기가 신라만 우리나라의 정통으로 본 것이 아니라 삼국 모두를 동등하게 바라보았다는 사실을 알 수 있으며, 이는 삼국사기의 자주적 성격을 잘 보여 준다고 생각합니다.

사회자 — 두 분 교수님께서 삼국사기와 삼국유사 모두 자주적이라고 평가하시네요. 그런데 나 교수님, 고려는 국호에서도 알 수 있듯이 고구려 계승 의식[19]을 표방한 국가 아닌가요?

나위대 — 아, 그 부분은 고려 초기의 상황과 이후의 상황을 혼동하신 것 같습니다. 고려를 세운 태조 왕건은 분명 고구려 계승을 내세우며 후삼국을 통일하였지만, 이후에도 계속해서 고구려 계승 의식을 표방한다는 것은 국가의 존립을 위협하는 위험한 일이었습니다. 고려가 고구려 계승 의식을 내세운다는 것은, 곧 구 백제 및 구 신라

19

고려는 고구려 계승 의식을 표방하여 국호를 고려라 하고, 고구려의 옛 수도였던 평양을 서경이라 하여 중시하였다. 또 북진 정책을 추진함으로써 고구려의 옛 영토를 회복하려 하였다.

지역을 차별하겠다는 의미이고, 이는 나아가 고려의 후삼국 통일 의미를 반감시킬 수 있기 때문입니다. 이에 고려 중기 이후부터는 삼국을 통일하여 민족 문화의 기틀을 마련한 신라를 중요시함으로써 후삼국을 통일한 고려에 정당성을 부여하려 하였지요.

마무리 발언

사회자 — 네, 시간이 어떻게 흘러갔는지 모르겠습니다. 오늘 두 분 교수님을 모시고 삼국사기와 삼국유사에 대해 다양하고도 깊이 있는 이야기를 나누었습니다. 아쉽지만 오늘 토론의 마무리 발언을 해 주시기 바랍니다.

나위대 — 네, 오늘 토론은 삼국사기와 삼국유사라는 고전에 대해 미처 몰랐던 사실을 이야기하고 알게 된 유익한 시간이었습니다. 사실 삼국사기는 우리나라 최고最古의 역사서로 가치를 인정받고 있지만, 그에 못지않게 사대적이다, 우리의 전통적인 고유사상을 무시했다 등 부정적인 평가 역시 받고 있습니다. 그러나 삼국사기의 사대주의적 내용은 김부식이 유학자였음을 고려했을 때 이해 가능한 수준입니다. 심지어 조선 시대의 여러 역사서보다 훨씬 자주적인 성격을 드러내고 있지요. 삼국사기가 고대의 신화주의적, 설화주의적 역사 서술에서 벗어나 기존 역사서를 충실하게 반영하면서도 객관적으로 역사를 서술하고 합리성을 추구하였다는 점에서 높이 평가받아야할 것으로 보입니다.

현명한 —— 삼국유사가 신화, 전설 등 신비주의적인 내용으로 가득 차 있어서 역사서로 인정하지 않으려는 시선이 있습니다. 그러나 삼국유사의 이러한 부분은 당시 성행하던 유교의 합리주의 역사관을 비판하려는 의도입니다. 합리성이라는 이름 아래 배제되었던 설화, 전설 등도 우리 역사라는 자부심의 표현이라고 볼 수 있는 것이죠. 더구나 고조선을 우리 민족의 기원으로 설정하여 원나라의 정치적 간섭이 극심하던 현실에 맞서 민족적 자주 의식을 드러냈다는 점에서 큰 의미가 있다고 봅니다. 이번 토론을 통해 삼국유사의 의미에 대해 다시 한번 생각해 보는 시간이 된 것 같습니다.

사회자 —— 이것으로 '삼국사기와 삼국유사는 어떻게 다른가'를 주제로 한 토론을 마치도록 하겠습니다. 아무도 알지 못하는 어둡고 컴컴한 길을 가야 할 때 앞서 걸어온 이들이 남긴 고전이 길을 밝혀 주는 등불이 되어 줄 수 있다고 생각합니다. 오늘 토론에 참여해 주신 나 교수님과 현 교수님께도 고마운 마음을 전합니다. 감사합니다.

우리의 역사를 보존하다!
조선왕조실록

우리나라는 '기록의 나라'로 불릴 정도로 소중한 기록물을 많이 남겼습니다. 특히 조선의 역사가 온전하게 담긴 『조선왕조실록』은 『삼국사기』, 『삼국유사』와 더불어 우리의 기록 문화를 빛낸 소중한 문화 유산으로 1997년 유네스코 세계 기록 유산에 등재되었습니다. 조선왕조실록은 국왕과 신하들의 인물 정  보, 외교, 군사 관계, 국정 논의 과정, 천재지변 기록, 지방 정보 등 방대한 내용을 포함하고 있을 뿐만 아니라, 재위 중인 왕과 다음 왕까지 실록 확인을 하지 못하게 한 점 등을 통해 기록의 공정성과 객관성에서도 그 가치를 인정받고 있습니다.

국왕이 승하하면 뒤를 이은 국왕이 실록청을 설치하여 전왕대의 실록을 편찬하였습니다. 각 기관에서 보고한 문서 등을 연월일 순으로 정리하여 작성해 둔 '춘추관 시정기'와 전왕 재위 시 사관들이 각각 작성해 둔 '사초'를 비롯하여 승정원일기, 의정부 등록 등 정부 주요 기관의 기록을 활용하였습니다. 특히 사관들은 항상 궁중에 들어가 국왕 곁에 머무르며, 국왕의 말과 행동을 비롯하여 자신이 보고 들은 내용을 사실대로 기록하여 사초를 작성하였습니다. 또 사초는 비밀 유지의 중요성 때문에 사관 이외에는 아무도 보지 못하게 하였으며, 심지어 국왕이라 하더라도 사초 열람은 불가능하였습니다. 힘든 과정을 거쳐 편찬된 조선왕조실록은 여러 곳에 나누어 보관하였기 때문에 임진왜란, 병자호란 등의 전쟁 시기에도 그 기록을 유지할 수 있었습니다.

마무리
하기

삼국사기와 삼국유사는 어떻게 다른가

1. 삼국사기와 삼국유사에 대한 토론 내용을 읽고, 각 주장에 관한 근거를 정리해 적어 보세요.

삼국사기와 삼국유사는 어떻게 다른가?

삼국사기와 삼국유사의 서술 방식상 특징은 무엇인가?	삼국사기는 정사이다. 근거 :	삼국유사는 야사이다. 근거 :
삼국사기는 신라 중심으로 쓰인 역사서인가?	신라 중심으로 쓰인 편향적인 역사 서이다. 근거 :	신라 관련 서술이 많을 뿐 신라 중 심으로 쓰인 것은 아니다. 근거 :
삼국유사를 역사서로 볼 수 있을 것인가?	사실보다는 허황된 이야기를 담고 있어 역사서로 볼 수 없다. 근거 :	삼국에 대한 진실에 다가갈 수 있 는 역사서이다. 근거 :
삼국사기는 사대주의적, 삼국유사는 자주적인 역사서인가?	삼국유사는 자주적인 성격을 띠지 만 삼국사기는 사대주의적 성격의 역사서이다. 근거 :	삼국사기와 삼국유사 모두 자주적 인 성격을 띠고 있다. 근거 :

2. 삼국사기와 삼국유사에 대한 본인의 생각을 적어 보세요.

이슬람교의 성립

▲ 메카에 있는 카바 신전
출처: Wikipedia

삼국이 치열하게 항쟁하던 7세기 아라비아반도에서는 무함마드가 알라를 유일신으로 하는 이슬람교를 성립시켰습니다. 이슬람교는 경전인 쿠란의 가르침을 중히 여기고, 알라 앞에서 모든 인간은 평등하다고 주장하며 빠르게 확산되었습니다. 이슬람교도는 알라가 무함마드에 내린 계시를 기록한 쿠란과 무함마드의 말과 행동을 기록한 하디스에 근거해 5행이라는 다섯 가지 의무를 실천해야 합니다. 5행은 신앙 고백, 메카를 향한 예배, 라마단 기간의 금식, 가난한 사람에 대한 자선, 일생 동안 최소한 번 성지인 메카 순례를 실천해야 하는 것을 말합니다.

· 쟁점 3 ·

고려의 멸망

— 고려 멸망의 원인은 무엇인가

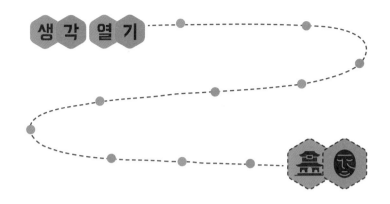

이 몸이 죽고 죽어 일백번 고쳐 죽어

백골이 진토되어 넋이라도 있고 없고

임 향한 일편단심이야 가실 줄이 있으랴

▲ 태조 이성계 어진. 쌍성총관부를 공격하여 철령 이 북의 땅을 수복하는 데 기여하고, 고려 말 홍건적과 왜 구의 침입을 막아 낸 고려의 장수이자 조선의 창업군 주이다.

출처: 한국민족문화대백과사전

「단심가」는 고려의 마지막 충신, 정몽주가 남긴 시조입니다. 정몽주는 새로운 국가 건설에 동참하지 않겠냐는 이방원의 권유를 단호하게 거절하고, 그 대가로 귀가하는 길에 죽음을 맞이하게 되지요.

그 후 고려의 마지막 왕인 공양왕은 스스로 자리에서 내려오고, 이성계는 많은 신하의 추대를 받아 왕의 자리에 올랐습니다. 공양왕이 자리에서 물러나고 이성계가 왕의 자리에 오르기까지 걸린 기간은 단 6일. 6일 사이에 옛 왕조가 무너지고 새로운 왕조가 시작된 것입니다.

고려는 고구려를 계승한다는 의미로 국호를 짓고 출발하였습니다. 고구려의 옛 땅을 회복하기 위하여 지속적으로 영토를 확장하였고, 서희, 강감찬과 같은 걸출한 인물을 배출하였으며, 유·불·도 등 다양한 문화를 꽃피웠습니다. 세계 최초의 금속활자 직지심체요절이 등장하기도 하였죠. 500년 가까이 지속된 이 왕조가 6일 만에 새 왕조로 교체된 이유는 무엇일까요?

신라는 고구려와 백제를 무너뜨린 후 삼국을 통일하였고, 고려는 후백제를 무너뜨리고 신라를 포섭하여 통일을 이룩하였습니다. 그러나 고려는 여러 국가로 분열되지도 않았고, 전쟁으로 멸망한 것도 아닙니다.

물론 고려 말은 대내외적으로 혼란기였습니다. 대외적으로는 원·명 교체기를 틈타 홍건적과 왜구가 기승을 부리던 시기였습니다. 대내적으로는 부원 세력이 원을 등에 업고 국정을 농단하며, 불법적인 농장 확대와 농민 몰락, 국가 재정 악화 등 수많은 문제가 해결되지 못하고 쌓여 있었습니다.

이성계와 그를 따르는 급진파 신진 사대부들은 이미 고려는 끝났다고 생각하고 더 나은 세상을 꿈꾸며 조선 왕조를 개창하였습니다. 하지만 정말 고려의 멸망은 필연적인 것이었을까요? 만약 새 왕조가 개창되지 않았더라면 고려는 어떻게 되었을까요? 지금부터 수많은 혁명가와 개혁가가 활동하였던 격동의 시기로 들어가 봅시다.

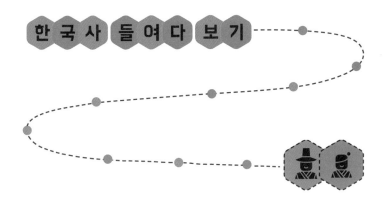

고려는 몽골과의 전쟁 과정에서 독립국을 유지하는 데에는 성공하였으나 100년에 가까운 시간 동안 원의 간섭을 받게 되었습니다. 고려의 왕은 원에 충성한다는 의미로 이름 앞에 '충'을 붙였습니다. 충렬왕, 충선왕처럼요. 또 원의 공주와 혼인한 고려는 원 황제의 부마국으로 불렸습니다.

국가의 자주성이 침해받는 안타까운 상황 속에서 막강한 권력을 쥐고 원에 붙어 오히려 고려를 핍박하는 고려인 세력도 있었습니다. 부원 세력은 고려의 영토를 원에 바쳐야 한다고 주장하거나 권세를 믿고 백성들을 괴롭혀 부를 축적하였습니다.

시간이 흘러 원이 쇠퇴하면서 기세등등했던 부원 세력의 기세는 조금 줄어들었지만 나라가 혼란스러운 것은 여전했습니다. 원이 약해진 틈을 타 봉기한 중국의 농민들이 홍건적으로 발전하면서 고려까지 침입하였거든요. 당시 고려 왕이었던

공민왕이 쓴 안동 영호루 현판 글씨

▲ 공민왕이 쓴 안동 영호루 현판 글씨의 탁본. 공민왕이 홍건적의 침입을 피해 안동으로 피난 갔을 때 쓴 것이다.

출처: 국립중앙박물관

공민왕은 수도 개경이 함락당한 상태에서 안동까지 피난을 가야 했습니다. 엎친 데 덮친 격으로 왜구까지 기승을 부리면서 고려는 그야말로 난장판이었습니다.

그럼 백성들의 삶은 어땠을까요? 부원 세력의 횡포, 홍건적과 왜구의 약탈도 무서웠지만 정말로 농민들을 힘들게 만들었던 것은 바로 토지 문제였습니다. 백성의 대다수가 농민이었으므로 토지 문제는 그들의 삶과 직결되는 문제였습니다. 긴 전쟁과 정치 혼란으로 피폐해진 상황에서 농민들은 과도한 세금 부담과 고리대로 무너져 버리고 말았습니다.

지배층은 어떤 대책을 세우고 있었느냐고요? 당시 지배층인 권문세족[1]은 오히려 황무지를 개간하거나 매입하여 적극적으로 농장을 확대해 나갔습니다. 막강한 권력을 이용하여 토지를 불법으로 빼앗아 가거나 고리대로 신음하는 농민들을 강제로 노비로 만들어 버리기도 했습니다. 각종 면세, 면역 특권을 누리면서요.[2]

내우외환의 고려에 새바람을 몰고 온 국왕이 등장했습니다. 21세의 나이로 왕위에 오른 개혁 군주 공민왕입니다. 공민왕이 왕위에 오른 시기는 중국에서 원이 쇠퇴하고 명이 떠오르

권력 있는 가문. 권세 높은 집안이란 뜻으로 고려 말 문벌을 이루며 관료계를 장악한 지배층을 일컫는다.

당시 상황에 대하여 「고려사 절요」에서는 다음과 같이 기록하고 있다. "토지 제도가 무너지면서 강한 자가 남의 토지를 병합하여 부자는 토지가 많아진 반면 가난한 사람은 송곳 꽂을 땅도 없게 되었다."

는 시대였습니다. 공민왕은 원·명 교체기를 효과적으로 활용하여 반원 자주 정책을 펼쳤습니다. 변발과 호복 등 몽골의 풍속을 폐지하고 대표적인 부원 세력인 기철을 숙청하였을 뿐 아니라 원의 내정 간섭 기구였던 정동행성의 이문소를 폐지하였습니다. 원이 멋대로 침탈한 쌍성총관부를 공격하여 철령 이북 지역도 회수하였죠.

개혁의 바통을 이어받은 사람은 신돈이라는 승려였습니다. 치열한 정쟁과 사랑하는 노국공주의 죽음으로 지친 공민왕은 여러모로 뜻이 잘 맞는다고 판단한 승려 신돈을 개혁의 적임자로 내세웠습니다. 신돈은 우선 기존 권력층을 몰아내고 새로운 세력으로 채우고자 하였습니다. 심지어 백성들에게 인기가 높았던 최영 장군도 숙청 대상이었죠. 신돈은 승려였음에도 성균관을 정비하고 과거제를 개편하여 유교 사상을 바탕으로 한 인재를 키우고자 노력하였습니다.

고려의 가장 중요한 문제인 토지와 민생 문제 또한 신돈의 주요 관심사였습니다. 신돈은 전민변정도감을 세워 불법적으로 토지를 빼앗거나 농민을 노비로 만들어 버린 사례를 대대적으로 조사한 후, 빼앗은 토지는 원래 주인에게, 억울하게 노비가 된 농민은 원래 신분으로 되돌려 주었습니다. 백성들 사이에서 신돈의 인기가 엄청나게 치솟았습니다.

신돈의 개혁은 백성들에게 큰 환호를 받았으나 기득권층의 반발을 일으켰습니다. 결국, 세력이 약했던 신돈은 자신을 발탁

한 공민왕의 손에 제거되었고, 공민왕마저 살해되면서 개혁은 미완의 상태로 남게 되었습니다. 비록 신돈은 제거되었지만 그가 도입한 교육제도로 말미암아 새로운 개혁의 기수가 본격적으로 등장할 수 있었습니다. 바로 신진 사대부입니다.

사대부는 유학의 학문적 소양을 갖춘 관료층으로, 문신 관리를 의미합니다. 한국사에서 신진 사대부는 일반적으로 고려 말 새롭게 등장한 사대부를 가리키죠. 그렇다면 신진 사대부가 이전의 사대부와 다른 점은 무엇일까요? 바로 성리학입니다.

유학의 여러 갈래 중 하나인 성리학은 인간의 본성과 우주의 원리를 탐구하는 학문입니다. 기존 유학이 '인仁', '예禮'와 같은 도덕 규범을 가르치거나 경전을 해석하고 수집하는 수준이었다면, 성리학은 왜 도덕 규범을 따라야 하는지 인간의 본성과 우주의 원리를 따져 철학적으로 사유하는 심화 단계까지 나아갔습니다. 기존 유학보다 철두철미한 도덕 의식을 강조한 성리학은 고려 말 개혁에 목말랐던 신진 사대부의 마음을 단번에 사로잡았습니다. 이색, 정몽주, 정도전 등의 신진 사대부는 권문세족[3]을 비판하고 개혁을 요구하며 새로운 시대의 문을 열 준비를 하였습니다.

새롭게 등장한 세력은 또 있었습니다. 홍건적과 왜구 침입의 위기 속에서 등장한 신흥 무인 세력입니다. 위기의 순간에 나타난 최영, 이성계 등의 무인들은 외적의 침입을 격퇴하고 백성들을 보호하면서 영향력을 확대하였습니다. 특히 최영은

3
신진 사대부와 권문세족을 비슷한 형태의 지배세력으로 보고 굳이 구분하기 어렵다는 연구도 존재한다.

공민왕 사후 부패한 구세력을 제거하고 우왕을 보좌하며 정국을 이끌었습니다. 이성계 또한 구세력 제거에 힘을 보태며 최영에 협력하였죠.

최영과 이성계의 협조 체제는 오래가지 못하였습니다. 사건의 발단은 명의 철령위 설치였습니다. 명이 원을 북쪽으로 쫓아내고 중원의 강자로 성장하면서부터 고려에 원의 연호 폐지, 공물 납부 등 여러 요구를 해 왔습니다. 그중 명이 철령 이북의 땅을 차지하겠다는 선언은 우왕과 최영의 분노를 사고 말았지요. 이곳은 공민왕 때 쌍성총관부를 공격하여 철령 이북의 땅을 수복하면서 갖은 노력 끝에 고려 영토로 확보한 땅이었거든요. 명이 철령 이북에 일방적으로 군사를 배치하고 철령위를 설치하자 고려는 최영을 중심으로 명에 군사적으로 대응하고자 합니다. 요동 정벌이죠.

최영은 요동 공격을 위해 이성계에 지휘를 명하고 본인은 우왕과 함께 수도 개경을 지키기로 합니다. 하지만 여기서 뜻밖의 반대에 부딪히고 맙니다. 이성계가 4불가론[4]을 내세우며 요동 정벌을 반대한 것이죠.

최영은 명이 원과의 전쟁에 병사를 대거 투입하였기 때문에 요동을 쉽게 차지할 수 있을 것으로 보고, 요동 정벌을 강행하였습니다. 이성계는 이에 불복하고 위화도에서 군사를 돌려 회군하고 맙니다. 개경으로 돌아온 이성계는 우왕을 유배 보내고 최영을 제거하였습니다.

"첫째, 작은 나라가 큰 나라를 거스르는 것은 옳지 않습니다. 둘째, 여름철 군사를 동원하는 것은 옳지 않습니다. 셋째, 왜구가 그 틈을 타 침입할 것이니 옳지 않습니다. 넷째, 장마철에 활의 아교가 풀어지고 전염병이 돌 것이니 옳지 않습니다."

▲ 경기도 고양시에 있는 최영 장군의 묘. 최영이 처형되자 상인들은 문을 닫고, 아이들과 여인들까지 모두 눈물을 흘렸다고 한다.

출처: 문화재청

이성계와 손을 잡은 신진 사대부들은 위화도 회군을 계기로 대거 중앙 정계에 진출하였습니다. 권력을 잡은 이성계와 신진 사대부 세력은 우왕과 새로 등극한 창왕을 왕의 자손이 아닌 신돈의 자손으로 몰고, 실권이 없는 공양왕을 옹립한 뒤 다양한 개혁을 추진하였습니다. 그중 가장 핵심적인 개혁은 '과전법'입니다.

과전법은 고려가 가장 골머리를 앓은 토지 문제를 해결하기 위한 법입니다. 앞서 농장 확대와 농민 몰락의 문제를 언급했었는데요. 고려 말 불법 개간, 토지 강탈 등 소유의 불평등에서 오는 문제가 있었지요. 그러나 토지 문제는 이뿐만이 아니었습니다. 또 고려시대 관리들은 봉급으로 받는 녹봉 외에도 등급에 따라 토지에 대한 수조권[5]을 행사할 수 있었는데, 문제는 관리들이 수조권을 악용하였다는 점입니다. 원칙적으로 퇴직하면 수조권을 반납해야 하는데도 대를 이어 계속 수조권을 행사하면서 개인 재산인 것처럼 행세하는 사람들이 늘어나자 정작 수조권을 받아야 하는 현직 관리들은 권리를 누리지 못하게 되었습니다. 한 토지에 여러 명이 수조권을 행사해서 농민들이 여러 번 조세를 내야 하기도 했고, 조세 수취율을 늘려 조세에 대한 부담이 더욱 과중되었죠. 몰락한 농민들이 노비로 전락하면서 국가가 걷을 수 있는 조세는 갈수록 줄어들었습니다. 노비는 조세를 납부하지 않거든요.

조세를 수취할 수 있는 권리

수조권 문제의 해결 방법을 둘러싸고 신진 사대부 안에서도 의견이 갈렸습니다. 급진파 사대부는 이전에 분배된 수조권을 전부 없앤 후 새로 나눠 주고, 관리들에게는 경기도만 수조권을 나눠 주자고 주장하였습니다. 이른바 과전법입니다. 반면, 이색을 중심으로 한 온건파 신진 사대부는 수조권의 폐단을 없애면 되는 것이지 원래 분배된 수조권을 전부 백지화할 필요는 없다고 주장하였지요. 격렬한 토론과 정쟁 끝에 과전법은 1391년 조선 건국 1년 전에 시행되었습니다. 고려의 마지막 왕, 공양왕은 며칠 동안 불타오르는 토지 대장을 보며 눈물을 흘렸다고 합니다. 고려의 마지막 순간임을 직감했던 것일까요?

위기에 처한 고려에도 마지막 불씨는 살아 있었습니다. 신진 사대부의 존경을 한 몸에 받던 정몽주입니다. 정몽주는 공양왕 옹립 이후까지도 이성계의 정치적 행보를 지지하거나 소극적으로 방관하였습니다. 그러나 이성계와 급진파 사대부들의 새 왕조 수립이라는 목표가 가시화되면서부터는 상황이 달라졌습니다. 정몽주는 공양왕을 적극적으로 보필하고 이성계가 말에서 떨어져 몸져누운 틈을 타 이성계의 최측근인 조준, 남은 등을 유배 보냈습니다. 정세는 급박하게 돌아가기 시작했습니다.

직접 행동에 나선 것은 이성계의 다섯 번째 아들이자 훗날 형제들을 제거하고 왕위에 오른 태종 이방원이었습니다. 정몽주가 이성계의 동태를 살피기 위하여 이성계의 집에 들르자 이방원은 정몽주에게 은근슬쩍 회유의 말[6]을 던졌습니다. 이에 대한 정몽주의 대답은 명백한 거절이었고, 정몽주는 이방원의 손에 제거되었습니다. 이렇듯 수많은 사건을 거치며 고려는 멸망하였습니다.

1392년 7월 7일 여름, 이성계가 왕위에 즉위하고 이후 즉위교서를 발표하였습니다. 우왕과 창왕은 신돈의 자식이므로 왕이라고 할 수 없고, 공양왕은 나약하고 우유부단하여 민심을 잃었으므로, 자신의 즉위는 천명에 의거한 것이라는 내용이었습니다. 이어 무과 신설 및 과거제 개편, 과전법 추인, 공평하고 청렴한 지방관 추천 등 개혁 의지를 밝혀 다양한 정치·사회적

6
이런들 어떠하리 저런들 어떠하리
만수산 드렁칡이 얽어진들 어떠하리
우리도 이같이 얽어져 백년까지 누리리라.

▲ 개성에 있는 선죽교. 정몽주가 피살된 후, 절개의 상징인 대나무가 자라났다는 전설이 있다.

문제를 해결할 것임을 선언하였죠. 이제 고려는 역사의 뒤안길로 사라지고 새 왕조가 등장한 것입니다.

고려 멸망의 원인은 무엇인가

고려 말은 수많은 딜레마에 빠져 있던 시기였다. 대외적으로는 원과 명 사이의 대립 상황에 자주적으로 대처해야 했고, 원·명 교체기를 틈타 각국의 중앙 권력이 약화된 상황 속에서 홍건적과 왜구가 창궐하였다. 대내적으로는 그동안 고려 내부에 쌓인 여러 문제가 폭발하는 시기였다. 무분별한 농장 확대와 불법적인 노비 획득, 수조권 강화 등으로 고려의 재정 건전성이 약화되고 농민들의 삶은 비참해졌다. 당시 집권층이었던 권문세족이 고려의 대내외적 위기에 대처하기에 역부족이었던 상황에서 새로운 개혁 주도 세력으로 신진 사대부가 등장하였다. 신진 사대부들은 개혁의 방향성을 두고 서로 격렬하게 대립하였다. 고려의 멸망과 새로운 왕조의 건설은 여러 개혁안 중 하나였다고 볼 수 있다.

그렇다면 고려 멸망의 원인은 무엇일까? 고려 자체의 모순으로 인한 역성 혁명의 결과일까? 혹은 이성계를 비롯한 신진 세력과 구세력 간 권력 투쟁의 결과일까? 역사는 승자의 기록이라고 했던가. 오늘날 남아 있는 고려에 대한 기록은 대다수 고려를 무너뜨린 조선 왕조에서 편찬하였으므로 새 왕조의 정당성을 옹호하고 있을 가능성도 배제할 수 없다. 기록 속에 감춰져 있는 고려 멸망의 진정한 원인은 무엇일까? 이에 한국고등학교 한국사 선생님은 고려 멸망의 원인에 대하여 생각해 보는 토론 수업을 진행하였다.

사회자 — 안녕하세요. 오늘 토론 주제는 '고려 멸망의 원인은 무엇인가' 입니다. 이에 대해 고려 자체의 내부 모순이 원인이라고 보는 김건국 학생과 이성계를 비롯한 건국 세력의 권력 투쟁이 원인이라고 보는 박개혁 학생의 토론을 진행하도록 하겠습니다. 먼저, 두 학생의 입장을 들어 보겠습니다.

김건국 — 네. 고려 멸망의 원인은 고려 자체가 가졌던 한계 때문이라고 생각합니다. 고려 말 들이닥친 위기의 순간에서 고려는 새로운 상황에 대처하고 위기를 극복할 수 있는 동력을 상실한 상태였습니다. 원·명 교체기에 효과적으로 대응하지 못하였고, 홍건적과 왜구의 침략으로 국토가 유린되었으며, 토지 문제에서 발생한 수많은 사회적 모순으로 농민들이 고통받았습니다. 민중들은 도탄에 빠졌고, 집권층은 무능했습니다. 이런 상황에서 고려의 멸망은 필연적이었다고 봅니다. 결국 새 시대의 주역은 새로운 비전과 목표를 가진 조선 왕조가 된 것이죠.

박개혁 — 저는 고려 멸망의 원인이 고려 말 등장한 여러 세력 간 권력 투쟁 때문이라고 생각합니다. 고려가 수많은 불안 요소를 가지고 있었던 것은 사실입니다. 그러나 그렇다고 해서 고려의 멸망이 필연적이라고 볼 수는 없습니다. 대외 관계에 능동적으로 대처하였고, 외적의 침입을 막을 수 있는 인적 자원이 풍부하였으며 무기와 기술도 발명되었습니다. 사회 모순을 해결할 개혁안이 다양하게 제시되었고 개혁 의지도 충분히 있었습니다. 고려 왕조를 붕괴시킨 것은 이성계를 비롯한 건국 세력입니다. 멸망 원인을 고려 자체의 문제로 보는 것은 건국 세력이 책임을 전가하는 것이라고 봅니다.

주제 1
고려는 자체 개혁을 할 수 있는 역량을 가지고 있었나

사회자 — 각 토론자의 입장 잘 들었습니다. 우선, 고려가 실시했던 다양한 사회 개혁에 대하여 토론해 보겠습니다. 먼저, 박개혁 학생이 고려 말 추진되었던 개혁을 설명해 주시죠.

박개혁 — 고려 말 대표적인 개혁 군주로 알려진 공민왕 이전부터 고려는 지속적으로 개혁을 추진하였습니다. 원 간섭기 충선왕은 토지 문제를 적극 개혁하겠다는 의지를 표명하는 교서를 반포하였고, 충목왕은 정치도감을 설치하여 지방관의 횡포와 불법적인 토지 점령, 고리대 문제 등을 해결하고자 노력했지요. 물론 일련의 개혁은 일부 부원 세력에 의해 좌절되었지만 그럼에도 원의 간섭을 배제하고 자주적인 개혁을 위하여 꾸준히 노력하였습니다. 관제를 복구하고 강제로 빼앗긴 영토 일부를 다시 획득하는 데 성공했죠.

김건국 ── 원 간섭기 추진되었던 개혁들은 모두 미완성으로 끝나지 않습니까. 왜 그랬을까요? 고려 후기의 개혁은 권력 유지를 위한 일시적인 성격을 띠었기 때문입니다. 예시로 든 충선왕은 고려 왕과 원 공주 사이에서 태어난 왕으로 통치 후반부에는 원으로 가서 죽을 때까지 귀국하지 않았습니다. 고려 왕으로서의 정체성보다 원 황제 외손으로서의 정체성이 더 강했던 셈이죠. 다른 왕들도 원의 부마로서의 위치를 자각하고 정치에 관심이 없거나 원에 의해 교체되었습니다. 물론 개혁이 전혀 추진되지 않았던 것은 아니지만 고려 시대 축적된 고질적인 사회 모순을 해결할 역량은 없었다고 보아야 합니다.

박개혁 ── 저는 좀 다르게 봅니다. 고려가 멸망했다고 해서 수많은 개혁 시도가 부질없다고 평가하는 것은 결과론적인 시각 아닐까요? 물론 원 간섭기 추진한 여러 개혁에 한계가 있었던 것은 인정합니다. 하지만 첫술에 배부를 수 있겠습니까? 이러한 노력이 꽃을 피운 시기가 원·명 교체기인 공민왕 때입니다. 공민왕은 원·명 교체기를 적극 활용하여 반원 자주 정책을 효과적으로 펼쳤고, 불안정한 대외 정세에 현명하게 대처하였습니다. 홍건적과 왜구의 침입도 물리쳤고요. 대외 위기에 잘 대처한 후 신돈과 함께한 개혁 또한 고려 사회의 본질적인 문제점을 정확히 꿰뚫고 앞으로 고려가 나아가야 할 방향을 발전적으로 제시했다고 봅니다. 고질적인 문제인 농장 확대와 농민의 노비화 문제를 다루는 전민변정도감을 설치하였고, 백성들로부터 큰 신망을 얻었습니다. '권세가 중 토지와 백성을 빼앗은 자들이 원래 주인에게 많이 돌려주어, 전국에서 기뻐했다'라는 사료는 신돈이 얼마나 개혁을 성공적으로 이끌었는지 알 수 있습니다.

김건국 —— 공민왕과 신돈의 개혁을 다소 과대평가하는 것 같습니다. 물론 공민왕의 반원 자주 정책이 나름 성공을 거두었다는 것은 인정합니다. 하지만 공민왕은 기철 등 왕권을 위협하는 세력을 제거하기 위한 정책을 펼친 것이지 근본적인 사회 모순 해결을 위해 노력했다고 볼 수는 없습니다. 그 근거로 공민왕은 원의 연호를 계속 사용하였고, 개혁도 원의 승인을 얻는 수준에서만 추진하였습니다. 신돈의 최후도 생각해 보십시오. 기록에 따르면, 신돈은 권력이 강해지자 공민왕이 자신을 제거할까 두려워 역모를 꾀하였고, 그 결과 처형되었습니다. 결국 공민왕의 개혁은 정적을 제거하고 국왕이 주도권을 갖기 위한 투쟁의 일환이었기 때문에 한계가 있었던 거죠. 신돈의 개혁도 여러모로 한계점이 많았습니다. 예를 들어, 전민변정도감은 억울하게 빼앗긴 토지와 노비가 된 농민들을 조사하여 법적으로 처리하는 기구였습니다. 물론 이전보다 강력하게 추진되었던 것은 인정하지만 불법 행위를 방지하는 수준에 그칠 뿐 전면적인 개혁이라고 보기는 어렵습니다.

박개혁 —— 그렇지 않습니다. 공민왕 때 현실적인 외교 관례로 인해 원과 다소 타협했다고 해서 반원 자주 정책의 의미를 군이 축소할 필요는 없다고 생각합니다. 그런 식으로 따진다면 원과 관계를 모두 끊어 버리는 것만이 진정한 반원 정책일까요? 전민변정도감 또한 마찬가지입니다. 비록 정쟁과 여러 대외 위기로 인해 개혁은 미완의 상태로 끝났지만 공민왕 때 집중적으로 육성한 신진 사대부 세력이 개혁을 이어 나갈 수 있는 토대가 조성되었습니다. 공민왕의 개혁이 단순한 권력 투쟁이 아니라 고려의 앞날을 바라본 장기적인 관점의 개혁이라는 것은 여기서도 알 수 있습니다.

김건국 —— 물론 공민왕 때 신진 사대부가 대거 진출한 것은 사실입니다. 그러나 신진 사대부의 역할은 한계가 있었고, 중앙 정치를 장악하지도 못하였습니다. 공민왕과 신돈은 전형적인 측근 정치를 하였죠. 신돈이 진정한 개혁을 했다면 백성들의 신망을 한 몸에 받고, 정계를 안정적으로 뒷받침해 줄 수 있는 최영과 개혁적인 신진 사대부의 지지를 받았어야 합니다. 그러나 신돈은 오로지 자신의 권력을 휘두르는 데 집중하였고 오히려 권력에 방해될 수 있는 최영을 제거했습니다. 공민왕도 크게 다르지 않고요. 물론 공민왕과 신돈이 개혁에 대한 의지가 전혀 없었다고 평가하지는 않겠습니다. 그러나 단순한 선의만 가지고 있는 것으로 고려가 개혁에 대한 역량을 가지고 있었다고 판단하기에는 문제점이 많다고 봅니다.

주제 2
이성계의 위화도 회군은 정당한가

사회자 —— 고려가 멸망하는 과정에서 가장 극적인 사건을 꼽으라면 단연 위화도 회군일 것입니다. 위화도 회군은 조선 건국의 시발점이지만 고려 입장에서는 반역에 해당되기 때문에 역사학자들 사이에서도 논란이 분분한데요. 김건국, 박개혁 학생은 어떻게 생각하시나요?

김건국 —— 제가 먼저 말씀드리겠습니다. 이성계는 요동 정벌이 얼마나 비현실적이고 백성의 삶을 고통스럽게 할 수 있는지 잘 알고 있었습니다. 이성계의 인식은 4불가론에 잘 나와 있듯이 지극히 합리적이었습니다. 이성계는 전장에서 오래 활동했던 장수였던 만큼 여름철 식량 부족의 가능성, 왜구 침입의 가능성, 장마로 인한 무기 부실 문제와 전염병 창궐의 가능성을 종합적으로 판단할 수 있었습니다. 특히 작은 나라가 큰 나라를 거스르는 것은 오랜 외침에 시달린 고려로서 감당하기 어려운 점이라는 것을 피력했고 오늘날 검토해 보아도 굉장히 합리적이고 설득력 있는 주장입니다. 그러나 대외 정벌을 통해 정국을 안정시키려는 우왕과 최영은 관록 있는 장수의 의견을 묵살하고 억지로 요동 정벌을 강행하려 했죠.

박개혁 —— 과연 그럴까요? 위화도 회군이 합리적인 주장이라는 것은 이성계의 관점에서만 바라보는 것 아닐까요? 당시 명의 압박을 역으로 해결할 수 있는 방법은 비어 있는 요동을 공략하는 것이었습니다. 실제 당시 군사들도 명이 원을 공격하느라 요동 땅은 비어 있다는 전갈을 보내 왔습니다. 그런데 이성계는 제대로 싸워 보지도 않고 서경에 계속 주둔하면서 차일피일 시간만 미루다가 위화도에서 군사를 돌린 것입니다. 우왕과 최영이 요동 정벌을 정국 안정의 기회로만 보았다는 것 역시 동의하기 어렵습니다. 고려는 건국 이래로 고구려의 옛 영토를 회복하기 위해 노력해 왔고, 최영 또한 노련한 장수인데 전쟁 상황에 무지했다고 볼 순 없습니다. 요동 정벌을 위한 일말의 시도조차 없이 그 많은 군사를 그대로 회군한 것은 권력을 장악하기 위한 의도로밖에는 보이지 않는군요. 요동을 공략할 수 있는 절호의 기회를 정치적 욕심으로 날려 버린 것은 회군 세력의 뼈아픈 실책이었습니다.

김건국 —— 위화도 회군을 권력 장악의 수단으로만 보는 것이 오히려 결과론적인 관점은 아닐까요? 이성계가 시종일관 요동 정벌을 거부한 것은 아닙니다. 결국 출병을 미룰 수 없자 가을까지만이라도 기다려 식량이 충분한 상황에서 싸우겠다고 주장하였습니다. 그조차도 묵살한 것이 우왕과 최영 정권입니다.

박개혁 —— 글쎄요, 가을이 지나서 전투하면 오히려 북방 지역의 추위와 맞서 싸워야 합니다. 이성계의 주장은 회군의 정당성을 얻기 위한 핑계라고 생각합니다. 게다가 작은 나라가 큰 나라를 거스르는 것이 옳지 않다는 주장은 지나치게 굴종하는 대외 관계 인식입니다. 고려도 대외 상황에 따라 사대 관계를 맺었으나 이는 작은 나라가 큰 나라를 거스르면 안 된다는 인식과는 다릅니다. 우왕과 최영이 요동 정벌을 추진하게 된 배경을 고려해 보면, 애초에 명은 고려가 갖은 힘을 다하여 회복한 철령 이북의 땅에 철령위를 설치하고 지배하였습니다.

김건국 —— 작은 나라가 큰 나라를 거스르는 것은 옳지 못하다는 주장을 지나치게 확대 해석할 필요는 없다고 봅니다. 당시 명이 중국 전역을 차지하고 원을 멸망시키기 직전인 상황에서 굳이 명과 대적할 이유는 없다고 본 것이죠. 실제로 이성계는 무조건 전쟁을 하지 말자는 것은 아니었습니다. 철령위 문제와 관련하여 이미 항의하였는데 답을 얻기도 전에 전쟁을 할 필요는 없으니 좀 더 기다려 보자고 한 것이죠. 홍건적과 왜구의 침입으로 피폐해진 고려 상황에서 전쟁은 신중해야 할 문제입니다. 실제로 이후 명 태조 주원장은 철령위 설치를 취소했고 고려와 싸우지 않을 것이라고 다짐했습니다. 철령위 설치는 일종의 힘겨루기 수준이었던 셈이죠. 이렇게 중원의 승자는 원에서 명으로 굳어 가고 있던 상황인데 우왕과 최영 정권은 거꾸로 명의 연호를 폐지하고 변발과 몽골 복식을 회복했습니다. 명의 협박은 고려의 친원적인 성격 때문이었던 것이죠. 고려가 외교 관계에 있어 상황 판단을 제대로 못했다는 것을 잘 보여 주는 사례입니다. 조선 왕조 개창 후 정국이 안정되자 다시 요동 정벌이 추진되었습니다. 이 점만 보아도 이성계를 따르는 세력이 굴종적인 외교 인식을 가졌다고 볼 수는 없을 것입니다.

박개혁 —— 거꾸로 생각해 볼 필요가 있습니다. 그토록 불가능함을 부르짖었던 요동 정벌을 집권 이후 추진하는 것이야말로 위화도 회군이 정치적 의도를 가지고 있었음을 잘 보여 주는 것 아닐까요? 또 고려의 친원 정책으로 인해 명이 강경책을 펼쳤다는 점은 사건의 우선순위를 잘못 파악한 것입니다. 명 태조 주원장은 시종일관 고려에 협박식으로 대응하였습니다. 요동 공격이 설사 성공하지 못하더라도 명과의 협상 테이블에 앉을 기회는 있었을 것입니다. 그러나 회군 세력은 반역을 저지르고 적반하장으로 최영을 제거하였습니다. 당시 최영의 죄명은 무리하게 요동 정벌을 계획하고 왕의 말을 우습게 여기며 권세를 탐한 죄였습니다. 반역죄는 오히려 회군 세력이 저지른 것입니다. 또 최영이 정말 권세를 탐했다면 백성들이 그렇게까지 따를 수 있었을까요? 국가를 수도 없이 보호한 장군이 무리한 계획을 세웠다는 죄로 처형당했다는 것은 말이 되지 않습니다. 위화도 회군은 결국 이성계 세력의 권력에 대한 욕심 때문에 나타난 사건입니다.

주제 3
고려와 조선은 다른 시스템인가

사회자 — 마지막으로, 고려에서 조선으로의 변화가 역사적으로 어떤 의미를 가지고 있는지 의견을 나눠 보겠습니다. 조선 왕조의 개창을 단순한 정치적 권력 이동으로 보는 견해가 있는 반면, 사회적 변화를 이끈 획기적 혁명으로 보는 견해도 존재하는데요. 이런 변화의 핵심 중에 토지 개혁인 과전법이 빠질 수 없을 것 같습니다. 과전법은 비록 고려 말기부터 시행되었으나 조선 건국의 근간이 되었으므로, 조선 건국의 의미를 되새겨 볼 수 있는 제도라고 봅니다. 먼저, 김건국 학생이 과전법에 대하여 설명해 주시죠.

김건국 — 네, 과전법은 고려 사회에 만연했던 총체적인 토지 문제를 해결한 제도였습니다. 당시 고려는 관리들에게 조세를 거둘 수 있는 권리, 즉 수조권을 배분하였는데요. 400년 넘게 제도가 운영되면서 수조권을 남발하여 백성들이 고난에 빠지게 되었습니다. 세율을 올리거나 여러 명의 관리가 동시에 수조권을 주장하였죠. 신진 관리들이 기존 관리들의 힘에 밀려 현직 관리인데도 수조권을 받지 못하는 경우도 있었습니다. 고려는 사실상 이 문제를 거의 방치했죠. 이에 조선 건국 세력은 과감히 기존의 수조권을 백지화하고, 새롭게 토지를 파악한 후 다시 분배하였습니다. 오랜 기간 배배 꼬여 버린 매듭을 그냥 잘라 내기로 한 겁니다. 새 왕조가 건국될 만큼의 권력 변동이 없던 상황이었다면 절대 통과될 수 없는 제도죠. 과전법으로 인해 관리들은 수조권을 새롭게 합리적으로 받을 수 있었고, 백성들은 국가의 관리 체제 안으로 들어올 수 있게 됐습니다. 뿐만 아니라 관리들에게 경기도 지역의 수조권만 배분하고, 경기도 바깥 지역의 수조권은 국가가 직접 관리하면서 국가 재정도 넉넉해졌습니다. 과전법만 보아도 고려의 멸망은 단순한 정권 교체가 아니라 총체적인 시대 변화라고 볼 수 있습니다.

박개혁 —— 저는 다르게 봅니다. 제도의 변화를 살펴볼 때는 그 변화의 배경을 살펴보아야 합니다. 과전법이 통과되었을 당시를 생각해 보십시오. 당시 신진 사대부들은 대부분 과전법에 찬성하고 있었고, 심지어 소수의 반대파들도 토지 개혁 자체에 대해서는 모두 공감하고 있었습니다. 토지 개혁은 고려가 멸망하지 않았더라도 시행되었을 겁니다. 또 과전법이 고려 사회의 총체적인 토지 문제를 해결하였다고 보기에는 어렵습니다. 무분별하게 농장이 확대되어 나타난 빈부 격차 문제는 해결하지 못하였고, 백성들이 억울하게 노비가 된 경우도 해결책을 제시하지 못하였습니다. 태조의 즉위 교서를 보면 노비 문제에 대해서는 언급조차 없습니다. 사실상 농장 확대와 백성들의 노비화 문제는 승인한 것이나 다름없는 셈이죠. 과전법은 단순하게 수조권 문제를 해결하기 위한 것이었고, 이마저도 경기도로 관리들의 수조권을 한정한다는 점과 세율을 고정한다는 점만 제외하면 단순히 고려가 원래부터 배부하던 수조권과 다를 것이 전혀 없습니다. 고려의 총체적인 모순은 수조권만 재분배한다고 해서 끝날 문제가 아니었는데도요. 애초에 과전법을 주장한 조준도 고려의 전시과 운영 원칙을 회복해야 한다고 주장한 바 있습니다. 과전법은 결국 단순히 수조권을 재편한 것이고 지배층을 위한 것이지 근본적인 토지 제도의 변화라고 볼 수 없습니다.

김건국 ── 과연 그럴까요? 혁명적인 변화는 기존 제도를 완전히 무시하고 무에서 유를 창조하는 것이 아닙니다. 기존의 혁명은 대부분 옛것을 재창조하는 데에서 시작했습니다. 유럽 근대의 시작이라고 할 수 있는 르네상스는 고대 그리스·로마 문화를 부흥시키려는 문화 운동이었죠. 물론 과전법이 여러모로 아쉬운 점도 있지만 이전에 시도했던 개혁과는 차원이 달랐습니다. 새 시대가 개창되었다는 걸 알 수 있는 또 다른 역사적 근거는 신진 사대부가 전면에 등장했다는 점입니다. 신진 사대부는 성리학적 질서를 세상에 구현하고자 했습니다. 언론을 확대하고 세습에 의한 특권을 배제하였죠. 왕과 신하들이 함께 논의하여 결정하는 것을 강조하고 공론을 중시하였으며, 과거제를 대폭 확대하여 능력에 맞는 인재를 선출할 수 있도록 하였죠. 그런 점에서 고려 말 여러 개혁이 실패했던 이유는 분명합니다.

고려는 왕의 개혁 의지 유무에 따라 쉽게 개혁이 좌지우지되었고 소수의 측근을 중심으로 정치가 이루어졌습니다. 즉, 고려의 전반적인 시스템 자체가 당시의 변화하는 사회에 적응할 수 없었던 겁니다.

박개혁 —— 조선 건국 초 정치 세력을 보면 신진 사대부뿐 아니라 권문세족 출신의 인물도 많습니다. 태종 때 공신이었던 하륜은 대표적인 권문세족 출신이죠. 결국 본질적인 고려 멸망의 원인은 새 시대를 준비하지 못한 고려 자체의 문제라기보다 권력 다툼에서 비롯된 것이라고 할 수 있습니다. 조선 시대에 고려 때보다 성리학적 질서가 강화되면서 언론과 과거제가 더 중시되었다는 점은 인정합니다. 그러나 이는 점점 사회가 변화하면서 정치 체제도 자연스럽게 발전한 것이지 고려 자체에 문제가 있었다고 볼 수는 없습니다. 실제로 공민왕 때 과거제를 재편하여 신진 세력이 적극 등용될 수 있도록 노력하였고, 언론을 담당하는 관리의 권력도 갈수록 강화되었습니다.

김건국 —— 물론 조선 초 정치세력의 일부는 권문세족 출신도 있습니다. 즉위 직후 혼란스러운 상황을 수습하기 위해서는 구세력도 포섭해야 하니까요. 하지만 조선이 고려보다 진일보한 사회라는 것은 이성계의 즉위 교서만 보아도 바로 알 수 있습니다. 이성계는 자신의 즉위가 천명에 의한 것이라며, 즉위 명분을 민심에서 찾았습니다. 조선 왕조는 백성이 나라의 근본이라는 민본 사상을 이념으로 삼아 이를 현실적으로 재현하고자 노력한 국가입니다.

박개혁 —— 조선 태종 때는 하륜 외에 구세력에 해당하는 우현보나 과전법을 반대했던 권근도 공신으로 인정받았습니다. 그런데 이들은 조선의 포섭 대상이 아니라 조선 정치를 주도한 세력입니다. 고려의 유력한 가문이었던 파평 윤씨, 평양 조씨 등 수많은 가문은 조선에서도 유력 가문이었고요. 조선 왕조의 민본 사상 또한 새로운 것이 아닙니다. 고려 왕조 역시 유교를 통치 이념으로 삼았던 만큼 애민 정신을 중요하게 생각했습니다. 이성계는 자신의 즉위를 천명 사상에 의한 것으로 칭하면서 우왕과 창왕은 신돈의 자식이라는 유언비어와 공양왕이 나약하다는 불분명한 사실을 근거로 들었습니다. 고려 멸망의 원인으로 꼽기에는 옹색한 변명이라고 생각합니다.

마무리 발언

사회자 — 이제 토론을 마무리할 시간입니다. 두 분은 오늘 토론에 참여하시면서 느낀 소감을 말씀해 주시죠.

김건국 — 역사는 결국 사람들의 이야기라는 생각이 듭니다. 여말선초는 특히 개혁을 꿈꿨던 사람들이 수없이 존재했던 격동의 시기였습니다. 결국 세상을 바꾼 것은 이러한 치열한 고뇌의 결과였죠. 물론 그 과정에서 불필요한 피를 흘렸던 것도 사실입니다. 그러나 새 술은 새 부대에 담으라는 말이 있습니다. 고려는 다시 쓰기엔 너무 낡아 버린 헌 부대였습니다.

박개혁 — 역사는 개별적인 소수에 의해 발전하지 않습니다. 오히려 거대한 파도와 같죠. 고려 사회는 수많은 모순을 가지고 있었지만 문제를 해결할 힘 역시 내부에 가지고 있었습니다. 건국 세력이 하루

아침에 하늘에서 떨어진 것이 아니라 고려 내부에서 성장한 인물이었던 것처럼요. 고려의 멸망은 건국 세력의 선택이었다는 것이 제 생각입니다.

사회자 —— 두 분의 말씀은 역사적 발전이란 어떤 의미인가에 대해서 더 생각할 지점을 제공하고 있는 것 같습니다. '모든 역사는 현재의 역사다'라는 말이 있습니다. 과거에 있었던 사건은 현재의 관점에 따라 재해석될 수 있다는 뜻이죠. 현재를 살고 있는 여러분은 고려 멸망의 원인을 무엇이라고 생각하시나요? 이상으로 '고려 멸망의 원인은 무엇인가'에 관한 토론을 마치도록 하겠습니다. 끝까지 열정적으로 토론에 임한 학생 두 분께 힘찬 박수 부탁드립니다.

불교를 배척하다

국가 통합으로서의 역할을 톡톡히 하던 불교는 고려 말에 들어서는 개혁의 대상이 되었습니다. 불교계에 대한 비판이 구체적으로 등장하는 시기는 공민왕 때였습니다. 온건파 신진 사대부에 속하는 이색은 사찰이 지나치게 많이 건립된 점과 승려들이 지나치게 이익을 추구하고 있다는 점을 지적하며, 승려들을 관리하기 위해 일종의 신분증명서인 도첩을 발급하자고 주장하였습니다. 그러나 이색을 비롯한 온건파 신진 사대부는 대체로 불교의 문제점을 비판하였던 것이지 종교 자체는 인정하였습니다.

▲ 송광사 승보전의 벽화. 보조국사 지눌 스님이 정혜결사문을 낭독하는 장면을 담은 벽화이다.

출처: 디지털순천문화대전

불교를 가장 격렬하게 비판했던 세력은 급진파 신진 사대부였습니다. 정도전은 불교의 윤회 사상과 인과응보설을 비판하고, 지옥의 개념도 백성을 속이고 겁을 주어 불교를 믿게 하기 위해 만들어 낸 것이라고 하였습니다. 심지어 불교는 군신, 부자 간 윤리가 없어 인륜에서 벗어났다고 주장하였죠.

불교계에서도 자정의 노력이 없었던 것은 아닙니다. 지눌은 신앙 단체인 수선사 결사를 통하여 불교계의 타락을 비판하고, 수행과 노동을 중시하며 불교 본연의 정신을 되살리자는 결사 운동을 하였습니다. 결사 운동은 개혁적인 성격의 승려에게 환영받았으나 불교계의 광범한 부패를 막지는 못하였죠. 결국 고려가 멸망하면서 불교는 국교로서의 지위를 유교에게 물려주었습니다.

고려 멸망의 원인은 무엇인가

1. 고려 멸망의 원인에 대한 토론 내용을 읽고, 각 주장에 관한 근거를 정리해 적어 보세요.

고려 멸망의 원인은 무엇인가?

	자체의 내부 모순이다.	권력 쟁탈전이다.
고려는 자체 개혁을 할 수 있는 역량을 가지고 있었나?	고려는 자체 개혁을 할 역량을 가지고 있지 않았다. 근거 :	고려는 자체 개혁을 할 역량을 가지고 있었다. 근거 :
이성계의 위화도 회군은 정당한가?	위화도 회군은 정당하다. 근거 :	위화도 회군은 정당하지 않다. 근거 :
고려와 조선은 다른 시스템인가?	고려와 조선은 다른 시스템이다. 근거 :	고려와 조선은 다른 시스템이 아니다. 근거 :

2. 고려 멸망의 원인에 대한 본인의 생각을 적어 보세요.

데카메론

공민왕이 고려 개혁의 부푼 꿈을 안고 국왕의 자리에 올랐던 1351년, 이탈리아에서 보카치오는 서양판 천일야화라 불리는 『데카메론』을 집필 중이었습니다.

14세기 중반 서양에서는 신 중심의 세계가 인간 중심의 세계로 전환되는 격동기를 온몸으로 맞이하게 되었습니다. 이른바 근대의 시작이라 할 수 있는 르네상스입니다. 르네상스는 고대의 그리스·로마 문화를 부활시켜 인문주의를 표방하고, 기존 중세 교회의 전통에서 벗어나고자 한 문화적 흐름이었습니다.

데카메론은 새로운 세상을 알리는 신호탄과 같은 작품으로, 10명의 남녀가 흑사병을 피해 교외로 피신한 후, 열흘 동안 매일 한 개씩 이야기를 나누는 과정을 담은 소설입니다.

▲ 1485년경 제작된 『데카메론』 플랑드르 필사본의 축소판

출처: europeana

보카치오는 중세 기독교의 윤리로 인간을 판단하기보다 인간의 욕망과 감정을 솔직하게 그려 내면서 개개인의 인간성을 긍정적으로 표현하였습니다. 이러한 특성 때문에 혹자는 단테의 '신곡'과 비교하여 데카메론을 '인곡'이라고 부르기도 합니다. 보카치오의 인간을 향한 따뜻한 시선은 인간 그대로를 바라보려 노력한 르네상스 여러 사상가에게 많은 영향을 주었습니다.

· 쟁점 4 ·

임진왜란

─ 황윤길과 김성일, 그들은 왜 상반된 보고를 했던 것일까

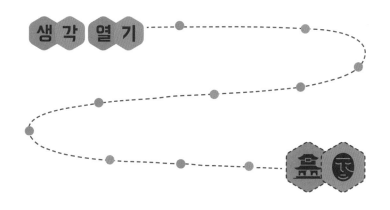

생 각 열 기

　여러분은 임진왜란이라고 하면 어떤 인물이 먼저 떠오르나요? 오늘 여러분과 함께 나눌 내용은 임진왜란의 전야前夜에 서로 다른 길을 걷고 있었던 두 인물에 관한 이야기입니다. 이야기는 1592년 임진왜란이 발발하기 2년 전인 1590년 일본의 정세가 심상치 않다는 사실을 직감한 조선 정부가 일본에 외교 사절을 파견하는 것에서부터 시작합니다. 당시 사절단의 정사로는 황윤길이, 부사로는 김성일이 임명되어 사절단을 이끌고 다녀왔습니다. 이들의 주요 임무는 조선과 일본 양국 간의 외교 관계를 돈독하게 만들고, 특히 일본의 최고 권력자인 도요토미 히데요시가 조선을 침략하려는 구체적인 계획을 세우고 있는지를 파악하고 오는 것이었습니다. 16세기 후반 전국 시대의 혼란을 통일한 도요토미 히데요시가 조선 침공을 본격적으로 준비하고 있다는 풍문이 조선 조정에까지 들어와 있었기 때문이죠.

두 사람은 일본에서 돌아온 직후 당시 국왕 선조에게 아뢰었습니다. 정사 황윤길은 도요토미 히데요시가 반드시 조선을 침공할 것이라고 주장했습니다. 반면, 부사 김성일은 어떠한 전쟁도 발생하지 않을 것이라고 단호하게 보고합니다. 두 인물이 일본으로 가서 보고 들은 것은 동일했을 텐데, 왜 서로 다른 주장을 하였을까요? 그 구체적인 배경과 원인을 탐색해 보도록 합시다.

　　본격적인 논의에 앞서 먼저 16세기 후반 조선의 정치적 현실을 살펴볼 필요가 있을 것 같습니다. 당시 중앙의 정치 무대는 서인과 동인 양측으로 나뉘어 정치적 갈등과 대립이 심각한 상황이었습니다. 역사학자들은 당시 두 사람이 일본 정세를 보는 눈이 달랐던 이유를 조선 정치의 최대 문제점인 '붕당정치'

▲ 학봉鶴峯 김성일

▲ 학봉 김성일의 종택

에서 찾고 있습니다.[1] 황윤길과 김성일의 정반대 보고는 붕당 정치의 폐해 때문이었어요. 황윤길은 서인이고 김성일은 동인 이니, 황윤길의 주장에 김성일은 무조건 반대 의견을 말한 것 이고, 역사학자들의 이러한 주장은 일견 맞는 말이지요.

결국 1592년 임진왜란은 발발했고, 이후 김성일은 당쟁에 눈이 멀어 국가를 위기에 몰아넣은 장본인으로 낙인찍혔습니 다. 서인들의 공격으로 김성일은 그렇게 임진왜란 책임론의 최 일선에 선 인물로 그려졌고, 이에 대한 현재의 인식도 크게 달 라지지 않았습니다. 드라마나 소설에서처럼 한 인물의 보고가 나라의 운명을 좌우할 정도로 지대한 역할을 했을까요? 나아가 그 근본적인 이유는 당쟁 때문이었을까요?

'붕당'이란 학문적·정치적 입장을 공유하는 양반들의 정치 집단을 일컫는다. 15세기 후반부터 시작된 훈구와 사림의 대결에서 훈구가 승리하는 듯했지만, 최종 승리는 사림에게 돌아갔다. 사림은 16세기 후반 중앙 정계에서 훈구 세력을 몰아내고 나랏일을 이끌어 갔다. 이후 사림은 선조 때 이조전랑 문제로 동인과 서인으로 분열된다.

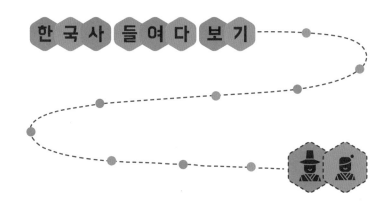

선조 25년인 1592년 4월 13일, 일본군이 20만 대군으로 부산을 공격하며 조선 침략을 시작했습니다. 준비되어 있지 않던 조선은 3일 만에 부산진과 동래성, 한 달이 안 되어 한양, 두 달 만에 평양까지 함락되지요. 이후 전국 각지에서 모인 의병과 수군이 함께 왜군에 큰 타격을 주었고, 조선과 명의 연합군이 평양성을 다시 탈환했습니다. 일본과의 화의 기간 동안 조선은 훈련도감[2]을 설치하고, 화포 개량 및 조총을 제작하기도 합니다.

그러나 화의가 결렬되고 전쟁은 다시 시작되지요. 1597년 왜군이 다시 쳐들어온 정유재란이 발발하는데, 조·명 연합군과 이순신 장군의 명량해전 승리로 왜군은 후퇴합니다. 이순신 장군이 조선 수군 13척으로 일본 수군 133척 이상과 맞붙어 승리한 것이죠. 이듬해 도요토미 히데요시가 죽고 왜군은 철수하였습니다. 이렇게 임진왜란과 정유재란을 합하면 총 7년 동안 전쟁이 벌어집니다.

조선시대에 수도의 수비를 맡아 보던 군영으로, 훈국이라고도 한다.

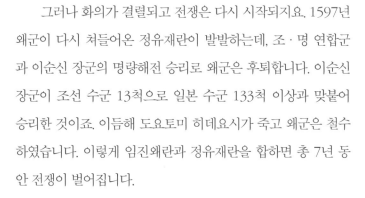

▲ 조선 통신사 행렬도

그렇다면 이 전쟁은 왜 발생한 것일까요? 전쟁이 발생하기 2년 전인 선조 23년(1590년), 정사 황윤길, 부사 김성일이 이끄는 통신사가 파견되었습니다. 일본 측이 공언하고 있던 침략 의도가 사실인지를 확인하기 위한 목적이었는데요.

조선에서 출발한 지 4개월 만에 교토에 도착한 통신사 일행은 우여곡절 끝에 겨우 도요토미 히데요시를 만나고 이듬해 돌아옵니다. 도요토미 히데요시를 만나고 온 서인 황윤길은 일본의 침략을 예측하고 대비책을 강구하자고 했습니다. 반면, 동인 김성일은 도요토미 히데요시의 인물됨이 보잘것없고 침략 낌새가 없다고 엇갈린 주장을 하였죠. 두 인물은 각각 서인과 동인으로 정치적인 관점이 달랐습니다. 황윤길은 일본의 실제 현

▲ 풍신수길(豊臣秀吉, 도요토미 히데요시)

출처: Wikipedia

실에 민감하게 반응한 반면, 김성일은 일본을 오랑캐로 간주하는 유학자의 시각을 갖고 있었던 것입니다. 그렇다면 임진왜란의 책임을 과연 김성일 개인의 오판으로만 돌릴 수 있을까요? 이에 대한 역사 토론의 현장으로 떠나 봅시다.

황윤길과 김성일,
그들은 왜 상반된 보고를 했던 것일까

임진왜란 이전부터 여러 가지 수많은 전란의 징후가 이미 표면화되고 있었다. 그럼에도 최고 통치권자였던 선조, 중앙의 고위 관료들은 사태의 본질과 근본적 문제점을 직시直視하려는 노력을 본격적으로 했다고 보기 어렵다.

그리고 한 가지 문제점을 더 짚고 넘어가자면, 당쟁의 병폐 등 한국사의 당파성을 강조하는 주장의 문제점을 비판적으로 성찰해야 한다. 그동안 우리는 교과서나 여러 언론 매체 등을 접하면서 임진왜란 발발 2년 전에 파견된 통신사 귀국 보고의 내용을 오직 정치적 당리당략의 관점에서만 주목해 왔다. 사실 이러한 측면에 초점이 맞춰진 것은 붕당정치의 당파성만을 강조한 주장의 영향 내지는 결과물로 볼 수밖에 없다.

이와 같은 역사적 맥락에서 부사 김성일이라는 인물을 중심으로, 그를 둘러싼 첨예한 논란에 대해서 재조명하며 반성적으로 성찰할 필요성이 있다. 요컨대, 김성일의 논리나 그를 반대한 서인의 논리가 마치 당파적 정쟁의 산물이었던 것처럼 오랫동안 윤색되어 왔는데, 우리는 이러한 기존의 관점과 시각을 무비판적으로 수용하지 않았는지 살펴볼 필요가 있다.

임진왜란 전야前夜, 당대인의 객관적인 관점에서 본다면

사회자 — 황윤길과 김성일이 일본에 파견된 1590년은 임진왜란을 목전에 둔 풍전등화와도 같은 국가적 위기 상황이었습니다. 이러한 정세 속에서 황윤길과 김성일은 서로 상반된 보고 내용을 조정에 올리는데요. 이것을 단지 당시의 정치적 대립의 결과물로만 간주하는 것이 과연 타당한 일인지 의문입니다. 그러니까 이 사안에 대한 기존 관점의 문제에서 벗어나 발상의 전환이 필요하지 않을까 생각되는데요. 이와 관련하여 여러분은 어떻게 생각하고 있는지 각자 의견을 말씀해 주시죠.

나조선 — 저도 사회자님의 문제 제기에 동의합니다. 일반적으로 정사 황윤길은 서인이었고, 부사 김성일은 동인이었으므로, '도요토미 히데요시가 조선을 침공할 것이다, 또는 침공하지 않을 것이다.' 이렇게 이분법적인 구도 속에서 생각하기 쉽지만, 이런 관점에서는 당시 사태의 본질을 제대로 파악하기 어렵지 않을까요? 따라서 우리는 당시 황윤길, 김성일과 동행하였던 제3의 인물, 즉 허성이라는 인물에 주목할 필요성이 있습니다. 사실 서장관으로 일본을 방문한 허성은 김성일과 같은 붕당인 동인에 속해 있었지만, 김성일과는 다른 목소리를 내고 있었다는 점에 주목해야 합니다.

나한국 ― 그렇습니다. 허성이란 인물은 정치적으로 동인이었음에도 부사 김성일의 주장을 따르지 않았고, 심지어 서인 세력이었던 정사 황윤길의 의견을 두둔하였지요. 즉, 그는 정치적 당파보다는 당시 일본 등 국제 정세에 대한 자신의 주체적 인식을 고수하고 있었던 것입니다. 정리하자면 당시 사절단을 이끌었던 주요 인사 세 명 중에서 두 명이 일본과의 전쟁이 임박하였다고 주장하였음에도, 결국 선조는 부사 김성일 한 명의 주장을 더욱 신뢰하였던 것입니다. 바로 이 지점이 당시 국왕의 안타까운 정세 오판이었다고 볼 수 있을 것 같습니다.

사회자 ― 그렇다면 말입니다. 현실적으로 제대로 이해되지 않는 부분이 있습니다. 도대체 국왕은 왜 소수 의견에 불과하였던 김성일의 주장을 수용하였던 것일까요? 당시 상황을 바탕으로 추론해 보자면, 선조도 심정적으로는 좀 더 긍정적이고 낙관적인 희망을 담은 김성일의 보고 내용에 마음이 기울었던 것은 아닐까요? 당시 조선은 정치적, 사회경제적으로 여러 복합적인 모순과 문제점이 표면화되고 있었는데, 이런 측면을 제대로 감안하지 못했던 것 같습니다.

나조선 ― 그렇습니다. 특히 16세기 후반 정치적으로는 기축옥사己丑獄事[3] 등으로 인해 정국政局은 상당히 혼란스러운 상황에 직면해 있었습니다. 그런데 한번 생각해 보세요. 이러한 상황에서 국왕이 일본과의 전쟁이 임박하였다는 주장을 수용하고 이에 대한 구체적인 대비책을 마련하고자 하였다면, 조정의 신하들은 물론이고 일반 백성

3
1589년 10월에 정여립이 역모를 꾀하였으며, 동인★들이 이 역모에 가담했다고 주장해 동인들을 대대적으로 탄압한 사건이다.

들의 민심까지 동요할 것이라고 우려했던 것 같습니다. 국왕 등 당시 주요 정책 결정권자 사이에서 이로 인한 사회 혼란이 걷잡을 수 없을 정도로 심화될 것이라고 예상하는 것은 그다지 어려운 일은 아니었겠지요.

나한국 ── 그런데 아무리 그렇다 하더라도 일본의 최고 지배자였던 도요토미 히데요시의 조선 침공 가능성이 조금이라도 있을 것으로 예상되었다면, 국정 운영 전반에 책임이 있는 국왕과 관료들은 마땅히 일본과의 전쟁을 대비하며 구체적인 방안을 마련했어야 하지 않을까요? 일본과의 전면전이 벌어지지 않았으면 좋겠다는 막연한 희망 사항을 갖고 있었거나 그렇게 되지 않았으면 좋겠다는 기대 심리만 갖고 있었다면, 이와 같은 태도는 국가 운영을 책임지는 통치자나 주요 관료로서 너무 무책임한 자세가 아니었나 하는 생각이 듭니다.

주제 2
당시 조선은 일본을 어떠한 국가로 인식하고 있었을까

사회자 ── 그렇습니다. 나한국 님께서 상당히 일리가 있는 말씀을 해 주셨습니다. 그렇다면 이제 다음 주제로 넘어가 16세기 후반 무렵 일본이라는 나라는 어떠한 상황에 직면해 있었으며, 당시 조선의 주요 지식인들은 일본을 어떻게 파악하고 국제 정세에 대해 구체적으로 어떤 현실 인식을 갖고 있었는지, 그리고 그 근거는 무엇이었는지 좀 더 냉정하게 검토할 필요성이 있을 것 같습니다.

나조선 — 네, 앞에서 말씀드린 것처럼 일본과의 전쟁이 발발하지 않을 것이라는 낙관적인 기대 심리의 배경에는 당시 일본의 군사력에 대한 낮은 평가도 중요한 요소로 작용하고 있었던 것 같습니다. 임진왜란이 발발하기 얼마 전에 선조가 여러 신하를 궁궐로 불러서 군사적 대비책 등을 논의하였다고 하는 『조선왕조실록』의 기록도 있는데요. 이에 따르면, 국왕 선조가 한 신하에게 "장차 일본이 정말로 우리 조선을 침략할 것이라고 생각하는가?"라고 물었습니다. 이에 대해서 그 신하가 "일본은 배 한 척에 최대한 100명밖에는 타지 못하며, 선박은 많아 봐야 100척 정도밖에 동원하지 못할 것입니다"라고 보고하는 등 당시 일본의 실제 군사력과 해군력을 평가절하하고 있었던 것 같습니다.

나한국 — 그렇습니다. 그런데 1592년 도요토미 히데요시가 임진왜란에 동원하도록 실제로 지시한 선박들은 거의 2,000척 가까이 되지 않았나요? 조선은 이렇게 일본의 군사력을 과소평가하고 있었던 것입니다. 그리고 이 무렵 도요토미 히데요시가 국서를 조선에 보내지 않았습니까? 그런데 조선의 국왕이나 관료들은 입장에서는 일본의 국서 내용이 조선 정부를 무시하는 등 오만방자한 것으로 인식했습니다. 그리고 여기에서 한 가지 더 짚고 넘어가야 할 사실이 있습니다. 당시 일본의 국서에 담겨 있던 구체적인 내용을 살펴보면, 도요토미 히데요시가 과거 자신의 태몽 이야기를 장황하게 늘어놓으면서 스스로를 태양의 아들이라고 자처하고 자신의 정치적 권위를 과시했습니다. 또 자기는 지금까지 연전연승을 거두었으며 전쟁에서 패배하지 않는 불패의 존재라고 주장하면서, 단순한 자신감을 넘어서서 그 자체로 매우 오만한 모습을 보여 주었던 내용들은 쉽게 이해가 가지 않는 측면이라고 할 수밖에 없습니다.

사회자 —— 그렇다면 여기에서 한 가지 의문 사항이 제기됩니다. 도요토미 히데요시는 왜 다른 나라의 국왕에게 보내는 공식적인 외교문서에 자신의 태몽 이야기까지 장황하게 늘어놓았던 것일까요? 자신이 태양의 아들이라는 주장은 그 자체로 스스로를 신격화한 것입니다. 아마도 그는 센고쿠 시대의 혼란상을 수습하면서 일본 전역을 통일한 이후에 과도한 자신감과 더불어 심각한 과대망상에 빠져 있었던 것 같습니다. 1592년, 결국 임진왜란이 발발하고야 말았습니다. 이와 같은 국가적 위기 사태 속에서 조선의 국왕이나 대다수 관료는 제일 먼저 한 인물을 떠올리지 않았을까요? 그 인물은 바로 김성일일 수밖에요. 당시 왜란이 발발하자 정사 황윤길과는 상반된 보고, 즉 전쟁은 결코 벌어지지 않을 것이라고 역설한 김성일에게 엄청난 비난이 쏟아질 수밖에 없었겠네요.

나조선 —— 네, 그렇습니다. 누가 제일 먼저 앞장섰을까요? 바로 선조가 김성일을 강하게 질책하면서 처벌을 논하며 단죄하려고 하였습니다. 아마도 국왕은 전쟁 발발의 책임을 전가할 수 있는 어떤 대상이 필요했겠지요. 일본군은 파죽지세로 나아갔고, 당시 조선의 관군은 일본군의 공세에 맞설 만한 준비가 전혀 되어 있지 않았습니다. 그런데 김성일은 이미 일본군과의 전투에 참전하여 열심히 싸우고 있었던 중이었지요.[4] 일단 김성일은 일본군에 맞서 싸울 수 있는 군사

당시 김성일은 "저 일본의 오랑캐가 우리나라의 영토를 침범하여 무참히 짓밟고 있는데, 어찌 이처럼 치욕적인 수모를 감내할 수 있겠는가?"라고 부르짖었다고 한다.

력을 구축하는 일이 가장 중요한 사안이라고 파악하고 있었던 것입니다. 사실 임진왜란이 발생한 초기에는 의병들이 거의 없었고 관군도 일본군에게 제대로 대응하지 못했습니다. 당시 김성일의 피땀 어린 열정과 노력이 효과를 발휘했던 것 같습니다. 이후 각지에서 많은 백성과 양반이 의병 활동에 동참하게 됩니다. 특히 영남 일대의 지역은 예로부터 학문과 선비의 주요 거점이었기 때문에 그 참여도는 상당히 높았던 것이죠. 이후 김성일은 전국 각지를 돌아다니면서, 백성들의 의병 참여를 적극적으로 독려하다가 결국 갑작스럽게 병에 걸려서 죽고 말았습니다.

나한국 ── 맞습니다. 김성일은 결국 비극적인 최후를 맞이하게 되었죠. 사실상 그는 일본군에 맞서 치열하게 싸우다가 사망한 것이나 다름없다고 볼 수 있지 않을까요? 김성일이 임진왜란의 한복판에 서서 이처럼 헌신적인 모습을 보여 주었다는 점을 감안하면, 그의 인품과 심성을 미루어 짐작할 수 있을 것 같습니다. 아마도 그는 왜란 발발 직후 주변 사람들의 비난이나 공격보다는, 대외 정책의 결정 과정에서 치명적인 오판을 내렸다는 자책감 때문에, 그 누구보다도 더 아파하고 괴로워했을 것 같습니다. 그런데 이러한 상황을 다른 관점에서 성찰해 보면 어떨까요? 단순히 어느 한 인물의 개인적인 판단이나 의견 때문에 한 국가 전체의 흥망성쇠가 좌우될 수 있다는 가설 자체가 이미 어불성설이라는 생각이 들지 않나요? 한번 생각해 보세요. 다른 나라의 침공에 맞서서 전쟁을 수행할지 말지는 사실은 국가적인 차원의 문제이자 정책적인 사안이라고 할 수 있습니다. 그러니까 이처럼 중요한 판단과 결정의 궁극적인 책임은 바로 김성일과 같은 일개 관료보다는 조선의 최고 통치권자였던 선조와, 의정부에서 주요 정책을 결정하는 조정의 대신들에게 있는 것이라고 보아야 합니다. 조금 비판적인 측면에서 보자면, 전쟁 발발 당시 백성들을 제대로 돌보지도 않고 의주로 도망가기에 바빴던 선조가 일종의 꼬리 자르기 식으로 전쟁 발발의 궁극적인 책임을 부사 김성일에게 덮어씌운 것이라고 볼 수 있지 않을까요?

나조선 —— 그렇습니다. 사실 저도 나한국 님께서 지금 지적하신 이러한 상황과 문제점에 대해서는 적극 공감하고 있으며, 비슷한 생각을 하고 있습니다. 만약 김성일이 일본에 통신사로 다녀온 이후에 정사 황윤길 등과 동일한 보고 내용을 올렸다면, 과연 조선은 임진왜란을 막고 전쟁 준비를 제대로 할 수 있었을까요? 역사에서 '만약에'라는 단서 조항이 존재할 수는 없지만, 일단 저는 이러한 가설이나 주장에 대해서는 다소 회의적인 입장입니다. 물론 김성일의 보고 내용이 전쟁 발발에 대비해야 한다는 황윤길의 주장과 일치하였더라면, 조선이 조금 더 전쟁에 대비한 준비를 할 수는 있었겠죠. 그렇지만 한 번 생각해 보세요. 조선과 일본, 이 두 국가 간의 소통은 제대로 이루어지지도 않았고, 상대방의 실제 의도를 제대로 파악하지 못하고 있었습니다. 더구나 일본은 이미 오래전부터 한반도 침공을 위한 만반의 전쟁 준비를 하고 있었죠. 따라서 1592년의 전쟁 자체는 조선으로서 도저히 피할 수 없는 불가피한 사안이었다는 측면도 감안해야 할 것 같습니다.

서로 다른 보고 내용을 당쟁의 관점에서만 볼 수 있을까

사회자 ── 앞에서 언급한 것처럼, 1592년 이전에 여러 가지 전란의 징후가 이미 있었습니다. 그런데 당시 정황을 살펴보면, 선조와 조정의 관료 등 중앙의 주요 정책 결정권자들은 이러한 전란의 징후에 사실상 눈을 감고 있었던 것 같습니다. 이 점에서 16세기 후반 조선의 정부는 한마디로 '무능한 정권이었다'고 폄하할 수 있을까요? 단순히 조선 정부 내부의 문제로만 규정할 수 있는 것일까요? 당시의 역사적 맥락을 감안한다면, 이처럼 섣부른 결론을 내리는 것에 조심할 필요가 있어 보입니다.

나조선 ── 그렇습니다. 사실 지금까지 진행된 논의 과정을 살펴보면, 황윤길과 김성일이 이끄는 통신사의 귀국 보고 내용에만 치중되어 있었습니다. 이로 인해 결과적으로 한국사에서 '당쟁'이라는 프레임이 생성된 것이 아닐까 생각됩니다. 이러한 논의 구도에만 초점이 맞춰진 것은 순전히 과거 일제에 의해서 만들어진 편견의 산물이라고 볼 수 있습니다. 따라서 우리는 부사 김성일이라는 인물을 둘러싼 논란에 대해서 좀 더 비판적인 관점에서 재조명해 보아야 합니다. 사실 김성일이 선조에게 보고한 내용, 그리고 그를 반대한 서인의 논리나 주장이 마치 당파적인 정쟁의 산물이었던 것처럼 오랫동안 윤색되어 왔습니다. 이와 같은 정치적 입장의 차이가 바로 한국사의 지배적인 가치로 인식된 것은 35년 동안 지속된 일제의 지배 정책과 이론적 논리 및 토대를 당쟁론에서 찾으려 했기 때문이 아니었을까요?

나한국 —— 저도 이러한 지적에 동의하는 바입니다. 임진왜란의 발발과 그 결과에 대한 근본적 책임 소재를 오직 당쟁의 문제로 귀결시키려는 성급함을 경계해야 할 필요성이 있습니다. 임진왜란 발발의 주요 원인이 16세기 후반 동서 붕당의 정쟁에 따른 부사 김성일의 거짓 보고에서 비롯된 것이라는 일본 역사 연구자들의 주장에 유념해야 할 것입니다. 그리고 기존의 관점이나 논리를 무비판적으로 수용하였던 일부 역사소설이나 드라마를 통해 왜곡된 사실 속에 내재된 편견이나 논리가 지속적으로 유통되고 확대 재생산되어 왔다는 점을 염두해야 합니다. 또 당시 당파를 달리하고 있었던 이항복과 같은 사람들은 김성일이 한 말을 근거로 유성룡에게 "김성일은 나라가 점차 피폐해져서 백성들의 원성이 심히 가득한 상황에서 민심의 동요와 이반을 걱정하였기 때문에, 왜적의 침략을 직접적으로 언급하지 않았던 것입니다"라고 언급하기도 했습니다.

나조선 —— 특히 임진왜란의 발발 책임을 오직 김성일 단 한 사람에게로 돌리는 논리는 그 역사적 근거나 실체가 빈약한 주장이고, 아울러 저열한 역사 인식의 소산이라고 비판하지 않을 수 없습니다. 16세기 후반 당시 일본의 조선 침략 가능성에 대한 종합적인 판단의 책임은 바로 선조와 조정의 대신들에게 있었던 것이며, 각종 정보가 유입되는 경로들은 당시에도 상당히 많이 존재하고 있었습니다. 그런데 국왕이나 대신들은 그러한 주요 정보들에 눈과 귀를 닫고 있었던 것이죠. 여기에서 부사 김성일의 귀국 보고 내용에만 치중하다 보면, 이것이 국가의 존망을 결정짓는 가장 전형적인 사례로 거론될 수밖에 없으며, 결국 당쟁론과 당파성론을 확대 재생산하는 오류를 범하게 되지 않을까요? 바로 여기에 그동안 지속되어 온 심각한 폐해가 자리 잡고 있는 것입니다. 이와 같은 편견과 논리는 한민족이 국가적 위기 상황 앞에서 잘 흩어지는 모래알과도 같은 속성의 민족성을 지녔다는 학문적 오류에 빠지게 합니다. 그렇지만 김성일이라는 인물이 이후 실제로 한 행위는 무엇이었는지 살펴보십시오. 임진왜란이 발발하자 김성일은 결국 옥에 갇히는 신세가 되었습니다. 그러나 그의 충정을 알고 있었던 조정의 일부 대신들은 선조에게 건의하여 그에게 주요 관직을 제수하고 왜병의 침입을 격퇴하는 중책을 맡겼지요. 이에 김성일은 홍의장군 곽재우 등의 적극적인 도움을 받아 의병을 이끌고 진주성을 지키기도 했습니다. 또 전염병에 걸려 신음하던 많은 백성과 끝까지 함께하다가 결국 비극적인 최후를 맞이하였습니다.

나한국 ── 정리하면, 당쟁론이 왜곡과 확대 재생산의 과정을 겪으며 한국사의 지배적 가치로 인식된 것은 한국의 망국과 일본의 조선 침탈의 논리를 바로 당쟁론에서 찾으려는 편견의 결과물 때문이 아니었을까요? 이처럼 임진왜란의 개전과 패전에 대한 근본적 책임 소재를 오직 당쟁의 문제로 귀결시키려는 성급한 일반화의 오류를 경계해야 할 것입니다.

▲ 쓰시마에 있는 김성일 시비

▲ **부산진 순절도**(보물 제391호)

출처: 문화재청 국가문화유산포털

마무리 발언

사회자 — 두 분 말씀 잘 들었습니다. 아쉽지만 마무리할 시간이 되어 두 분의 정리 발언을 들어 보겠습니다. 먼저, 나조선 선생님께서 마무리 발언을 부탁드립니다.

나조선 — 사실 지금까지 논의의 초점이나 방향은 대체로 정사 황윤길과 부사 김성일은 왜 서로 상반된 보고 내용을 국왕에게 올리게 되었는가에 맞춰져 있었습니다. 그런데 이와 같은 논의 구도하에서는 결론적으로 16세기 후반에 본격화된 붕당정치의 폐단을 중심으로 당시 조선의 부정적인 상황만을 보게 된다는 한계점에 직면합니다. 즉, 조선의 국론은 당시 심각하게 분열되어 있었으므로 일본의 침공에 사실상 무방비 상태였으며, 결국에는 임진왜란이 발발하여 조선은 큰 피해를 입을 수밖에 없는 필연적인 상황에 직면해 있었다는 결론에 도달하게 되는 것이죠. 이제는 이러한 논의의 한계성에서 탈피하여, 앞으로 보다 생산적인 논의와 토론을 지속적으로 이어 가야 할 필요성이 있다고 생각합니다.

나한국 ─ 그렇습니다. 당시 사절단을 이끌고 일본을 방문한 황윤길과 김성일 두 사람 중에서 과연 누구에게 더 큰 잘못이 있었는가를 따지고 그 책임을 묻기보다는, 1592년 임진왜란을 앞두고 동인과 서인의 갈등 상황 속에서 각자 나름의 정치적 이념과 지향점을 추구하면서, 일련의 사회 개혁을 추진하고 외세의 침략에 대비하는 등 일정한 고민과 노력을 계속 기울이고 있었다는 점에 주목해야 합니다. 이와 같은 성찰적인 반성은 현재를 살아가고 있는 우리에게 매우 유의미한 것이라고 봅니다.

사회자 ─ ─ 네, 지금까지 두 분 말씀 잘 들었습니다. 긴 시간 토론에 진지하게 임해 주신 두 분 선생님께 감사의 말씀을 드립니다.

유성룡의 『징비록』

유성룡의 『징비록』은 『시경詩經』의 "미리 징계해 후환을 경계한다"는 구절에서 따온 제목으로, 임진왜란 7년간의 전란 기록을 담음으로써 앞날을 대비하기 위해 쓴 책입니다.

유성룡은 임진왜란이 끝나던 날 영의정 직에서 파직당합니다. 그 이유는 무엇이었을까요? 유성룡은 전쟁을 승리로 이끌기 위하여 민심을 되돌려야 할 필요성을 느꼈습니다. 이에 왕실과 양반 사대부에게 대

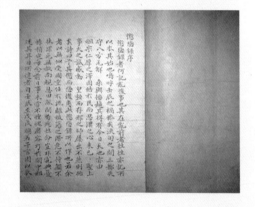

▲ 유성룡, 『징비록』

출처: Wikipedia

동법의 전신인 작미법을 실시하였고, 양반도 병역의 의무를 지게 하였지요. 이는 사대부의 기득권을 박탈하는 것이니, 이에 반대하는 양반들이 전쟁 후 유성룡을 해임한 것입니다.

전쟁의 위기로부터 조선을 구하고 백성들을 도탄에서 건지려 한 유성룡이 당시에 시대적으로 어긋난 모순을 해결했다면 일제에 의한 패망의 길을 걷지 않을 수 있었을까요?

임진왜란을 어떠한 관점에서 볼 것인가

1. 역사적 사건은 그것을 바라보는 관점에 따라서 여러 명칭으로 불리기도 합니다. '임진왜란'을 부르는 한, 중, 일의 역사 용어에 담긴 구체적인 의미를 파악해 보세요.

'임진왜란'을 부르는 한, 중, 일의 다양한 역사적 용어

(가) 임진왜란(한국) * 예시답안:

(나) 항왜원조(중국) * 예시답안:

(다) 분로쿠,
게이초의 역(일본) * 예시답안:

2. 1에서 정리한 명칭에 담긴 각국의 역사 인식 차이를 비교하고, 한, 중, 일 세 나라가 공통으로 사용할 수 있는 적절한 명칭과 그 이유를 토론해 봅시다.

* 토론, 발표하기(방법):
1. 5명 내외로 한 모둠을 구성합니다.
2. 모둠원끼리 역할을 정해 한, 중, 일에서 사용하는 명칭과 그것에 담긴 역사 인식을 분석합니다.
3. 토론을 통해 적절하다고 생각하는 명칭을 결정합니다.
4. 결정된 명칭과 그 이유를 모둠별로 발표합니다.

척계광? 중국의 이순신!

중국 명나라의 무장 척계광은 16세기 중엽에 저장성 지역으로 파견되었습니다. 이후 그는 중국 동남 해안 지역에서 극성을 부리고 있던 왜구를 토벌하는 데 큰 공을 세웠습니다. 당시 그는 젊은 농민과 병사 중에서 약 4천 명을 선발하여 '척가군'이라는 군대를 조직하도록 하였습니다. 이에 이들에게 엄격하고 효과적인 군사 훈련을 실시하는 한편, 원앙진이라는 탁월한 전술을 만들어 왜구의 공격을 무력화시켰습니다. 원앙진은 12명의 병사가 한 몸이 되어 일사불란하게 움직이도록 고안된 진법입니다.

▲ 척계광의 모습
출처: chinese swordsmanship

척계광은 푸젠성 등의 지역에 구축된 왜구의 본거지들을 완전히 소탕하였으며, 취안저우 등에 상륙한 수만 명의 왜구를 사실상 섬멸하는 등 여러 차례 왜구를 격퇴하는 데 큰 공을 세웠습니다. 이를 통해 그는 명나라가 대외적인 위기 상황에서 벗어나 16세기 후반 내정 개혁을 단행할 수 있는 여건을 조성하는 데 기여하였습니다. 그는 현재 중국인들에게 임진 왜란 시기에 활약한 조선의 이순신만큼이나 탁월하고 위대한 장군으로 추앙받고 있습니다.

병자호란

— 병자호란, 그 시작과 끝, 명분과 현실 사이에서

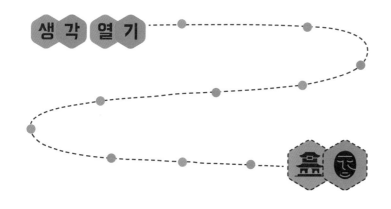

생 각 열 기

"War was my university(전쟁은 저의 대학이었습니다)."

속도, 전쟁, 기술이라는 3대 화두에 집착하는 프랑스 철학자 폴 비릴리오Paul Virilio, 1932~가 1997년 인터뷰에서 한 말입니다. 그는 이어 "Everything has proceeded from there(모든 것이 거기서 나왔지요)"라고 말했습니다. 그는 경제·사회적 힘이 아니라 전쟁과 속도가 인간 사회와 현대 문명의 기초라고 주장합니다. 피와 죽음과 고통으로 상징되는 전쟁이 문명 발전의 기초라니, 과연 그럴까요? 궁금증이 생겼습니다. 전쟁이 인류 문명에 어떠한 영향을 끼쳤는지를 알아보고 싶어집니다.

우리가 교과서에서 배운 전쟁은 승리의 역사가 대부분이었지요. 특히 대외 전쟁의 승리는 민족적 자부심과 함께 민족의식을 고취시키며 '우리'라는 정체성을 형성시켰습니다. 고구려의 찬란한 승리로 민족의 자부심이 된 수·당전쟁, 서희의 외교

담판으로 기억되는 고려와 거란의 전쟁, 그리고 비록 강화는 맺었지만 40년 가까이 항쟁하며 국가를 유지한 대몽항쟁……. 역사 속 전쟁 이야기는 흥미진진했고, 승리는 통쾌했습니다.

이제 조선의 전쟁을 살펴봅시다. 조선 성립은 고려 말 상황을 보아야 합니다. 1백 년 가까이 고려를 간섭하고 힘들게 한 몽골이 쇠퇴하고 명이 수립될 무렵에 왜구와 홍건적이 침입했지요. 이 어려움 속에서 피어난 이성계와 최영의 승리, 그리고 최무선의 화포 개발 등은 짜릿한 기쁨을 주었습니다. 이 인기 때문이었을까요? 신궁의 소유자, 전투에 나가면 결코 지지 않는 전쟁 영웅 이성계는 새로운 나라 조선의 왕이 되었습니다. 요동 정벌에 나선 이후 위화도 회군을 정치적·군사적으로 활용해서 말이지요.

이렇게 세워져 평화를 유지했던 문치주의의 조선은 한편으로 무를 경시하는 경향으로 나아갔습니다. 군인의 수는 줄고, 무관의 역할을 문관이 대신했지요. 문의 세계, 사대부의 세계로 더욱 깊이 빠져들었습니다. 바야흐로 문치주의 시대입니다. 조선의 문화적 우월성은 여진족과 왜구의 성장을 등한시했지요.

당시 상황을 보며, 그 유명한 '투키디데스의 함정'이 머리를 스칩니다. 그리스 역사학자인 그는 『펠로폰네소스 전쟁사』에서 "새로운 강대국이 출현하면 기존 패권국가와의 갈등으로 원치 않는 전쟁에 빠져든다"라고 말했지요. 조선을 사이에 둔 여진족과 일본이 신흥 국가로 성장했습니다. 북에서는 여진족을 통일한 후금이, 남에서는 일본이 오랜 분열을 끝내고 전국 통일을 이뤘지요. 하지만 조선은 국제 정세에 관심이 없었습니다. 조선의 문화적 우월감이 컸기 때문이지요. 이러한 무시의 결과는 임진왜란과 두 차례의 호란(정묘호란, 병자호란)으로 나타났습니다. 투키디데스의 함정처럼 원치 않는 전쟁에 빠져들고 만 것이지요.

▲ 병자호란 당시 청의 침공에 대항하여 싸우는 조선인의 모습

출처: 경기도남한산성세계유산센터

이제 전쟁은 더 이상 통쾌하지 않습니다. 전쟁 이야기는 참혹했고 슬프고 비참했습니다. 물론 이순신의 승리는 민족적 자긍심을 심어 주었지만, 전쟁의 상처는 깊었습니다. 두 전쟁은 무겁게 조선 후기의 삶을 지배했지요. 비릴리오의 말처럼, 두 전쟁은 우리나라뿐 아니라 동아시아 전체의 사회와 문명을 빠른 속도로 변화시켰습니다. 이 장에서는 병자호란이 가져온 정치, 경제, 사회의 변화 속에서 조선이 어떤 길을 걸었는지 살펴보겠습니다.

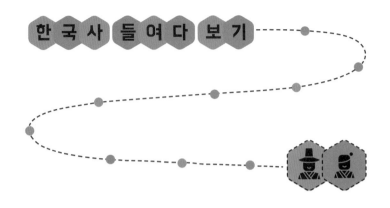

1636년 병자년 겨울전쟁 전의 조선

병자호란은 왜 일어났을까요? 청나라 힘이 너무 강해서? 아니면 조선이 외교를 잘못해서? 병자호란의 원인은 당시 동아시아 정세와 임진왜란에서 그 원인을 찾을 수 있습니다.

앞 토론에서 살펴보았듯이 전국시대를 통일한 도요토미 히데요시는 정명가도征明假道를 내세우며 조선을 침략했지요. 조선의 수도가 20여 일 만에 함락당하자 당황한 조선은 명에 원군 파견을 요청합니다. 명의 군대가 조선과 연합하여 왜와 싸우는 사이, 여진족 지배자인 누르하치의 세력이 점점 성장합니다. 흩어진 여진족을 통합한 누르하치는 1616년 후금을 세웁니다. 그리고 3년 뒤 명을 공격할 정도로 강력한 세력이 되었죠. 위기의 명은 조선에 원군을 요청합니다. 임진왜란의 은혜가 있으므로 조선의 임금 광해군은 원군을 보냈지만 패배하지요. 강홍립의 심하전투입니다. 무너져 가는 명과 새롭게 떠오르는 후금 사이에서 광해군은 중립외교로 위태한 세력 균형을 유지하고자 했습니다. 하지만 명나라에 대한 의리와 명분을 강조한 정치 세력은 광해군을 폐위하고, 인조를 왕으로 추대합니다. 광해군의 조카인 인조는 후금을 오랑캐라고 무시하며 명에 대한 의리와 명분을 강조하는 정책을 펼쳤습니다.

쓰러지는 명과 일어서는 청

오랑캐라고 업신여김을 당한 후금의 반응은 어땠을까요? 결국 1627년 후금은 광해군을 몰아낸 것과 가도를 점령한 모문룡의 위협 제거[1]를 명분으로 조선을 공격했습니다. 정묘호란[2]입니다. 조선의 조정은 즉시 강화도로 피신했습니다. 후금은 유목민족이므로 수군이 없었기 때문이지요. 하지만 조선은 후금을 물리칠 힘이 없어 후금을 형으로 대우한다는 조약을 맺습니다. 조선의 동맹국인 명이 조선을 지켜 주면 좋으련만, 명은 갈수록 약해졌지요. 반면, 보잘것없다고 무시했던 후금은 주변 민족들과 몽골까지 세력을 확장하며 더욱더 커져 갔습니다.

1636년 누르하치의 아들 홍타이지(청 태종)가 후금에서 중국식 왕조인 '청'으로 바꾸고 황제가 되었습니다. 홍타이지의 황제 즉위식이 있던 날, 조선의 사신 두 명은 청 황제에게 절을 올리는 예를 거부합니다. 친명배금을 주장한 조선의 관리로서 청의 황제를 받아들일 수 없었지요. 다른 민족들, 심지어 항복한 한인들조차 황제의 예를 올리는데 형제의 나라인 조선 사신의

명나라 장군 모문룡이 후금과의 싸움에서 패한 후 패잔병을 이끌고 평안도 철산 앞바다에 있는 섬에 들어가 후금의 배후를 위협하였다. 이에 후금은 이들을 섬으로부터 몰아내라고 조선에 압력을 가했고, 모문룡은 명의 위세를 믿고 식량을 비롯한 여러 지원을 요청하였다.

후금은 인조반정과 모문룡에 대한 사건을 빌미로 침략하였다. 그러나 후금은 적극적인 조선정벌 의사를 가지고 있었던 것은 아니고, 모문룡을 쫓아내고 조선의 친명정책을 바꾸게 하려는 의도를 가지고 있었던 것인만큼, 형제관계를 맺고 조공을 바칠 것을 내용으로 하는 강화를 맺은 후 군대를 철수시켰다. 전쟁 발발 50일 만의 일이다.

부정은 홍타이지에게 전쟁의 명분을 제공합니다.

멸망 직전의 명과 황제를 선언한 청 사이에서 조선은 어떤 선택을 했을까요? 광해군의 중립외교를 부정하며 친명배금 정책을 내세운 인조는 상당히 곤혹스러웠을 겁니다. 강한 청의 편을 들면 광해군처럼 될 수도 있고, 청을 적대시하면 또다시 전쟁을 겪을 위험이 있었지요.

척화와 주화, 명분과 현실 사이에서

조선 조정도 둘로 나눕니다. 오랑캐를 몰아내고 전쟁을 하자는 척화파와 청과 화해하자는 주화파입니다.

조선으로 돌아온 두 사신은 즉위식 자리에서 자결하지 않았다 하여 실컷 매를 맞았다고 합니다. 황제 즉위식에서는 절을 하지 않았다고 고초를 겪고, 돌아오니 칭찬은커녕 매를 맞았네요. 죽이라는 주장도 있었답니다. 조선의 선택은 척화파로 기울었던 거지요.

같은 해 인조의 왕비가 죽자 청의 용골대와 마부대 등이 조문을 왔습니다. 이들이 조선에게 군신의 예를 강요하자 조정은 그들을 죽이자고 주장했고, 인조

▲ 병자호란 당시 항복하더라도 종묘사직을 보존하자는 주화파와 결사 항전하자는 척화파 간의 논쟁을 그린 기록화이다.

출처: 경기도남한산성세계유산센터

역시 청의 국서를 받지 않고 그들을 감시했습니다. 예상 밖 상황에 당황한 용골대와 마부대는 도망쳤습니다.

조선 조정은 전쟁 대비를 위해 의병을 모집하고, 평안도에 무기를 보내며, '청과 화친을 끊고 적의 침입을 미리 대비하라는 왕의 명령'인 유서를 평안도 감사에게 보냈습니다. 평안도는 국경 수비의 최전방이기 때문입니다. 그러나 도망치던 용골대와 마부대가 그만, 그 유서를 보게 됩니다. 정묘호란으로 맺어진 형제의 약속이 깨진 이상, 전쟁을 피할 수 없게 되었죠. 결국 청 태종은 1636년 11월 25일까지 왕자와 대신, 척화론자들을 보내어 사죄하지 않으면 공격하겠다고 통보했습니다. 조선은 이 요구를 묵살했고, 청은 최후 통첩대로 조선을 공격했습니다.

청의 속도전, 조선의 청야전

1636년 12월 9일,[3] 한참 추위가 기승을 부려 온 땅이 얼어붙은 이때, 청의 군대가 압록강을 건너 조선을 침략합니다. 이 전쟁이 바로 병자호란입니다.

조선의 대청 방어전략은 청야견벽淸野堅壁[4]으로, 강한 청의 기병과 직접 맞부딪치는 것을 피하고 침략로에 성을 쌓아 군사를 집결하여 공성전을 펼치는 것입니다. 고구려 때부터 북방민족을 막아 낸 전략이지요. 약해진 명이지만 명이 배후에 있으니 청이 장기전을 벌이기 어려울 것이라는 판단으로 세워진 전

음력으로 표기한 날짜이다. 최근 연구서에는 음력 대신 1637년 1월로 표기하나 교과서 등 연표에 1636년으로 표기하고 있어 혼란을 막기 위해 1636년으로 표기했다. 또 청의 한양 도착 시간이 늦은 밤이어서 12월 8일로 보는 학자도 있지만, 다수의 연구서에 12월 9일로 표기해 이를 따랐다.

국경 일대 민가와 들판의 곡식을 모조리 불태우고 도성 안에서 싸우는 전술이다. 적의 손에 들어가서 유용하게 쓰일 모든 물자를 없애 버리는 전술이다. 견벽청야堅壁淸野 또는 청야수성淸野守城 등으로 불린다.

략이지요. 황제가 군대를 이끌고 조선에 왔는데 뒤에서 명이 치고, 아래에서 조선군이 치면 청군이 갇히는 그림이 됩니다. 이게 안 되면, 수군이 약한 청의 공세를 피할 수 있도록 강화도에 파천하는 계획을 세웠습니다. 하지만 청은 조선의 수를 내다보고 있었습니다. 청에게 필요한 것은 속도전이었지요. 그들의 작전은 빠른 남하로 조선의 항복을 받고 다시 돌아가는 것이었습니다. 명이 후방을 치기 전에, 조선의 군사가 모이기 전에 신속하게 인조의 항복을 받고 돌아가는 작전이지요.

정묘호란 당시 인조가 강화도로 파천하는 것을 지켜본 경험이 있는 청은 조선군이 지키고 있던 산성을 우회해서, 한양으로 신속히 남하합니다. 그리고 인조와 조정이 강화도로 피난하는 길을 막았습니다. 이렇게 조선의 방어 계획은 모두 틀어지고 오히려 조선이 남한산성에 갇힙니다.

한양에 온 홍타이지, 남한산성에 간 인조

청은 불과 5일 만에 한양에 도착했습니다. 조선 조정은 봉화를 통한 긴급 통신체계가 제대로 작동하지 않아 침공 인지가 늦었지요. 조선 조정은 제대로 싸우지도 못한 채 수도를 버리고 강화도와 남한산성으로 피했습니다. 왕실의 종친과 가족들, 봉림대군 등은 강화도로 피신했지만, 인조와 소현세자, 그리고 영의정 등의 대신들은 미처 강화도로 가지 못해 행궁인 남한산성[5]으로 몸을 피했습니다. 산성에는 1만 3천여 명의 군이 지키

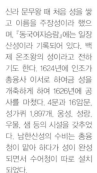

신라 문무왕 때 처음 성을 쌓고 이름을 주장성이라 했으며, 『동국여지승람』에는 일장산성이라 기록되어 있다. 백제 온조왕의 성이라고 전하기도 한다. 1624년에 인조가 총융사 이서로 하여금 성을 개축하게 하여 1626년에 공사를 마쳤다. 4문과 16암문, 성가퀴 1,897개, 옹성, 성랑, 우물, 샘 등의 시설을 갖추었다. 남한산성의 수비는 총융청이 맡아 하다가 성이 완성되면서 수어청이 따로 설치되었다.

고 있었으며 다행히 이서가 무기, 식량 등을 비축해 놓았지요. 산성은 천혜의 요새로 청군이 공략하기는 쉽지 않았으나, 한 달 남짓의 군량밖에 없어 장기전을 도모하기 어려웠습니다. 날씨는 춥고, 성 안 백성과 관리들의 수는 많으니 오래 버티기 힘든 상황이었습니다.

한편, 조선 조정이 남한산성에서 항전할 때, 청군은 오늘날 송파구인 삼전도에 머물렀습니다. 청 황제 홍타이지가 직접 군대를 끌고 왔습니다. 중국 황제가 우리나라에 온 것은 처음이자 마지막입니다. 그만큼 조선의 굴복이 중요했었나 봅니다. 인조의 항복을 기다리며 청군은 조선 백성을 포로로 삼아 노예로 부리고, 침략과 약탈을 하였습니다. 청으로 끌려간 조선 백성이 무려 50만에 이른다고 하니 당시의 참혹함이 느껴집니다.

기다리는 인조, 오지 못한 근왕병

조선 조정은 팔도 근왕병이 와서 청군을 물리치고 임금을 구하리라 믿었지만 그들은 오지 않았습니다. 아니 오지 못했습니다. 남한산성은 청군에게 둘러싸여 고립되었고 남한산성 너머에 청군과 그들의 무기 홍이포가 보였습니다. 멀리 대포가 날아와 큰 소리를 내며 행궁의 내전 일부를 부수었습니다. 저 홍이포가 남한산성을 향해 무수하게 쏘면? 청 군대가 성벽을 뚫고 밀고 들어온다면? 함락될지 모른다는 공포감이 남한산성을 휘감았을 때 청천벽력같은 소식이 전해집니다. 믿었던 강화도 함락입니다.

　도대체 조선 팔도의 군사들은 어디서 무엇을 했을까요? 7년간의 임진왜란에서 패하지 않은 조선의 군사들은 46여 일의 전쟁기간 동안 왜 청과 싸우지 않았을까요? 7년을 버틴 조선의 군사가 두 달을 채 버티지 못하고 패배한 이유가 무엇일까요? 바닥을 보이는 식량과 무기, 오지 않는 군사들, 떨어진 민심과 군인의 사기, 결정적으로 강화도 함락과 왕족들의 인질 소식은 더 이상 버틸 수 없음을 말해 주지요.

산성을 나와 삼전도로

　인조는 남한산성을 나와 삼전도로 향합니다. 그리고 청 태종 앞에서 삼배구고두례의 예를 올립니다. 청 황제에게 세 번 무릎을 꿇고 아홉 번 머리를 땅에 조아리는 청의 예이지요. '삼전도의 굴욕'을 겪고, 조선 임금 인조는 청의 신하가 되어 청나라 군사의 호위를 받으며 창경궁으로 돌아옵니다. 끌려가는 백성들의 울부짖음을 뒤로한 채 말이지요. 이제 조선은 명나라와 외교 관계를 끊고 명 대신 청의 신하로서 군신의 예를 갖춰야 했습니다.

　조선이 의리와 명분으로 지킨 명은 왜 조선을 돕지 않았을까요? 임진왜란처럼 말입니다. 당시 명은 끝내 원군은 보내지 않았습니다. 이자성 농민 봉기와 여러 지방에서 일어난 봉기들을 진압하느라 여력이 없었고, 병자호란이 워낙 빠르게 진행되었기에 원군을 준비할 시간도 없었지요. 산둥반도를 통해 수병을 보내려 했으나 풍랑으로 좌절되었다고도 합니다.

명 황제 숭제는 조선의 항복 이후 인조에게 '도와주지 못해서 미안하다'는 서한을 보냅니다. 청은 전쟁의 책임을 물어 소현세자와 척화를 주장한 신하를 보내라고 했습니다. 인조는 눈물을 흘리며 소현세자를 청의 수도 심양으로 보냈지요. 척화를 주장했던 신하로는 세 명의 하급 관리가 갑니다. 김상헌 등 척화를 강력히 주장했던 고위 대신들 대신 20대의 젊은 하급 관리들이 끌려가지요. 이 관리들은 청의 심문에도 굴하지 않고, 명에 대한 의리를 지키며 죽음을 받아들입니다. 이들을 '삼학사'[6]라고 하며, 조선은 이들의 절개를 기렸습니다.

전쟁은 끝났습니다. 하지만 명분과 현실을 둘러싼 내부의 전쟁은 끝나지 않았습니다. 임진왜란에서 병자호란까지 동아시아 국제 질서에 많은 변화가 일어났습니다. 중국은 명에서 청으로 왕조가 교체되었고, 일본은 에도막부가 수립되었습니다. 왜란과 호란을 모두 겪은 조선은 어땠을까요? 빠른 변화의 속도를 어떻게 받아들였을까요?

6
삼학사는 병자호란기 맞서 싸울 것을 주장하다가 결국 중국 심양에 끌려가 순절한 홍익한洪翼漢, 1609~1637, 윤집尹集, 1606~1637, 오달제吳達濟, 1609~1637 3인을 말한다.

조선의 길

주화를 주장했던 최명길, 김류 등이 조선 조정을 이끌었지만, 조선 사대부들은 여전히 명에 대한 의리와 명분을 지키고자 했습니다. 심지어 명이 멸망했음에도 불구하고, 숙종대에는 그 60년을 기념하여 대보단[7]을 세워 '재조지은_{再造之恩}[8]'의 명분과 대명의리론을 내세우며 명나라 황제에 대한 제사를 지내지요.

명분과 현실 사이, 조선은 현실 대신 명분을 선택했습니다. 결과는 새로운 문명에 대한 거부로 나타났지요. 16세기 대항해시대 이후 세계가 급격히 변화를 겪을 때 조선은 바다와 세상을 닫고 과거의 명분 속에 갇혀 버렸습니다. 러시아, 미국, 중국, 일본 등 강대국에 둘러싸인 지금, 명분과 현실은 우리의 과제입니다. 2, 3백여 년 전 역사적 선택을 살펴봄으로써 오늘날 우리의 미래를 위한 준비를 해 볼까요? 자, 그럼 지금부터 토론의 세계로 떠나 봅시다.

7

1704년_{숙종 30} 창덕궁_{昌德宮} 후원에 설치된 명_明의 신종_{神宗} 황제의 제사를 위한 제단_{祭壇}이다. 임진왜란 당시 구원병을 보내어 조선 재조_{再造}의 은혜를 베풀어 주었다는 것이 명분이었다. 명이 멸망하자 조선은 명 대신 중화의 정통성을 계승하였다는 인식이 팽배하였고, 이것이 조선중화사상으로 전개되었다. 명이 망한 상태에서 두 황제를 제사 지내는 대보단을 설치한 것은 조선중화의식이 구현된 것이다.

8

'나라를 다시 만들어 준 은혜', '거의 망하게 된 걸 구해 준 은혜'라는 뜻이다. 한국사에서 재조지은은 임진왜란 때 명나라의 조선 파병을 주로 일컫는다.

병자호란,
그 시작과 끝, 명분과 현실 사이에서

이 토론은 최명길과 김상헌의 논쟁에서 시작되었다. 병자호란을 전후하여 조선이 걸어가야 할 길에 대한 기념비적인 논쟁이다.

주제 1, 2는 병자호란의 원인과 패배까지의 과정으로 토론을 구성하였다.

주제 3, 4는 병자호란 이후 조선의 길에 관한 내용으로, 북벌과 북학의 두 길을 걸어간 역사적 인물들이 남긴 말과 글을 통해 토론을 재구성하였다. 토론 방식은 대립되는 주장을 펼치되, 각 주제별로 역사적 인물들이 등장하여 당시 상황과 입장을 재현하는 형식으로 진행하였다.

◆ 하늘에서 만난 광해군과 강홍립 ◆

강홍립 ── 전하, 그동안 잘 계셨는지요? 폐위된 이후 처음 뵙는군요.

광해군 ── 나야 뭐, 조선의 종사가 폐위 이후 전쟁을 겪어 마음이……. 조카인 인조가 후금 아니 청과 관계를 조심했어야 했어.

강홍립 — 최근에는 전하를 '중립외교'를 했다며 칭송이 자자합니다.

광해군 — 나도 들었다네. 당대에는 '중립외교'로 왕좌에서 쫓겨났는데 말일세. 왕의 적장자가 아니라는 콤플렉스로 나도 험한 일을 많이 했다네. 요즈음 과한 칭송이 부끄럽군.

강홍립 — 저도 천하의 배신자에서 전하 덕에 위신을 좀 차렸습니다. 우리가 겪은 병자호란을 주제로 후손들이 토론을 벌인다고 합니다. 한번 들어 볼까요?

◆ 토론이 열띠게 진행되고 있는 역사 토론장 ◆

사회자 — 안녕하십니까? 이번 시간에는 병자호란과 그 이후에 관한 토론을 진행할 예정입니다. 토론 참여자는 전쟁사와 외교사를 공부하고 계신 두 분입니다. 김상헌과 최명길로 대표되는 명분과 현실의 입장에서 토론을 진행해 주십시오.

나현실 — 네, 반갑습니다. 저는 현실론의 입장입니다.

정명분 — 네, 저는 명분론의 입장에서 토론을 진행하겠습니다.

사회자 — 첫 토론 주제는 병자호란의 원인입니다. 인조반정 이후 친명배금의 외교정책이 전쟁의 원인인지 양쪽의 입장을 말씀해 주십시오.

병자호란의 원인, 인조 정권의 외교적 실책인가

현재 논의하는 사람들은 모두 '정묘년(1627년)에 화친을 이미 맺은 것
은 의리에 해로움이 없으나, 오늘날에 와서는 적이 이미 천자라고 외
람된 호칭을 하였으니, 다시는 그들과 사신왕래를 해서는 안 된다'고
합니다. 이 말이 그럴 듯합니다만, 실상은 깊이 생각한 것은 못됩니다.
…… 그들이 천자라고 외람된 호칭을 하든 안 하든 우리가 상관할 바
가 아닌가 합니다. 어찌 예로써 오랑캐를 상대할 수 있겠습니까.

– 최명길의 상소 중에서

나현실 —— 후금은 청으로 국호를 바꾼 후 조선에게 사대의 예를 요구합
니다. 당시 칸인 홍타이지의 국서를 보면 '너희가 나를 도적이며 오
랑캐라고 부른다는데……'라는 구절이 있습니다. 국제 정세의 변화
에 따라 청을 배척하고 오랑캐라고 무시하지 않았다면 전쟁을 피할
수 있었을 것입니다.

정명분 —— 네, 저는 비록 전쟁에서 패배했더라도 명과의 의리를 지키고
명분을 중요시한 조선의 정신을 높이 평가할 만하다고 생각합니다.
또 정묘호란으로 이미 형제의 관계를 맺은 청이 조선을 침략한 것
은 청의 야욕 때문이지 조선의 외교 부실 때문이 아닙니다. 정묘호
란 이후 청은 무리한 조공을 요구했습니다. 당시 조선에서는 끝까지
싸우자는 척화론과 현실적으로 싸우기 어렵다는 주화론이 맞섰지요.

점차 과도해지는 청의 요구에 분노가 폭발하였고, 마침내 척화론이 우세해져 인조가 전쟁을 각오하게 됩니다. 그러므로 전쟁의 원인을 내부에서 찾는 것은 적절하지 않다고 봅니다.

나현실 —— 청의 입장에서는 아직 명이 망하지 않았기 때문에 조선이 외교적으로 청을 받아들이고 오랑캐라고 무시하지 않았더라면 전쟁까지 일으키지는 않았을 것입니다. 당시 칸인 홍타이지의 황제 선포식에서 명의 사신조차 절을 올리는데 조선의 사신은 끝끝내 인정하지 않습니다. 청의 입장에서는 주변 국가가 모두 인정하는 황제 즉위식에서 조선만이 인정하지 않았으니 조선을 굴복시키고 싶었을 것입니다. 그리고 청의 조공 요구는 조선으로서 감당하기 힘들었다는 점을 인정합니다. 하지만 가도를 점령하고 조선을 괴롭혔던 명의 모문룡이 요구한 조공보다 훨씬 적었습니다. 은혜의 나라인 명의 신하인 모문룡이 조선인들을 약탈하고, 막대한 조공과 세폐를 요구한 것에 비하면 청은 약소했지요. 청의 요구에 분노한 조선 조정이 이해는 되지만, 같은 이유로 명에 대해서도 분노했어야 한다고 봅니다.

정명분 —— 조선은 성리학적 질서를 내세운 나라입니다. 임진왜란에 도움을 준 명에 대한 의리를 지키고, 외세인 청에 굴복하지 않으려고 했습니다. 죽음을 불사하면서까지 의리와 명분을 지키려는 조선 사신과 사대부들의 기개를 높이 평가하고 싶습니다. 조선의 이러한 선비 정신이 결국 일제 강점기의 독립운동으로 이어지는 것입니다. 힘이 있다고 해서 의리를 저버리고 청과 사대를 했다면, 자주의 정신은 계승되지 않았을 것입니다. 지적하신 모문룡 등 명의 부당한 요구에 저항하지 않은 것은 유일한 동맹국에 대한 외교적인 대응이라고 봅니다.

나현실 —— 저도 조선의 정신은 높이 평가하고 싶습니다. 하지만 꺼져 가는 명, 심지어 명의 고위 관직자들조차 명을 버리는 지경에 의리만을 고집할 필요가 있었을까요? 조선의 조정이라면 명이 아니라 조선의 백성을 먼저 위했어야 한다고 봅니다. 조선은 재조지은을 내세우며 명에 대한 의리를 강조했지만 백성의 삶은 등한시했습니다. 실제로 전쟁 이후 50만 명의 백성이 청으로 끌려가 대부분 돌아오지 못했습니다. 조선 사대부들, 특히 젊은 대간들이 남한산성에서 청에 보낼 외교문서에 홍타이지의 칭호를 황제라 쓸 것이냐 말 것이냐를 두고 며칠간 격론을 펼치는 동안, 조선의 백성들은 청군에게 유린당했습니다. 그들은 의리와 명분을 내세워 자존을 지켰지만, 결과에 대한 책임을 지지 않았습니다. 오히려 전쟁을 막은 주화파에게 모든 책임을 떠넘겼지요. 한결같이 '최명길 같은 주화파 때문에 전쟁에서 졌다'만 되뇌었습니다.

정명분 —— 오늘의 관점에서는 비판할 수 있지만 조선 유교사회의 윤리 속에서는 의리와 명분이 중요했습니다. 그들에게 유교적 가치를 지키는 삶은 영원한 삶이었습니다. 저는 전쟁의 책임은 외교적 실책이 아니라 청에 있다는 것을 분명히 하고 싶습니다. 가해자인 청이 아닌 피해자인 조선에게 전쟁의 책임을 물을 수 없다고 봅니다.

사회자 —— 토론의 열기가 뜨겁습니다. 전쟁의 구체적인 상황을 좀 더 짚어 봐야 판단을 내리는 데 도움이 될 것 같습니다. 다음 주제인 병자호란 당시 조선 정부의 군사적 준비와 전쟁 수행은 어떠했는지 살펴보겠습니다.

◆ 토론을 듣고 있던 강홍립과 광해군 ◆

1619년, 명과 후금이 요동에서 벌인 전쟁이다. 명·청 전쟁의 본격적인 시작을 알리는 전투로 명의 요청으로 조선군도 파병되었다. 후금군의 대승으로 끝나 만주족이 요동 지역의 패권을 잡게 되었다. 강홍립은 전투의 일부인 심하전투에 참전했다.

강홍립 —— 제가 본 후금은 강한 나라였습니다. 사르후 전투[9]에서 전 병사를 9천이나 잃고 항전하다가 항복했지요. 전하께서 밀지를 내려 일부러 싸우지 않고 항복했다며 전하를 공격했다지요?

광해군 —— 그 오해[10]가 나를 왕좌에서 끌어내렸지. 대의명분으로 반정에 성공한 인조정권은 청을 받아들이기 쉽지 않았을 것이네. 반정 직후 이괄의 난[11]으로 피난을 떠나고, 곧이어 정묘호란이 일어나 강화도로 피신하는 등 인조도 참 딱하군.

역사학계에서는 광해군 밀지설을 대체적으로 사실이 아니라고 본다. 실록에 증언하는 기록이 있지만, 광해를 몰아내야 명분으로 유포한 것으로 파악된다.

강홍립 —— 두 사람의 토론을 보니 상헌과 명길이 떠오르는군요. 간만에 만나 보지요.

◆ 최명길과 김상헌 등장 ◆

1624년(인조 2년)에 이괄이 조선 왕가 종실 흥안군 이제를 옹립하며 일으킨 반란이다. 인조반정의 논공행상에 불만을 품은 이괄이 반란을 일으키려 한다는 무고를 당하자 난을 일으켰다. 이 난으로 인조는 즉위 1년도 못 돼 한양을 떠나야 했다. 조선 역사상 내부반란으로 도성이 점령된 것은 이때가 유일했다. 이괄의 도성 점령은 불과 며칠 만에 끝났지만, 이를 기회로 후금이 조선을 침략하면서 인조는 호된 시련과 굴욕을 겪어야 했다.

최명길 어르신, 그간 잘 지내셨는지요?

김상헌 오랜만이네. 병자호란은 생각하고 싶지도 않은 기억이지.

최명길 심양 차디찬 감옥에서 뵙고 처음인 듯합니다. 병자호란은 치욕스러웠지만 그사이 우리나라가 엄청 발달했네요. 자랑스럽습니다. 나라 잃어버릴 걱정 없이 편안하게 후손들의 토론을 들어 봅시다.

병자호란의 군사 준비와 작전은 어떠했는가

오후에 도원수 김자점의 다급한 보고가 들어오고서야 적이 코앞으로
달려와 있음을 알게 되었다. 적들이 사나운 바람처럼 그렇게 빨리 몰
려올 줄은 까맣게 모르고 있었다.

– 산성일기 12월 12일 기록 중에서

사회자 ── 두 번째 토론 주제. 병자호란의 군사 준비와 전쟁 수행 과정
에 대한 토론을 진행하겠습니다.

나현실 ── 당시 조선 군대는 군량 보급이 제대로 준비되지 않았습니다.
심지어 청군의 기병을 막을 말조차 제대로 없었지요. 임진왜란과 정
묘호란을 거치고, 인조반정 이후 친명배금 정책으로 전쟁이 충분히
예상된 상황이었습니다. 그럼에도 기본적인 전쟁 준비 없이 명분론
에 집착하면서 탁상공론만 일삼았습니다. 인조 정권은 후금을 '글을
읽을 수 있는 자가 없다'고 무시하고, 역관 등이 전한 급격한 정세를
제대로 듣지 않았습니다. 광해군 정권에서 활약한 허균이 이미 "금
의 군대가 곧 올 것이다"라고 예견한 바 있습니다. 하지만 아무도 그
의 말을 믿지 않았죠. 오랑캐가 그리 강할 리 없다고 믿었고, 강화도
로만 가면 안전하다고 생각했지요. 허균은 "우리가 갈 수 있으면 그

들도 갈 수 있다"라고 했고, 실제로 강화도는 청의 수군에게 단 하루 만에 함락됐습니다.

정명분 —— 그렇게만 볼 수 없습니다. 결론적으로 패배했지만, 인조반정 이후 조선은 군사 정비에 힘을 기울였습니다. 속오군 체제를 정비해 병사 수를 늘렸고, 무과 시험을 자주 치러 인재를 양성하고 정예군을 늘렸습니다. 또 후금의 공격을 예상하고 정방산성, 남한산성 등 전략적 요충지에 성을 쌓고 맞서 싸울 기병 전술을 도입했습니다. 무기 면에서도 총과 대포에 쓰일 화약을 증산하였습니다. 1633년 명에게 염초 제조법을 배운 후 경상도에서 생산한 염초가 1년에 1천근이 넘었습니다. 역사를 결과론적으로만 보지 마시고, 과정도 봐주시기 바랍니다.

나현실 —— 네, 노력한 부분도 있습니다. 하지만 군대 시스템이 제대로 정비되지 않았지요. 조선은 문관 출신인 수령이 군사를 총괄하므로 군대 지휘가 잘되지 않았습니다. 건국 이래 평화가 지속되면서 실력 있는 엘리트 무관이 거의 사라져 버렸죠. 임진왜란으로 문제점을 인식한 후 신분 제한 없이 '별대'라는 엘리트 무관 양성에 나섰지만, 군 지휘관이 문관이므로 적절하고 신속한 대응이 잘되지 않았지요. 예로, 12월 9일 청군이 침입했다는 보고가 한양에는 3일 만에 도착했고, 소식을 들은 비변사의 병력 동원 명령은 또 하루를 지났지요. 적군은 빠른 속도로 달려오는데 조선 조정은 행정적인 문구 수정 등으로 시간을 허비했습니다. 오랜 시간 전쟁을 준비했다고 보기엔 너무 허술한 대응입니다. 14일에서야 어전회의를 소집하여 피난 준비를 했지요. 만약 인조가 좀 더 빨리 대처하여 강화도로 피신했더라면, 전쟁의 양상이 달라졌을 것이라 생각됩니다.

사회자 — 보통 겨울은 전쟁을 안 하는 게 정설인데 청은 왜 한겨울에 침략했을까요? 추위와 이동, 군량 동원이 힘들었을 텐데요.

나현실 — 네, 맞습니다. 청군은 압록강이 언 때를 기다려 보급 없이 말을 타고 진격했습니다. 강이 꽁꽁 얼어 말을 타고 건널 수 있는 혹한기를 군사적으로 이용했습니다. 최근 연구에 따르면 17세기는 세계적으로 소빙기[12]였습니다. 정묘호란 이후 청군의 군사력과 전술을 연구했더라면 충분히 예상 가능한 작전이었습니다. 그리고 국경 방어의 최전선인 의주를 소홀히 하여 청에게 길을 내준 측면이 있습니다. 의주의 인구가 나날이 줄어 병력 동원이 힘들었지요. 청군은 의주를 지난 뒤 조선의 방어선을 모두 지나쳐 나흘 만에 한양으로 들어옵니다. 조선이 예상치 못한 속도죠.

사회자 — 임진왜란 7년을 버틴 조선의 군사들은 어디에 있었습니까? 전쟁 기간이 50여 일이므로 조선의 팔도 군사들이 다 모였다면 청나라 군대를 물리칠 수 있었을 텐데 말입니다. 군사적인 실책이나 미흡한 점을 짚어 주시겠습니까?

정명분 — 청은 생각보다 적은 병력을 동원했습니다. 최근 연구에 따르면 3만 4천 명이라고 검증했습니다.[13] 엄청 많은 수의 병사가 침략했을 것이라는 서사가 만들어졌는데 실제 병사는 적었지요. 하지만 남한산성에 갇혀 버린 조선 조정은 청의 군사 정보를 제대로 파악하지 못했고, 조선 전체 군사를 움직일 수 있는 지휘체계가 없어 군대

소빙기小氷期란 '작은 빙하기 Little Ice Age'를 의미하는데, 길게는 14세기부터 19세기까지 지속했던 전 지구적인 한랭화 현상을 말한다. 그 가운데 병자호란이 발생했던 17세기는 지구평균온도가 오늘날보다 1.5~2도 정도 낮았던 가장 한랭했던 시기였다.

구범진 교수는 『병자호란, 홍타이지의 전쟁』(2019)에서 사료 검증을 통해 청의 12만 8천 대군의 정설을 뒤집고 논리적으로 3만 4천 명을 계산해 냈다.

동원이 힘들었습니다. 홍타이지가 직접 조선에 왔는데 이 전략이 잘 못되면 오히려 명과 조선에 갇혀 고립될 수도 있는 상황이었지요. 청 군사에 대한 정확한 정보와 신속한 군대 결집만 있었어도 이길 가능성이 있는 전쟁이었는데, 참 아쉽습니다.

나현실 ── 정명분 님의 말씀을 들으니 조선 군사 작전의 실패가 더욱 크게 다가옵니다. 저는 조선 패배의 원인으로 군사 지휘체계를 지적하고 싶습니다. 수군은 이순신의 삼도수군통제사 임명 이후 이 직책이 유지되었지만, 육군은 여러 도를 지휘할 지휘관이 없었습니다. 남한산성으로 군대가 집중하려면 각 팔도 병력 간의 원활한 소통체계로 이동 경로와 주둔지, 거점 설정 등이 필요했지만, 조선 군대는 이런 준비가 전혀 없었습니다. 이괄의 난을 겪은 인조가 군사 반란이 두려워 팔도 병력을 이동하고 군사력이 집중되는 것을 꺼렸기 때문입니다.

정명분 ── 조선이 전혀 준비하지 않은 것은 아닙니다. 남한산성을 쌓은 이유도 삼남 지방의 군대를 집결시키기 위해서입니다. 북구 전선을 제외한 팔도 군사들은 산성을 향해 달려왔습니다. 특히 산성과 가까운 충청도 병력이 빨리 움직였지요. 이어서 강원도, 경상도 등의 군대들이 산성으로 진군했습니다.

나현실 ── 삼도의 군대가 왔지만, 소통의 부족으로 청군에게 각각 격파되지 않았습니까? 통합적인 지휘체계 및 비상시 이동과 집결의 군사 훈련이 필요했습니다. 조선은 청의 침략 빌미를 제공했지만 기본적인 군대 이동 등의 전술 준비는 없었습니다. 전쟁은 조정의 안위

뿐 아니라 온 나라 백성의 삶이 달려 있는 문제입니다. 명분에 사로 잡혀 적에 대한 제대로 된 정보 없이 전쟁을 야기한 조선 정부의 책임이 큽니다.

정명분 ── 조선 군 지휘체계의 미숙함과 정보 부족은 저도 인정합니다. 다만, 조선 조정 역시 준비하고 대책을 마련했다는 점도 균형 있게 봐 주시기 바랍니다.

사회자 ── 임진왜란을 겪은 조선 조정이 통합적 지휘체계의 중요성을 모르진 않았을 텐데, 왜 그랬을까요?

나현실 ── 아마도 인조는 이괄의 난을 겪고 난 후 군대 반란에 대한 트라우마가 있었던 것 같습니다. 군사 반란이 두려워 팔도 병력을 이동하고 군사력을 한 곳에 집중하는 것을 꺼렸던 것이지요. 통합적으로 군을 통솔한 사람이 쿠데타를 일으키면 곤란하니까요.

사회자 ── 네, 설명 잘 들었습니다. 정도 차이는 있지만, 강력한 청군에 대비한 군사적 준비와 전술이 미흡했다고 볼 수 있겠습니다. 그럼 실제적인 청군의 군사력을 살펴볼까요?

나현실 ── 청의 군사력은 팔기로 조직된 뛰어난 기병, 해전이 가능한 수군, 그리고 우수한 대포 등의 무기를 가지고 있었습니다. 척화론자들은 객관적인 청의 군사력을 무시하고 주화파들 때문에 전쟁에서 패배했다고 주장했지요. 대항해 시대 이후 항해술과 화포 기술이 발달하는데 청은 이 기술을 모두 갖췄습니다. 원래 기병 중심이었지만 모문룡의 부하였던 공유덕과 경중명이 함대와 수군을 이끌고 귀화한 이후 해전이 가능한 수군을 육성했지요. 이어 1631년 한인 기술자를 통해 홍이포 제작에 성공합니다. 홍이포는 유효 사정거리가 7백 미터로 매우 강력한 무기였습니다. 강화도가 청의 공격 하루 만에 함락된 이유도 마찬가지입니다. 청은 수군과 홍이포로 강화도를 공격했습니다. 정묘호란 당시에는 수군이 없어 무사했지만, 병자호란 때에는 수군이 있어 쉽게 강화도를 점령할 수 있었지요. 강화도에 피난 간 왕자들과 종친들이 사로잡히자 인조는 항복할 수밖에 없었습니다.

정명분 —— 임진왜란 7년을 버틴 조선이므로 충분히 버틸 수 있었다고 판단할 수 있습니다. 시간을 끌지 않고 신속하게 전국의 군대가 모여 청군을 공격했더라면 승산이 있었지요. 김상헌을 대표로 척화파들은 온 목숨을 바쳐서라도 청과 싸워서 명분을 지키고자 했습니다. 척화냐 주화냐의 논란 속에서 공격 타이밍을 놓쳤지요. 척화파의 입장에서는 주화파의 주장으로 제대로 싸우지 못했다고 생각할 수 있습니다.

나현실 —— 백성들도 조선의 지배층처럼 대의명분을 지키고 싶었을까요? 성리학적 윤리와 도덕이 중요한 시대였지만, 온 백성의 삶 전체와 바꿀 수는 없다고 봅니다.

사회자 —— 전쟁 전 군사 준비를 했다는 의견과 그렇지 못했다는 주장입니다. 조선 조정이 나름의 노력을 기울였으나 강력한 청군을 대비하기에는 부족한 점이 있었다고 논의를 요약할 수 있겠습니다. 두 분의 토론을 보니 역사 속 김상헌과 최명길의 토론을 보는 것 같습니다. 잠시 쉬어 가는 의미로 사료 속에서 나눈 두 신하의 대화를 보지요.

최명길 ── 화친을 주장한다主和는 두 글자는 신의 일평생에 신변의 누가 될 줄로 압니다. 그러하오나 아직도 화친의 주장이 그르다고 생각하지는 않습니다. 화친을 맺어 국가를 보존하는 것보다 차라리 의를 지켜 망하는 것이 옳다고 하였으나 이것은 신하가 절개를 지키는 데 쓰이는 말입니다.

김상헌 ── 반드시 먼저 싸우고 화의해야 합니다. 화의를 청한다면 화의 또한 바랄 수 없습니다. 송나라 사람은 겉으로 화의하는 체하고 속으로는 지키고, 싸움으로 대응한다 말하였습니다. 이 말이 오늘에 있어서는 가장 절실합니다.

나현실 ── 남한산성에서 격돌한 두 신하 모두 깊은 충성심을 보여 줍니다. 하지만 김상헌의 주장은 결국 모두 죽더라도 청에 항복하면 안된다는 주장입니다. 명에 대한 의리가 온 백성이 다 죽어서라도 지켜야 할 명분일지 의문입니다. 청을 오랑캐라고 하는데 조선 역시 동이, 즉 동쪽 오랑캐입니다. 타 민족에 대한 배타적인 인식과 민족의 우열을 가리는 행위는 현재적 관점에서도 비판받아야 한다고 봅니다. 현실적인 대안과 조선 백성의 안위를 선택했다면, 이후의 조선 역사가 세계의 변화를 수용하고 발전하는 데 도움이 되었을 것입니다.

정명분 ── 나현실 님은 지나치게 지금의 관점에서 역사를 보고 있습니다. 그래서 당대의 상황과 지배적 이념을 단순화하고 있습니다. 오늘날의 민주적 가치와 신념이 아니라 당대의 성리학적 질서와 가치

체계를 인정해야 합니다. 현실적 선택을 한 최명길의 혜안을 높이 평가할 수 있지만, 김상헌의 주장을 무시할 수는 없습니다. 그의 말은 성리학적 세계관의 무게를 온전히 짊어지고 있습니다.

나현실 — 최근 연구 결과에 따르면 병자호란 당시 조선에 천연두가 유행했습니다.[14] 17세기 전 세계를 휩쓴 이 전염병으로 청 군대가 신속하게 심양으로 돌아간 것이지요. 전쟁은 집단 공동생활과 이동이 필수적이므로 전염병을 급속도로 확산시킵니다. 만주인들은 천연두를 '마마 mama'라고 불렀습니다. 생신(천연두를 겪지 않은 사람)이었던 홍타이지는 마마에 대한 공포가 있었습니다. 가까운 사람의 죽음을 겪기도 했지요. 정묘호란 때 부대를 분산하여 귀국한 것도 천연두 때문이었습니다. 1636년 한양에서는 이미 11월부터 마마가 창궐하고 있었으므로 홍타이지는 급하게 귀국할 수밖에 없었을 것입니다. 조선 조정이 주전이냐 주화냐 등을 두고 논쟁하는 시간에 군사 작전에 집중했더라면 어땠을까요? 남한산성 밖에서 백성들이 고통을 겪을 때 산성 안 사대부들은 명분에 사로잡혀 청에 보낼 문서에 홍타이지를 황제로 칭할 것인지, 조선을 신하로 칭할 것인지를 논쟁하며 시간을 허비합니다. 병자호란 항복 이후 일제 강점기까지 이어진 사대와 굴욕의 역사를 생각하면, 너무나 아쉽고 원통한 패배입니다.

정명분 — 네, 천연두로 인한 청 군대의 귀국은 저 역시 안타깝습니다. 남한산성에서 조금 더 버텼으면 하는 마음입니다. 그런데 나현실 님은 남한산성 내 사대부들의 논의를 폄하하시는군요. 대간을 중심으로 한 조선의 정치 시스템인 토론과 합의 문화를 부정적으로만 보시

구범진 교수는 『병자호란, 홍타이지의 전쟁』(2019)에서 천연두로 청군이 빠르게 퇴각하고, 전쟁 양상이 달라졌다고 서술했다.

는 것 같습니다. 조선은 철저히 유교 국가를 지향하면서 신하와 왕의 권력 균형을 중시했고, 하급관리일지라도 언로를 열어 자유로운 의사를 표출할 수 있었습니다. 여러 사람의 의견을 조율하는 과정은 시간이 걸리지만, 오늘날 민주적 토론과정과 유사합니다. 봉건국가이지만 왕의 제왕적 군주 시스템이 아니라 학문을 기반으로 토론을 통해 합의점을 찾는 과정을 중시했고, 이 모든 과정은 기록되었지요. 전쟁이 일어나지 않았더라면, '탁상공론'으로 비판받는 조선의 정치 시스템은 매우 근대적이라고 평가할 수 있습니다.

나현실 — 네, 맞습니다. 저 역시 민의에 기초한 공론을 중시했던 조선의 도덕 정치를 높이 평가합니다. 조선 정치 제도의 문제라기보다 병자호란 전후의 조선 조정과 사대부들이 지향한 방향에 문제가 있었다고 봅니다.

사회자 — 오늘날의 가치에서 판단하되, 본받을 점은 본받고 계승해야겠지요.

◆ 토론을 들으며 눈물을 흘리는 최명길과 김상헌 ◆

최명길 — 마치 그 시대로 돌아간 것 같습니다. 남한산성의 차가운 마룻바닥과 연일 계속된 회의, 그리고 불안했던 하루하루가 떠오릅니다. 하루라도 빨리 청의 요구를 들어줬다면, 삼전도의 굴욕을 겪지 않고, 조선 백성들의 피해도 많이 줄었을 것입니다.

김상헌 — 삼전도의 치욕을 겪은 그날이 떠오른다네. 자네의 주장대로 청과 화의를 맺고 군신의 예를 갖췄지만, 조선은 이후 끝내 굴복하지 않고 명에 대한 의리를 지키며 소중화의식을 가졌지. 이런 조선이 자랑스럽다네.

최명길 —— 어르신도 알다시피 저는 청을 속인 죄목으로 청 감옥에 갇히지요. 저 역시 청이 좋다는 건 아닙니다. 다만, 외교적으로 현실을 중시하자는 것이지요.

주제 3
병자호란 이후 북벌운동의 의미는 무엇인가

사회자 —— 병자호란은 세계사적으로 전환의 시기입니다. 명·청이 교체되고, 유럽은 대항해 시대 이후 대외적으로 팽창하던 시기였습니다. 일본 역시 에도막부 수립의 새로운 길을 걷고 있었습니다. 그렇다면 조선은 병자호란 이후 어떠한 길을 걸었는지 논의해 봅시다.

나현실 —— 병자호란 이후 대의명분론은 오히려 강화되었습니다. 이제 조선 사대부들에게 명은 신앙이 되었습니다. 반대로 청은 오랑캐라고 계속 무시했습니다. 심양에 끌려갔던 소현세자는 서양의 과학과 문화를 접하고 새로운 세계에 눈을 떴습니다. 농장을 경영해 무역으로 벌어들인 돈으로 끌려온 조선인들을 풀어 주고, 청 황실과 돈독한 관계를 유지했지요. 그는 새로운 조선을 꿈꾸며 청을 배우고자 했습니다. 하지만 그리던 고국으로 돌아온 지 2개월여 만에 의문사를 합니다. 왕위는 함께 심양에 끌려간 봉림대군이 잇습니다. 효종이지요. 효종은 소현세자와 반대의 길, 청인 북을 정벌하자는 북벌 운동을 전개합니다. 부모의 나라인 명의 원수를 갚아야 한다는 명분이었지요. 하지만 청은 명을 멸망시킨 후 인구가 늘고 군사력이 최고에 달했습니다. 강희, 옹정, 건륭제에 이르는 동안 청은 중국 역사상 가장 넓은 영토를 차지했습니다. 명의 세 배입니다. 조선의 북벌은 현실성이 없는, 안보와 국방을 강조하면서 정권의 안정을 도모한 것에 불과했습니다. 소현세자의 주장대로 청을 배우고 새로운 세계를 수용했더라면 다른 근대를 맞이했을 것입니다.

정명분 —— 북벌운동을 정권 안정용으로만 이해하고 계시는군요. 비록 군신관계를 맺었어도 원하지 않은 관계였습니다. 조선의 백성과 왕족이 끌려가고, 임금이 치욕을 겪었다면 복수심과 적개심이 불타오르는 것은 당연한 감정 아닐까요? 다시 한번 강조하자면 전쟁은 청이 일으켰고, 조선은 피해자입니다. 피해자로서 가해 국가인 청에게 정신적으로 굴복할 수는 없었을 것입니다. 비록 현실적인 힘은 약하다 할지라도 자주적으로 국력을 회복하려는 노력은 필요했다고 봅니다. 외세에 굴하지 않는 우리 민족의 정신이 발휘된 것이지요. 저역시 명에 대한 지나친 사대주의는 오늘날 관점에서는 비판의 소지가 있다고 봅니다. 하지만 성리학적 가치관 속에서 효, 충, 그리고 큰나라인 명에 대한 사대주의는 당시의 지배 이념이자 윤리였습니다. 또 효종은 북벌을 위해 군대를 정비하고 무기를 수리했습니다. 효종의 조총 부대는 청이 인정할 정도로 뛰어났지요. 오히려 신하들이 북벌을 반대할 정도로 효종은 북벌에 진심이었습니다. 비록 청을 공격하지는 못했지만 과거의 치욕을 잊지 않고 대항하고자 한 정신은 인정해야 합니다.

사회자 — 토론을 들으니 객관적으로 청이 어떤 국가였는지 궁금해집니다. 이 자리에 명청시대 연구자를 한 분 모셨습니다. 병자호란 전후의 청에 대해 알아보죠.

청교수 — 네, 반갑습니다. 병자호란은 중국, 특히 명청시대사에서 매우 중요한 전쟁입니다. 사실 16세기까지만 해도 명나라가 국방 정책에서 관심을 가진 대상은 북로남왜北虜南倭라는 말로 상징되듯이, 북쪽 변경의 몽골과 동남연해지역의 왜구였습니다. 16세기 말 한반도에 임진왜란이 일어나자, 중국 동북지역인 만주에 힘의 공백이 생기게 됩니다. 이 틈을 타서 건주여진의 누르하치는 주변의 여진족을 규합하여 강력한 세력으로 성장합니다. 예부터 중국에는 '여진일만, 천하불감당女眞一萬, 天下不堪當'이라는 말이 있었습니다. 여진족 만 명이 뭉치면 천하가 막을 수 없다는 말입니다. 누르하치를 이은 홍타이지는 몽골족까지 복속시키며, 중국 본토를 차지하려는 야심을 숨기지 않습니다. 정묘호란과 병자호란은 본격적인 중국 진출을 위한 사전 작업이었던 것이죠. 병자호란으로부터 불과 8년 뒤인 1644년 산해관山海關을 돌파하여 북경에 입성함으로써 명청 교체가 이루어졌습니다. 명청 교체는 중국뿐만 아니라, 동아시아 전체에 커다란 충격을 줍니다. 중원의 지배자가 중화인 한족에서 오랑캐인 여진족으로 교체된 것이죠.

사회자 — 말씀 감사합니다. 그러면 조선 밖에서의 시선으로 볼 때 조선은 어떤 사회였는지 궁금합니다.

나현실 —— 제가 말씀드리겠습니다. 북벌이 한창이던 효종 집권기 네덜란드인 하멜[15]이 조선에 표류하고 기록을 남겼습니다. 재미있는 내용이 많은데 하멜의 기록 중 조선과 일본의 대응 부분이 흥미롭습니다. 조선은 하멜 일행을 보고 노래를 불러 보라, 춤을 춰 보라 등을 요구했습니다. 반면, 일본은 그들 개개인의 나이, 직무 등은 물론이고, 인도양과 동남아시아의 어떤 나라를 거쳐 왔는지, 그리고 그들의 무기와 기술에 대해 상세하게 캐물었습니다. 당시 네덜란드의 선박은 최고의 기술적 산물입니다. 대항해 시대 해상무역을 주도한 시기였지요. 오늘날 우주를 오가는 우주선이라고 할까요? 조선은 최고의 기술자들을 앞에 두고서 다른 세계에 대한 호기심이 없었습니다. 명 멸망 이후 조선이 문화적으로 최고라는 의식 속에 타 문명을 거부했지요. 조선이 좀 더 빨리 다른 세계의 새로운 지식과 문명을 수용했더라면 어땠을까요? 저는 이러한 닫힘이 인조반정과 병자호란 이후 조선 사대부들의 대의명분론 때문이라고 봅니다.

정명분 —— 그럼 나현실 님은 성리학적인 유교관이 문제가 있다고 보시는 겁니까? 그렇다면 병자호란 전후의 문제라기보다 성리학을 지배이념으로 채택한 조선의 시작부터 문제이지 않을까요?

나현실 —— 그렇지는 않습니다. 조선 초에는 국가의 안위를 위해 사대주의를 활용했습니다. 그러나 연산군 이후 반정으로 왕위에 오른 중종은 명에 기대어 부족한 정통성을 메우려 했습니다. 선조와 인조 역시 마찬가지였지요. 유교와 사대주의가 결합하여 유교적 질서가 조

1653년 8월 16일 하멜과 일행 64명을 태우고 타이완에서 일본 나가사키로 향하던 범선 스페르베르호가 풍랑을 만나 난파, 제주도에 표류하게 된다. 하멜을 포함한 64명의 선원을 만난 효종은 이들에게 되돌아갈 수 없음을 선언하고 조선에 머물게 했다. 16년간 억류되어 있던 하멜 일행은 일본을 거쳐 네덜란드로 돌아갔다. 서기였던 하멜은 표류의 여정을 기록했고, 『하멜표류기』는 조선학의 시초가 되었다.

명관계에 적용되었습니다. 임진왜란을 겪은 선조와 사대부들은 재조지은을 입었다며 예를 취하였고, 이 논리는 조선 사대부들에게 자신의 위치를 공고히 해 주는 장치였지요. 또 새로운 전쟁이 났을 때 사대의 예를 지켜 신하 된 도리를 다하면 중국의 천자가 몸소 나서 구해 주리라 믿기 시작하였습니다. 이렇게 사대주의가 기득권층 이데올로기의 필수 요소가 된 것이죠. 병자호란이 발생하기 직전인 인조 14년(1636) 11월, 윤집尹集은 화의를 청하는 최명길崔鳴吉을 비난하면서, 명 만력제에게서 '밥 먹을 때나 숨 쉴 때나 잊을 수 없는 은혜'를 입었다고 말했죠. 과연 자기의 백성들에게도 은혜를 베풀지 않았던 중국의 황제가 우리나라의 '풀 한 포기, 나무 한 그루, 백성들의 털 하나, 머리카락 한 올'에까지 은혜를 베풀 수 있었을까요? 병자호란에서 항복한 이후에라도 문제를 인식해야 했지만 오히려 더 심해졌습니다. 정권이 바뀌지 않았기 때문이죠.

정명분 —— 명 멸망 이후 중화를 계승한 유일한 나라라는 조선의 자의식이 과했던 것은 사실입니다. 하지만 조선의 입장에서 변명하자면, 근대로 가는 세기적 전환기에 중세의 가치관을 계속 유지하고자 했던 것 같습니다.

청교수 —— 좋은 지적입니다. 병자호란 전후 근대로의 전환이 시작되고 있었습니다. 전환기가 아닌 시대였다면, 양란을 겪지 않았더라면 안정적으로 성리학적인 도덕 정치를 실시했을 수도 있었을 것입니다. 현실은 전쟁이 일어났다는 사실입니다. 그러므로 전쟁이 바꿔 놓은 속도와 변화에 유연하게 대처했어야 한다고 봅니다.

주제 4
북벌에서 북학운동의 의미는 무엇인가

사회자 —— 오늘 토론의 마지막 주제는 북학운동[16]입니다. 조선의 르네상스인 영정조 시대를 거치면서 대외 인식에 변화가 생기지요. 북학운동 성과의 의미를 병자호란과 연관 지어 논의해 봅시다.

나현실 —— 병자호란 이후 대보단으로 상징되는 명 숭배가 계속되었고, 백성들은 가난한 삶을 면치 못했습니다. 삼전도의 치욕에서도 청조의 실체를 인정할 수 없었던 조선의 지식인들은 이른바 '영정조 르네상스' 시대 북경에 다녀오면서 중국의 번영을 직접 목격합니다. 조선과의 현격한 격차에 충격을 받아 청조의 실체를 인정할 수밖에 없게 되었지요. 북학자들은 '성리학만 발달시키면 뭐하냐, 백성들이 가난한데'라는 문제의식을 공유하고 있었습니다.

청교수 —— 박지원과 박제가는 가난을 벗어나기 위해 조선이 배워야 할 청 문물로서 수레와 선박을 강조했습니다. 병자호란 이후 북벌에서 북학운동은 화이개념[17]의 변화로 조선 지식인의 인식 전환이 이뤄졌음을 보여 줍니다. 드디어 성리학적인 질서에서 탈피하여 열린 사회를 지향하게 된 것이죠. 하지만 북학파는 소수의 비주류였습니다. 때문에 그들의 주장은 실현가능성이 적어 조선을 크게 변화시키지는 못했지요. 청과의 관계에서 보면, 건륭 시대의 자신감으로 조선에 대한 압박이 유연해졌습니다. 조선 역시 이러한 분위기 속에서 청에 대한 경직된 태도와 사고 대신 유연함을 가진 게 아닌가 생

16
18세기 후반 홍대용, 박지원, 박제가, 이덕무 등을 중심으로 청조의 실체를 인정하고 그들의 경제적, 문화적 발전을 배우자는 운동이다.

17
조선의 정통 주자학자들은 차별적 화이론을 명·청 교체기에 적용했다. 조선에 은혜를 베푼 중원 한족의 명은 중화로, 조선에 치욕을 안긴 만주 여진족의 청은 오랑캐로 여겼다.

각됩니다. 그리고 북학파들의 글을 보면 이들이 화이개념을 완전히 탈피한 것은 아닙니다. 문장 곳곳에서 청을 오랑캐로 보거나, 무시하는 표현도 발견할 수 있지요. 그럼에도 북학운동은 새로운 시작을 알린 점에서 의미가 있습니다.

정명분 —— 홍대용은 1765년, 박제가는 1778년, 박지원은 1780년 북경을 방문합니다. 건륭제 시절이었죠. 이때의 청은 번영의 정점이자 쇠락으로 접어들던 시기였습니다. 행정체제의 이완, 부정부패의 만연, 인구의 폭발적인 증가에 따른 정치적, 경제적 모순이 심화되고 있었죠. 북학이 조선의 진로를 위한 새로운 선택이었지만, 19세기를 준비하기에는 너무 늦었던 것은 아닐까요?

나현실 —— 북학파 일부는 정조의 신임을 받아 규장각 검서관을 통해 정계에 진출하였지요. 정조의 갑작스러운 죽음으로 세도정치가 전개되면서 북학파의 개혁 의지가 꺾이고 19세기를 맞이합니다. 하지만 박지원의 손자 박규수의 통상개화론과 개화파로 이어지지요. 성리학적 질서에서 벗어나 새로운 조선을 위한 열린 세계를 지향한 북학파를 높이 평가하고 싶습니다.

정명분 —— 북학파의 활동기에 명·청에서 많은 제도와 문물을 배워 간 서구는 이미 근대적 산업국가로 성장하고 있었습니다. 1776년 미국 독립혁명, 1789년 프랑스 혁명이 일어나 신분제가 해체되었지요. 북학파의 이용후생과 상공업 발달 주장은 근대적이었지만, 신분제 개혁에 관한 논의가 없었던 점은 아쉬운 대목입니다. 그리고 북학파 이전에도 비슷한 주장을 한 성리학자들이 있었습니다. 조헌과 유수원입니다. 병자호란 이전 16세기에 북경을 다녀온 조헌은 출신을 따지지 않고 인재를 등용하는 명나라 제도를 본받자고 제안했고, 조선에서도 공·사노비를 양민화해 징병자원을 증대시키자고 주장한 바 있습니다. 어떤 면에서는 북학파보다 더 개혁적이지요. 조헌을 존경했던 박지원, 박제가이지만 그들은 신분제 개혁을 언급하지 않았습니다. 유수원(1694~1755)은 중국의 발달한 제도와 도구를 배우자면서도 우리의 풍속은 지키자고 했습니다. 우리의 언어와 음식, 옷 같은 것들이지요.

나현실 — 그렇군요. 새로운 사실을 알려 주셔서 감사드립니다. 북학파 사상의 장점만 크게 부각된 측면이 있는 것 같습니다. 지적하신 신분제, 개혁의 현실성, 성리학적 질서에 대한 순응 등 단점은 잘 알려지지 않았네요. 비판할 것이 있다면 비판하면서 북학파의 사상을 균형적으로 평가해야 한다고 봅니다.

마무리 발언

사회자 — 이제 토론을 마무리할 때가 됐습니다. 병자호란에서 시작해서 북학까지 긴 토론을 진행했습니다. 국제 관계 속에서 명분과 현실의 선택은 현재진행형입니다. 2, 3백 년 전의 역사적 선택에서 오늘날 우리가 나아갈 방향을 살펴봐야 이 토론의 의미가 있을 것 같습니다. 세 분 마무리 발언 부탁드리겠습니다.

나현실 — 긴 토론을 통해 병자호란이 조선에 어떤 의미였는지를 다각도로 알아보는 시간이었습니다. 무엇보다 세계사적 시각에서 병자호란을 분석한 점이 의미 있었습니다. 병자호란은 조선 조정의 외교적 실책이 분명합니다. 오늘날 우리나라는 강대국 사이에 끼여 있어 그 어느 때보다 현실을 중시한 외교적 선택이 필요하지요. 진부한 예이지만, 고려 서희의 지혜와 융통성을 발휘해야 하겠습니다.

정명분 ── 오늘 토론은 명분과 현실의 사이에서 어떤 선택을 해야 할 것인가의 답을 찾는 과정이었습니다. 솔직히 아직 답을 찾지 못했습니다. 병자호란을 단순히 두 나라의 전쟁이 아닌 동아시아의 대외관계 속에서 살펴본 점과 대외 인식의 변화를 살펴본 점에 의미를 두고 싶습니다. 오늘날 중국과 일본 사이에 놓인 한반도의 정체성을 보며 계속 답을 찾아야 할 것 같습니다.

청교수 ── 병자호란을 전후한 2백여 년간 조선의 대외관계와 인식 변화를 살펴본 시간이었습니다. 삼전도의 굴욕을 겪은 조선의 지식인들과 조정은 1704년 대보단을 세운 후 1884년 일본의 침략이 있기까지 제사를 지냅니다. 무려 180년간입니다. 이는 조선이 과거의 시간에 머물러 있었음을 보여 줍니다. 토론자 분들이 언급했듯이 우리는 강대국에 둘러싸여 있고 분단된 상태입니다. 과거의 냉전과 미래 탈냉전 또는 또 다른 냉전의 시대가 여전히 존재하는 오늘의 현실 속에서 한반도가 나아갈 길을 고민해야겠지요. 병자호란이 던져 준 명분이라는 과거와 현실이라는 미래를 보며 그 '사이'에서 길을 찾아봅시다.

♦ 하늘에서 온 선조들도 다시 하늘로 떠날 준비를 한다 ♦

강홍립 — 조선 역사에서 가장 욕을 많이 먹는 인물이 저이지요. 후손 여러분, 외교적으로 전쟁을 막고 손실을 줄이고자 한 제 노력을 이해해 주십시오.

광해군 — 그저 어머니 묘 옆에 누워 편히 쉬고 싶다네.

최명길 — 전쟁을 막고, 외교적 노력으로 전쟁을 끝냈지만, 조선 선비들은 날 비웃었습니다. 후손들이 인정해 주니 이제야 마음이 놓입니다.

김상헌 — 명이 망해도 끝내 절의를 굽히지 않았습니다. 아! 백대 세월 흐른 뒤에는 사람들이 나의 마음을 알아주기를……

두 개의 신도비

병자호란이 끝나자 청은 조선에 대청황제공덕비(삼전도비)를 세우도록 강요했습니다. 인조는 문장이 뛰어난 몇몇 신하에게 비문을 간청했지만, 이런저런 핑계로 글쓰기를 꺼려했지요. 후세에 치욕이 될 줄 알았기 때문입니다. 결국 이경석이 조정의 안위를 위해 "글을 배운 게 한스럽다"며 그 임무를 맡았습니다. 이 일로 이경석은 송시열을 비롯한 사대부들에게 거친 비난을 받아야 했습니다. 이런 비운은 후손들이 건립한 그의 신도비도 피해 가지 못했지요. 1703년 신도비문을 썼던 박세당은 송시열을 비난했다는 이유로 죽임을 당했습니다. 1754년에 세워진 그의 신도비는 대명의리를 내세운 노론 유생들의 훼손으로 모든 글자가 깎이고 정으로 쪼여 백비(白碑)가 되었으며 심지어 땅에 파묻혀 버렸답니다.

오늘날 이경석의 선택은 재평가받고 있습니다. 1975년 이경석의 신도비가 새롭게 건립되었고, 그 곁에는 온갖 수난을 당했던 옛 신도비가 땅속에서 꺼내어져 나란히 무덤을 지키고 있습니다.

병자호란, 그 시작과 끝,
명분과 현실 사이에서

마무리
하기

1. 명분론과 현실론의 관점을 주제별로 정리해 보세요.

주제	명분론	현실론
친명배금 정책		
병자호란 군사 준비		
북벌운동		
북학운동		
나의 생각 정리		

최초의 버블 경제, 튤립 파동

▲ 17세기 가장 비싼 튤립

출처: Wikipedia

1636년, 병자호란이 일어난 그해 네덜란드에서는 튤립 파동이 일어났습니다. 상업과 금융으로 네덜란드에 부가 집중되면서 전 지역에 은행과 증권거래소가 들어섰습니다. 급기야 유럽 강대국들이 30년 전쟁으로 국력을 낭비할 때 네덜란드는 오히려 독점의 호황을 누렸지요.

엄청나게 불어난 자본, 어디에 투자해야 할까요? 그들이 찾은 투자처는 신비의 꽃 튤립이었습니다. 튤립은 희소 가치와 아름다움에 상류층에게 부의 상징이 되었고, 곧이어 모방 소비가 일어나 튤립 가격이 올랐습니다. 원예업자들은 튤립 구근을 개발하고 팔아서 손쉽게 부자가 되었습니다. 부자가 되고픈 욕망에 농민에서 성직자에 이르기까지 튤립 재배와 판매에 뛰어들었지요.

1637년 2월 5일 갑자기 튤립 가격이 떨어졌습니다. 어느 날 문득 금보다 비싼 튤립을 보면서, '그냥 꽃일 뿐인데……'라고 생각하기 시작한 것입니다. 사람들은 갑자기 튤립을 팔기 시작했고, 뒤늦게 시장에 뛰어든 사람들의 자살이 줄을 이었습니다. 튤립 거품의 후유증으로 네덜란드에는 경제 공황이 찾아왔고, 네덜란드는 영국에게 바다의 패권을 내줘야 했답니다.

· 쟁점 6 ·

고종

— 진보적 계몽군주인가, 망국의 원인 제공자인가

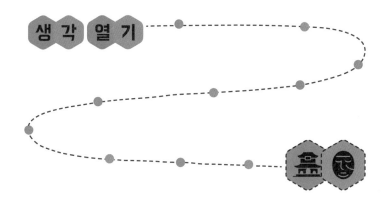

생각 열기

최근 한국 사회에 던져진 화두 중 하나는 일본군 위안부 문제나 강제 징용 배상 문제 등으로 극도로 악화된 한일관계의 회복입니다. 이렇게 한일관계가 나빠진 데는 여러 이유가 있지만 그 근원은 일본의 제국주의적 침략과 반성하지 않는 태도 때문이겠지요. 당장의 문제를 해결하려면 일본의 전향적인 자세를 이끌어 내는 외교적 노력이 필요하지만, 미래를 내다본다면 다시는 이런 역사가 반복되지 않도록 망국에 이르는 우리 역사를 자기 객관화의 자세로 냉철하게 되짚어 보는 것도 중요합니다.

그런데 일본 식민지로 전락하는 역사를 살펴보면 일본의 침략에 대해 비판할 수도 있지만, 또 한편으로는 왜 그들을 막지 못했나 하는 의문이 자연스레 듭니다. 이 질문에 대한 답을 찾기 위해서는 당시 국정을 책임지던 이들, 특히 그 최고 정점에 있던 고종의 행적을 다시 더듬어 보는 것이 중요합니다. 바

▲ 고종 시절 개통된 전차의 개통식

로 이 점이 지금 우리가 다시 고종을 이야기해야 하는 이유입니다.

고종을 들여다볼 수 있는 비밀번호, '44, 517, 2, 3, 4, 44, 36'. 이 숫자는 무엇을 뜻할까요? 재위 기간 44년, 조선 개국 517년에 강제 퇴위, 국외 망명 시도 2번, 친일 개화파 박영효[1]의 쿠데타 음모 3번, 위정척사의 대표이자 고종의 아버지인 흥선대원군이 고종 폐위를 기도한 횟수 4번, 1904년 국가 전체 재정 수입 중 황실 비중 44%, 1863년 런던에서 세계 최초의 지하철이 놓이고 36년 뒤 황실 주도로 개통된 청량리 – 노량진 노선 전차.

고종이 재위했던 44년의 기간은 정치, 경제, 사회, 과학기술 등 모든 부분을 통틀어 거대한 변혁의 시기였고, 그 중심에

박영효朴泳孝, 1861~1939는 급진 개화파로. 1884년 갑신정변을 주도했다. 유대치를 중심으로 김옥균, 홍영식, 서광범 등 개화당 요인들과 결속, 정치적 혁신을 추구했으며, 일본 세력을 이용하여 청나라의 간섭과 러시아의 침투를 방어하고자 했다.

교과서 토론 | 한국사

서 국가와 민족을 이끌며 파란만장한 삶을 살았던 리더가 바로 고종이었습니다. 격동기 고뇌에 찬 군주, 어찌 보면 후대 사람들이 역대 왕 중에서 가장 흥미를 가질 만한 인물이었지만 실상은 반대였지요. 아버지와 아내에 휘둘린, 우유부단하고 무능력한 임금으로 500년이 넘은 문명국가를 망국으로 이끈 장본인이라는 대중적 이미지에 지금껏 갇혀 있습니다.

그런데 학술계에서는 이미 무능력한 고종의 이미지는 벗겨진 지 오래고, 대신 고종의 정치관과 성과를 두고 열띤 논쟁이 펼쳐지고 있습니다. 논쟁의 한쪽 끝에는 식민사관 타파라는 깃발 아래, 고종을 중세 봉건국가에서 과도기적 근대 국민국가로 이끈 절대군주이자 계몽군주로 평가하는 학자들이 있고, 다른 한쪽 끝에는 복고 지향적인 개혁으로 자신의 안위만 챙기려 한 전제군주 고종 때문에 조선은 일본의 침탈과 상관없이 스스로 무너졌다고 평가절하하는 이들이 있습니다. 후자를 대표하는 식민지 근대화론자들은 그래서 진정한 근대화가 식민지 시대에 이뤄졌다고 역설합니다. 어찌 보면 고종을 둘러싼 논쟁은 다음 토론 주제인 식민지 근대화론의 속편, 혹은 확장판으로도 볼 수 있습니다.

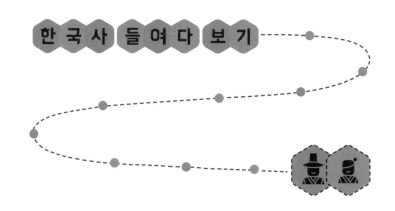

▲ 서양식 양복을 입고 앉아 있는 고종의 모습
출처: Wikipedia

고종이 재위하던 19세기 말, 20세기 초는 제국주의 광풍이 최고조로 치닫던 시기였습니다. 1884년 베를린 회의로 아프리카 분할이 공식화되었고, 동남아시아, 인도, 라틴아메리카 등 세계의 많은 지역이 서구 열강의 식민지로 전락하였습니다. 이제 거의 마지막으로 남다시피 한 중국 침탈을 위해 서구 열강은 각축전을 벌이는 동시에, 세계 곳곳에서 서로 뺏고 뺏기는 식민지 쟁탈전을 치르기 시작했습니다. 한편, 후발 주자 일본은 메이지 유신을 통해 서구식 근대화를 이룩하였고, 류큐 병합, 타이완 침공에 이어 이웃 나라 조선을 삼키기 위한 본격적인 시동을 걸었습니다.

제국주의의 먹구름이 점차 몰려오던 1863년, 500년 전통을 자랑하던 조선에서는 12세의 어린 임금, 고종이 왕위에 올랐습니다. 소년 군주 고종의 치세 초기 10년은 '살아 있는' 왕의 아버지, 흥선대원군이 직접 권력을 쥐고 19세기 내내 조선을 괴롭힌 세도정치, 삼정의 문란, 서원의 병폐 등 각종 시대 모순을 극복해 간 시기였습니다. 흥선대원군의 개혁은 국가 기강을 바로잡고 각종 정치, 경제, 사회제도를 정비하는 데 성공한 듯 보였지만, 그 개혁의 종착역은 조선을 개국 초기 모습으로 돌려놓는 복고였습니다.

1873년 22세의 청년 고종은 아버지를 뒤로하고 직접 정치를 주도하게 됩니다. 밖으로는 운요호 사건[2] 이후 박규수[3]와 더불어 적극적으로 개항을 주도하였고, 안으로는 아버지 사람들로 가득 찬 기존 세력을 견제하며 자신을 보좌할 새 인물로 민씨 세력과 개화파를 키우지요. 그리고 개항 이후에는 보수파의 반대를 물리치고 이들을 중심으로 문호 개방과 개화 정책을 본격적으로 추진합니다.

하지만 모든 것이 고종 뜻대로 흘러가지는 않았습니다. 문호 개방과 개화에 대한 위정척사 세력의 반발은 거듭된 상소와 역모 사건으로 이어졌습니다. 심지어 이 역모에는 고종의 아버지 흥선대원군과 형 이재선까지 연루되어 충격을 주었지요. 특히 1882년 구식 군인들과 하층민들이 일으킨 임오군란은 고종에게 큰 타격을 줍니다. 스스로의 힘으로 사태 수습이 힘들다고 판단한 고종은 흥선대원군에게 전권을 위임하였고, 청군이 개입하고 나서야 한양 거리가 겨우 진정되었습니다.

1875년 9월에 일본 군함인 운요호가 강화도에 침입해 조선군과 일본군이 충돌한 사건이다. 일본은 이 사건을 트집 잡아 조선에 군대를 보냈고, 조선 정부를 무력으로 압박해 강화도 조약을 맺었다.

박규수朴珪壽. 1807~1877는 연암 박지원의 손자로서 영·정조 시대의 실학을 계승하여 19세기 시대적 격랑에 대처하고자 다방면에 걸쳐 남다른 노력을 기울인 인물이다.

▲ 임오군란 시 일본공사관원 기념 촬영(1882년 촬영)

청에 의존한 안정은 혹독한 대가를 치렀습니다. 그동안 조선의 독립적인 내정 운영을 인정하던 청은 국정을 총괄하던 흥선대원군을 강제 납치한 후 조선의 종속을 강화하려 한 이른바 '속방화' 정책을 추진하게 됩니다. 청이 파견한 20대의 젊은 군인 위안 스카이의 내정 감독 아래 조선과 고종은 자주성을 점차 잃어 갔습니다. 바로 2년 뒤에 일어난 갑신정변은 청으로부터의 독립을 외친 소수의 젊은 개화파가 새로운 근대 자주 국가를 만들고자 한 시도였지만, 또다시 청의 군사 개입으로 실패하며 청에 대한 종속은 더욱 강해질 수밖에 없었습니다. 이런 상황에서 벗어나기 위해 고종이 계획한 인아거청引俄拒淸, 즉

▲ 조선 경성 오토리 공사의 대원군 호위. 1894년 음력 6월, 조선의 철병 요구를 거부한 일본은 흥선대원군을 앞세워 무력으로 경복궁을 점령하였다. 그림 속 오른쪽 말에 탄 갓 쓴 인물이 흥선대원군이다.

출처: 민족문제연구소

러시아를 끌어들여 청을 견제하려는 조·러 비밀조약 추진 역시 거문도 사건과 청의 반발로 수포로 돌아갔습니다.

그런데 1894년 상황의 반전이 일어납니다. 그간 쌓였던 부정부패 및 불합리한 조세제도와 같은 내부적 모순에 대한 농민의 불만이 새로운 평등 세상을 꿈꾸던 동학과 만나 동학농민운동으로 폭발한 것이죠. 농민들은 새로운 조선을 꿈꾸며 무기를 들었지만, 이들의 봉기는 뜻밖에도 청과 일본의 군사 개입을 불러왔습니다. 시종일관 조선을 노리던 일본은 이를 좋은 기회라 판단하였습니다. 대한 해협을 건넌 일본은 경복궁을 무력 점령한 후 새 정부 구성과 내정 개혁을 고종에게 강요하였고,

갑오개혁은 신분제 폐지와 같은 체제를 뒤흔든 사회 개혁뿐만 아니라 내각제 수립, 정부 업무와 왕실 업무의 분리, 은 본위제, 조세 금납화 등 근대 국가 체제를 지향한 제도 개혁까지 포함하여 그 의미가 크다.

바로 며칠 뒤 청군을 기습공격하며 청일전쟁을 시작하였습니다. 이렇게 전쟁의 소란 속에서 갑오개혁⁴이 시작되었고, 짧은 기간 동안 수백 건의 개혁안이 통과되었습니다. 하지만 고종과 보수 세력에 더해 왕권 중심의 근대화 개혁을 주장하던 진보적 인사들마저 일본의 강압과 국왕권 축소 등의 조치에 크게 반발하여 정국은 여전히 불안정하였습니다.

궁지에 몰린 고종은 청일전쟁 후 삼국간섭으로 일본의 입지가 줄어든 틈을 타 러시아를 이용해 세력 회복을 꾀하였습니다. 하지만 가만히 있을 일본이 아니었지요. 위기를 느낀 일본은 명성황후 시해사건이라는 극단적 수단을 동원해 다시금 조선에 친일정부를 세우고 세력을 회복했습니다. 이에 고종은 러시아 공사관으로 몸을 옮겨(아관파천) 다시금 이 상황을 뒤집고 극적으로 왕권을 회복하는 데 성공합니다.

이어 고종은 한반도와 만주를 둘러싼 러시아, 일본 그리고 서구 열강의 세력 균형을 이용하여 독자적인 생존 전략을 구상합니다. 바로 만국공법에 의거한 대한제국 선포와 칭제건원이었죠. 국제 무대에서 한국의 위상을 공인받는 동시에 장차 서구 열강의 세력 균형과 상호 견제라는 국제 정세를 이용한 중립국 선포라는 큰 그림까지 그린 셈입니다. 국내 정치면에서는 친정 이후 이 시기에 이르기까지 외세와 보수, 개화 세력을 막론하고 시도된 수많은 쿠데타 기도를 모두 이겨 내고 자기 자리를 굳건히 지켰고, 자신에게 도전할 만한 정치, 사회 세력이

더는 존재하지 않았다는 점도 대한제국 선포의 중요한 배경이
라 할 수 있습니다.

1897년, 칭제건원과 대한제국 수립을 대내외적으로 공포
한 후 고종은 어떤 안팎의 간섭도 없이 독자적인 개혁을 추진
합니다. 이른바 광무개혁의 시작입니다. 외부의 압력 없이 오
롯이 고종의 의지에 따라 추진되었다는 점과 식민지가 되기 직
전 시기라는 점 때문에 고종에 대한 평가는 바로 이 시기에 집
중됩니다. 어쨌든 이 개혁은 1904년 일본의 러·일전쟁 승리와
1905년 을사조약 강제 체결로 중단되었고 일본의 국권 침탈
이 본격화됩니다. 이 과정이 모두 끝난 1910년 8월 29일은 곧
35년 이민족 지배의 시작일이었습니다.

이렇게 식민지 시기 직전의 역사를 바라보며 우리가 고종
에게 물어야 할 책임은 무엇이고, 앞으로 미래를 준비하기 위
해 어떤 교훈을 얻어야 할까요? 국가의 존망이 걸린 순간 고종
의 개혁은 어디로 향했을까요? 독자적인 근대화였을까요, 아니
면 과거로의 회귀였을까요? 일본의 침략이 없었더라면 광무개
혁이 성공하여 동아시아 유일의 중립국으로 번성했을까요? 아
니면 스스로의 힘으로 역사를 발전시키지 못한 채 저절로 무너
졌을까요? 꼬리에 꼬리를 무는 질문에 대한 답을 이번 토론에
서 찾아보도록 하겠습니다.

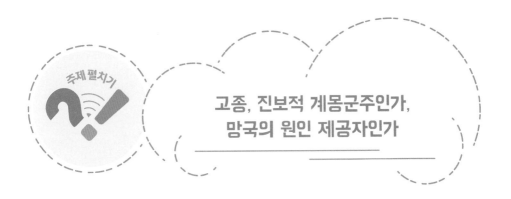

고종, 진보적 계몽군주인가, 망국의 원인 제공자인가

1863~1907년, 고종 치세 44년. 이 시기는 우리 역사상 한 번도 경험해 보지 못한 거대한 변혁기이자 전통 사회에서 벗어나 우리가 보고 듣는 지금 이 세계로 넘어가는 출발선이었다. 전통이라는 질긴 닻줄을 끊고 제국주의 폭풍우가 휘몰아치는 근대 세계라는 바다로 나가야 하는 출항 선상에서 선장 고종은 어디를 향해 배를 몰아야 했을까? 그리고 배에 탄 이들에게는 어떤 리더십을 보여야 했을까?

문제는 고종의 치세가 일본의 국권 침탈과 자신의 몰락, 그리고 급기야 대한제국의 식민지화로 이어졌다는 점이다. 이 때문에 고종에 대한 평가는 곧 그가 추진한 광무개혁의 지향점과 성과, 일본의 침탈 문제 등과 서로 맞물려 있다. 고종이 주도한 광무개혁의 성과를 인정하고 일본의 침탈을 강조하는 입장에서는 고종을 근대화를 이끈 계몽군주로 평가하는 반면에, 고종과 대한제국 시기 개혁의 복고적인 성격을 강조하는 측에서는 일본의 침략이 없었더라도 나라는 이미 기울대로 기운 상태였기에 고종을 망국의 원인 제공자로 규정하며 대립의 날을 세우고 있다.

이번 모던채널 '역사집중' 시간에는 고종을 둘러싼 논쟁에서 나아가 현재의 국내외 현안 문제 해결을 위해 당시 상황을 되돌아보는 시간을 갖고자 한다.

사회자 — 모던채널 라디오 청취자 여러분 반갑습니다. 여러분의 출근길을 책임지는 역사집중 시간입니다. 오늘 이 시간에는 '고종, 진보적 계몽군주인가? 망국의 원인 제공자인가?'라는 주제로 토론을 진행하겠습니다. 이 토론을 맡아 주실 세 분의 전문가를 소개하겠습니다. STARDROP 연구소에서 한국 경제사를 연구하신 이도학 선생님, 집옥재 연구소의 김민국 선생님과 오계몽 선생님입니다. 반갑습니다.

김민국 — 안녕하십니까? 지난 한국 역사학계는 일제 강점기 때 만들어진 식민사학을 무비판적으로 계승한 부분이 많았습니다. 그 대표적인 예가 바로 고종에 대한 평가입니다. 일제는 식민 지배를 정당화하기 위해 고종과 대한제국을 깎아내려 고종 암군설을 지어냈고, 이것이 그대로 굳어져 해방 이후에도 계속된 것이지요. 식민사관을 벗겨내고 진실로 바라본 고종은 무능력한 군주가 아니라 과거의 전통과 서구 근대라는 새것을 절충하여 미래를 준비하고, 책임감 있게 나라와 국민을 지키고자 했던 계몽군주, 절대군주라 할 수 있습니다.

이도학 — 역사가는 이성과 논리를 무기로 철저하게 사실을 있는 그대로 봐야 하는데 지금의 역사학계는 친일, 반일이라는 이분법적 사고 아래 이성적 판단보다는 일본을 절대 악으로 설정한 반일 종족주의[5]의 시각으로만 고종을 바라보고 있습니다. 근대화란 이념적으로 자유와 평등을 지향하고, 정치적으로는 민권을 보호하여 국민의 참정권을 보장하는 한편, 경제적으로는 근대 산업의 발달과 이를 진작시킬 제도의 마련을 의미하는데, 고종은 이 중 하나도 제대로 한 것이 없습니다. 그나마 관심을 가졌던 개혁은 모두 복고적인 왕권 유지에만 초점을 맞춰 국가 생존을 위한 부국강병에 실패하였습니다. 그러니 고종을 망국의 원인 제공자라 불러도 전혀 어색하지 않습니다.

오계몽 ── 벌써부터 두 분 사이의 긴장감 탓에 스튜디오가 추워지네요. 어찌 역사를 결과나 성과로만 평가할 수 있겠습니까? 고종의 통치가 망국으로 끝났고, 그 과정에서 보였던 한계도 명확합니다. 하지만 나라를 지키고 새 시대로 나아가고자 했던 의지와 노력, 과정 등은 긍정적으로 평가해야 합니다. 또 고종의 통치기는 망국으로 끝났지만, 장기적 관점에서 보면 망국의 원인만이 아니라 경제 성장의 원동력과 일제에 대한 투쟁의 원동력이 섞여 있는 시대라 할 수도 있습니다.

주제 1
개혁의 지향점, 근대로의 진보인가, 과거로의 회귀인가

사회자 ── 세 분 선생님. 이제 시작인데 벌써 열기가 뜨겁군요. 오늘 토

2019년 발간된 같은 이름의 책에서 제시된 개념이다. 기존 역사학계와 대중사회가 일본과 일제 식민지 시대를 객관적 사실이 아닌 민족적 감정으로만 접근하여 친일은 악이고, 일본을 악의 종족으로 여기는 종족주의를 이렇게 칭하였다. 이에 대해 격렬한 찬반 논쟁이 현재 진행 중이다.

론은 먼저, 고종이 추구한 이상, 다음으로 대한제국의 정치 체제와 민권, 마지막으로 광무개혁의 경제적 성과 순으로 진행하겠습니다. 먼저, 이도학 선생님부터 말씀 부탁드립니다.

이도학 —— 고종은 전통 성리학 질서로의 회귀를 지향한 복고적 도학군주입니다. 즉위 초 경연에서 배웠던 공부와 친정 이후 그가 남긴 글과 행적만 봐도 이를 증명하는 건 그리 어렵지 않습니다. 예를 들어, 1902년 기로소[6]에서 고종은 "백성을 교화하는 길로서 노인을 공경하는 것보다 좋은 것이 없다"라고 했죠. 1902년은 러·일 간 전쟁의 기운이 고조되며 나라의 운명이 백척간두에 섰던 때인데, 고종은 한가로이 노인 공경을 읊으며 나라의 평안을 논하고 있습니다. 이렇듯 고종은 성리학적 사회 윤리를 추구하며 새로운 근대가 아닌 과거로 돌아가길 원했던 복고적 도학군주였습니다.

6
조선 시대에 나이 많은 문신을 예우하기 위해 설치한 기구로, 주로 임금이 나이 많은 문신과 함께 어울려 연회를 즐기고 그들에게 선물을 하사하였다.

김민국 —— 고종의 글을 일부만 보신 것은 아닌지요? 친정 초기 남긴 여러 글에서 고종은 과거 정조가 말한 민국이념과 군민일체사상을 정치적 이상향으로 제시하였습니다. 이 두 이념은 군주-민-국가를 일체로 상정하여 양반 기득권을 부정하고 평등을 지향한, 다른 국가에서는 보기 힘든 새로운 유형의 근대지향적 정치사상이라 할 수 있죠. 이런 이상을 구체적으로 실현시킨 것이 갑오개혁보다 8년 앞선 1886년 노비 세습제 폐지였고요. 마찬가지로 고종은 능력만 있으면 상인, 서자, 무관 등 출신을 따지지 않고 누구든 고위직에 임명했는데, 그 대표적인 인물이 함경도 무반 출신으로 대한제국 시기 고종의 최측근에서 재정 운영을 담당했던 이용익이었습니다. 그만큼 평등 지향적인 근대 국민 국가를 꿈꿨던 이가 다름 아닌 고종이 었습니다.

오계몽 — 군민일체사상은 고종 친정 초기에 제기되었을 뿐, 그 이후에는 잘 보이지 않습니다. 김민국 선생님의 주장은 과잉 해석이 아닌가 생각됩니다. 물론 고종이 한계는 있지만 근대화를 지향한 진보적인 계몽군주라는 데는 동의합니다. 개혁의 실제 내용이나 결과도 중요하지만 근대화로의 지향점이나 개혁 의지, 노력도 중요한 판단 기준이 되어야 합니다. 이 잣대로 본다면 고종은 선택의 순간 진보적 판단과 결단력 있는 리더십을 보이며 과거가 아닌 근대라는 새 시대를 지향하는 모습을 충분히 보였습니다.

사회자 — 어떤 점에서 그렇지요?

오계몽 — 박규수와 개화파를 중용하여 시의적절하게 개항[7]과 개화 정책을 주도한 점, 이 과정에서 보수 세력의 거센 반대에도 불구하고 극소수 개화 세력의 방패가 되어 뚝심 있게 개혁을 밀어붙인 점, 양무서를 탐독하고 서양인 선교사 및 고문과 꾸준히 교류하여 서양 문물 수용에 항상 적극적이었던 점 등을 근거로 들 수 있습니다.

이도학 — 두 분 말씀을 받아들이기 힘드네요. 민국이념이라는 평등을 지향한 새로운 근대 사상을 제시했다? 개화 정책을 주도적으로 추진한 계몽군주다? 글쎄요. 다음 주제이기는 하지만 고종이 근대 의회 설립, 민권 보호, 국민 참정권 부여, 재정 제도의 합리화 같은 서구 근대사회에 보이는 각종 조치를 어느 하나라도 취했다는 얘기를 들어 본 적이 없습니다. 그런 그를 어떻게 근대지향적 인물이라 평

예전에는 개항 과정에 대해 운요호 사건으로 수동적으로 개항했다는 주장이 많았으나, 최근에는 고종이 박규수와 함께 먼저 개항을 결정하고 발 빠르게 능동적으로 당시 상황에 대처, 개항 과정을 주도했다는 주장이 설득력을 얻고 있다. 목포와 군산 개항 과정이 고종의 칙령에 의해 진행되었다는 점도 주목받고 있다.

할 수 있을까요?

오계몽 —— 아닙니다. 역사를 딱 끊어서 그런 모습이 있다, 없다로만 어떻게 재단할 수 있겠습니까? 이도학 선생님께서 말씀하신 그런 근대적 제도가 실제로 실행되지는 않았지만 적어도 근대화라는 큰 방향을 염두에 두고 차근차근 준비해 가고 있었던 것은 사실입니다.

김민국 —— 네, 맞습니다. 다만, 그 노력이 결실을 보지 못한 채 일본의 침략으로 좌절되었다는 게 아쉬울 따름이지요.

이도학 —— 두 분이 사제지간이라고 하더니, 저 혼자 두 분을 상대해야할 것 같군요. 고종이 성리학적 도학군주라는 또 다른 증거는 외교 정책에서도 찾을 수 있습니다. 고종은 아직 성리학적 소중화론에서 헤어나지 못한 채 전통 관념으로만 세계를 바라보았죠. 명에 대한 대보단 제사나 '한—당—송—명'으로 이어지는 중화 황통을 우리가 계승한다는 것을 내세운 대한제국 선포식 등을 보면 고종의 복고적 지향점을 확실히 알 수 있습니다.

김민국 —— 전통을 중시한다고 무조건 부정적으로 얘기할 수는 없습니다. 서양의 르네상스처럼 과거를 부활시켜 새로운 것을 창조해 낼수도 있으니까요.

이도학 —— 단순히 전통 관념을 따른다는 것뿐 아니라 이로 인해 국제 정세 이해도 시대착오적이고 외세에 의존적인 것 역시 큰 문제였지요. 임오군란과 동학농민운동 때는 청을 불러들여 청의 속방화 정책을 자초했고, 아관파천으로 러시아와 일본 사이의 갈등을 부추긴 면도 있죠. 또 러·일 간 전쟁 위기가 고조되자 적십자, 만국평화회의 등의 국제기구와 미국에 끝까지 매달렸는데, 이것도 당시 완전한 판단 착오였지요. 당시 러시아 견제를 위해 일본을 활용하려던 미국의 의중이나 강대국들의 이해관계를 대변하던 국제기구의 허상을 똑바로 읽지 못한 처사였습니다. 망국의 순간까지도 당시 국제 정세를 똑바로 읽지 못한 채 나라의 운명을 강대국 손에만 맡기려 한, 말 그대로 우물 안 개구리였죠.

김민국 ── 국가 존망의 상황에 강대국이든 뭐든 지푸라기라도 잡고 싶은 게 당연한 일 아닐까요? 같은 논리라면 미국과 공조 중인 현대 한국의 안보 체계에 대해서는 뭐라 하실 겁니까? 그리고 헤이그 만국평화회의와 미국, 독일, 러시아 등에 끊임없이 밀사를 보내고 적십자에 가입한 점도 대외 정세를 잘못 이해한 것이 아니라 국가와 국민을 지키기 위한 황제로서의 책임감을 보여 준 사례라고 보는 것이 더 합당합니다.

오계몽 ── 저 역시 비슷한 생각입니다. 현재의 우리는 영일동맹이나 가쓰라–태프트 밀약 등 당시 강대국들의 움직임을 파악하고 있지만, 당시 대부분의 외교는 비밀주의가 원칙이었습니다. 이 점을 절대 간과해서는 안 됩니다. 제국익문사[8]라는 황제 직속 비밀 정보기구의 창설은 비밀주의 외교를 극복하기 위한 자구책이라 할 수 있죠. 오히려 일찍부터 만국공법을 받아들여 보수파의 반대를 무릅쓰고 강화도 조약을 주도적으로 밀어붙인 점이나, 국가 존립을 위해 만국공법과 벨기에의 중립화 사례 등을 근거로 대한제국 중립화를 추진한 점이야말로 고종이 성리학적 사대주의가 아닌 근대화를 지향한 계

비교적 최근에 정체가 알려진 황제 직속의 정보 기구이다. 일본을 비롯한 열강에 대한 정보 수집이 주요 업무였지만 이 외에 언론 탄압, 국민 감시 등의 기능도 같이 수행하였다.

몽군주라는 확실한 증거라 생각됩니다.

주제 2
군주권과 민권의 관계, 누구를 위한 개혁인가

사회자 — 고종이 추구한 지향점이라는 첫 주제부터 팽팽한 의견 차이를 보여 주시네요. 이번에는 이를 좀 더 구체화시켜 고종과 대한제국의 정치 체제와 민권 문제에 대해 심도 깊은 얘기를 나눠 보도록 하겠습니다.

이도학 — 이번에도 제가 먼저 얘기하겠습니다. 우리보다 먼저 근대화를 이룩한 서구의 정치 발전을 보면 자본주의적 경제 발달에 앞서, 또는 산업화와 동시에 국민 국가를 형성하는 것이 큰 흐름이었습니다. 국민 국가란 군주에 의한 자의적인 과세와 인신구속을 막기 위해 법에 의한 통치 체제를 구축하고 시민의 정치 참여를 보장함으로써 근대화 개혁에 대한 시민들의 동참을 끌어내는 것을 특징으로 꼽을 수 있죠. 이에 비해 시민을 여전히 전근대적인 통치대상자 '신민'으로 간주한 도학군주 고종은 그들의 정치 참여를 철저히 막고, 국가 운영을 위한 과세 대상으로만 보았죠. 특히 독립협회, 진보회 등의 민권운동에 대해 탄압이라는 일관된 자세를 보였죠. 어떻게 보면 일제 식민통치의 가장 큰 문제는 우리 스스로 왕정을 극복할 기회를 박탈한 것이라 할 수 있습니다.

김민국 — 이것 보세요. 이도학 선생님께서는 중추원 관제도 안 보셨나요? 비록 완전한 형태는 아니지만 중추원 구성원의 절반을 시민사회의 대표라 할 만한 독립협회 회원으로 구성하여 법령과 칙령의 제정, 심의에 관여하도록 한 것이 바로 선생님께서 말씀하신 정치적 근대화로 발전하는 모습입니다.

오계몽 ── 잠시만요. 김민국 선생님. 사실관계는 짚고 넘어가야겠습니다. 중추원 관제 내용에 대한 건 맞지만, 고종은 중추원 관제 발표 직후 일련의 정치적 갈등 속에서 중추원 관제를 무력화시키죠. 그리고 이듬해 군주권의 무한한 절대성을 규정한 대한국 국제를 반포하였습니다. 그건 그렇고, 이 논의에서 제가 정말로 지적하고 싶은 건 이도학 선생님께서 서양식 근대화 노선을 지나치게 절대시하고 있다는 점입니다. 굳이 서양식 근대화 노선이 우리의 모델이 될 필요가 있나요? 왕정 폐지가 곧 근대 국민 국가 형성으로 이어진 사례는 극소수이고, 의회와 군주의 권력관계 역시 매우 다양합니다. 왕정 자체가 그 사회의 후진성이나 정체성을 의미한다고는 할 수 없습니다.

이도학 ── 대한국 국제, 말씀 잘 꺼내셨습니다. 민권 보호나 참정권 부여 문제는 근대화 개혁을 실행할 시민 세력 성장의 전제 조건입니다. 하지만 대한국 국제 반포로 국가의 모든 권한을 황제에게 집중시켜 민권을 철저히 외면하고, 국민을 수탈 대상으로만 여김으로써 근대 국민 국가 형성에 실패했습니다. 한 예로, 1903년 정부는 징병제 도입 논의를 하게 되는데, 권리와 의무는 동전의 양면과도 같습니다. 그런데 국민에게 병역 의무는 부과하면서 참정권 논의는 전혀 없는, 즉 의무만 있고 권리는 주지 않는, 이런 말도 안 되는 모순적인 행태를 보였죠.

김민국 — 그러면 일본은요? 일본의 징병제는 1873년 제도화되었고, 민선 의원 설립을 주장한 자유 민권 운동은 그 후에 본격화됩니다. 당연히 의회 설립, 참정권 부여 등이 실현된 것은 훨씬 더 이후의 일이고요. 대한국 국제를 언급하셨는데, 거기에 대해서는 제가 두 가지 말씀을 드리고 싶습니다. 첫째는 조선이라는 국가는 유교 국가를 표방하고 있지만 실제로는 법치주의 전통이 상당히 강합니다. 하지만 그런 전통에도 불구하고 군주권이 법으로 규정된 적은 없지요. 이런 상황에서 고종은 대한국 국제를 반포함으로써 과거의 법치적 전통을 계승하여 사상 처음으로 군주권을 법으로 규정하였습니다. 즉, 군주의 인격적인 지배가 아닌 법 체제에 의한 지배권을 규정하여 근대적 법치주의로 발전시켰다는 데 의의를 둘 수 있지요. 다음으로 후발 국가로서 선진제국주의 국가와 경쟁하기 위해서는 강력한 절대권력을 토대로 한 효율적 근대화 개혁이 필수였습니다. 이런 이유로 황제에게 권력을 집중한 것은 당시 시대적 요구였다 할 수 있습니다.

오계몽 — 김민국 선생님, 언뜻 이해가 되기도 하지만, 또 어떻게 보면 무척 위험해 보이는 발언 같습니다. 후발 국가에서 국왕 또는 특정 정치세력이 개혁과 개발을 주도하는 경우는 흔한 일이지만, 경위원[9]에 의한 언론 탄압과 시민 감시 같은 어두운 면도 지적해야 합니다. 개혁만 하면 민권 탄압은 괜찮다는 논리는 좀 문제가 있는 듯합니다.

9
궁내부 소속의 경찰기구. 기본 임무는 치안유지와 같은 일반적인 경찰 업무였으나, 일본 망명 정객과 그와 관련된 국내 정치 세력 감시, 언론 탄압, 잡세 징수 등에 주력하였다.

김민국 ─ 네, 그런 점도 없지 않지만, 고종이 위로부터의 개혁을 추진하려 했다는 사실을 다시 한번 강조하고 싶습니다.

오계몽 ─ 그게 다가 아니었습니다. 정국 운영 과정에서도 문제점이 많이 나타났습니다. 황제의 독단적인 결정과 칙령에 의해 주요 정책이 결정되다 보니 여러 정부 기구는 유명무실한 존재로 전락했지요. 또 돌려막기처럼 극소수 근왕세력만으로 개혁을 주도하였는데, 고종은 이들마저도 완전히 믿지 못해 충성경쟁을 유발함으로써 정부 효율성을 악화시키고 통일된 개혁 세력 형성에도 실패하였습니다. 국가 존망의 순간 정부 내에서 단결된 저항이 나오지 않은 이유도 바로 여기에 있습니다.

이도학 ─ 맞는 말씀입니다. 덧붙여 국왕의 측근이라는 자들이 그리 썩 훌륭한 역량을 보여 주지 못한 인물이라는 것도 지적해야 합니다. 당시 주한 미국 공사 알렌이 "자기 이익을 위해서만 행동하고 한국의 국익이나 합의에 대해서는 전혀 신경 쓰지 않는 사람이다"라고 혹평을 한 이가 바로 고종이 가장 총애했던 내장원경 이용익이었죠.

김민국 ─ 제가 고종을 위해 한마디 변론을 하겠습니다. 명성황후 시해 사건과 김홍륙 독차 사건, 안경수 역모 사건, 박영효의 쿠데타 기도 등등. 만약 여러분이 몇 년 사이에 이런 일들을 연달아 겪었다면? 아관파천 당시 고종은 생명의 위협 속에 통조림 식사와 밤에 업무를 보고 오전에 잠드는 비정상적인 생활로 연명했다고 하죠. 그런 그가 누구를 믿을 수 있었을까요? 특히 박영효, 안경수, 김홍륙[10] 모두 한때는 고종이 믿고 아꼈던 이들이었습니다. 게다가 당시 관료 대부분

안경수는 대표적인 근왕파 인물로, 고종을 미국 공사관으로 피신시키고자 시도한 춘생문 사건을 주도하였고, 독립협회 초대 회장을 역임하기도 하였다. 이후 이준용(고종의 조카)의 역모에 연루되어 사형에 처해졌다.
김홍륙은 천민 출신의 러시아어 역관으로 안경수와 더불어 춘생문 사건을 주도하였다. 이후 한러 간의 협력을 이끌며 고종의 총애를 받았다. 이후 개인적 부정이 탄로나자 고종이 즐겨 마시던 커피에 독약을 넣어 살해하고자 한 독차 사건을 일으켜 참수형을 당했다.

이 외세와 연결되어 자신의 안위나 살피고 있던 것도 사실이고요. 이런 상황에서 소수의 근왕세력을 중심으로 정국을 운영한 것은 어쩌면 필연적인 결과라 할 수 있습니다.

오계몽 — 김민국 선생님 말씀을 들으니 역사의 근원적 성격에 대해 다시 생각해 보게 되네요. 현재의 우리는 고종과 대한제국이 이후에 어떻게 되는지, 당시 국내외 정세 같은 그 뒷이야기를 알고 있기 때문에, 그러니까 다소 전지적 시점에서 상황을 보고 있어서 이런 논쟁을 하고 있는 게 아닐까요. 그 시대를 살고 있던 사람들은 제한된 정보 속에서 미래나 결과를 알지 못한 채 각자 자신의 자리에서 나름 최선을 다하고 있던 게 아닐지. 좀 뜬금없지만 약간 감성적인 생각을 해 봤습니다.

사회자 — 여기서 잠깐 지금 논의에서 짚어 봐야 하는 게 하나 있는데. 민권에 대한 고종의 생각도 알 필요가 있겠지만, 당시 국민 참정권을 바라보는 사회적 분위기도 중요하지 않을까요?

김민국 — 앞에서 말씀드렸듯이 고종은 중추원 관제를 수용하였고, 독립협회와 일련의 갈등이 없었더라면 이를 그대로 법제화했을 가능성도 있었습니다.

오계몽 — 선생님, 그건 막연한 추론이나 추정이 아닌지요? 정치적 근대화 과정에서 민권과 참정권 논의는 매우 중요한데, 당시 대다수 지식인과 정치 엘리트는 국권 수호의 방편으로 민권 보호를 포함한 문명화를 주장하였습니다. 다만, 당시 많은 이가 사유재산권 보호, 자의적 인신구속 금지 등을 외쳤지만, 참정권에 있어서는 아직 국민의 정치적 역량이 성숙하지 않았다는 이유로 정치 엘리트 대부분이 당장의 참정권 부여는 반대하였습니다. 그래서 독립협회도 중추원을 협회원이 참여하는 상원으로 상정하면서도 민이 직접 참여하는 하원 설치에는 반대했지요. 이런 상황에서 주목해야 하는 것은 비록 완성되지는 못했지만 고종이 1895년 교육입국조서에서 출발하여 소학교, 중학교, 대학교로 이어지는 국민 교육, 보편 교육의 장기 로드맵을 구상하고 있었다는 점입니다. 아시다시피 교육은 정치적 역량 강화의 기본 전제라 할 수 있죠.

이도학 —— 선생님, 대한제국 시기는 황제가 국민과 언론을 감시하고 통제하던 전제정치 시대였습니다. 그러니 자기 주장을 과감하게 펼치기 어려운 상황이었다는 것을 고려해야 합니다. 오히려 1905년 보호국 체제로 들어서며 일진회, 네, 맞습니다. 많은 사람에게 친일단체로 매도당하는 바로 그 일진회를 중심으로 민권 보호와 중하층민의 정치 참여를 우선하자는 주장이 거세게 일어납니다. 이들은 국권보다 민권을 상위에 놓은 대단히 선구적인 이들이라 할 수 있습니다. 어쨌든 그간 민권에 부정적이던 고종의 기세에 눌려 밖으로 목소리를 내지 못하다 을사조약으로 고종의 영향력이 줄어들자 참정권을 비롯한 민권 논의가 폭발한 것이지요. 그러니 결국 민권 운동이 발전하지 못한 책임의 화살은 고종에게 보내야 마땅합니다.

사회자 —— 네, 이도학 선생님의 일진회 이야기, 상당히 놀랍네요. 민권과 국민 참정권, 전제왕권 구축에 대한 다양한 평가 잘 들었습니다. 잠시 여기서 숨을 고르겠습니다. 광고 듣겠습니다.

대한제국 시기 근대화 경제 개혁, 과연 성과가 있었나

사회자 —— 역사집중 시간입니다. 열띤 토론 계속 이어 가겠습니다. 이제 마지막 주제, 대한제국 시기 경제에 대한 논의로 넘어가겠습니다. 그동안 역사학계에서는 정치 분야와 다르게 광무개혁의 경제 성과에 대해서는 비교적 긍정하는 분위기였습니다. 그렇지만 이도학 선생님께서는 예전 학술발표회에서 그 성과도 대단치 않았고, 특히 산업화를 뒷받침할 제도적 개혁이 없어 근대화에 실패하였다는 대단히 날 선 비판을 해 주셨지요. 이에 대해 각자 말씀 부탁드립니다.

김민국 —— 광무개혁은 이원적 정치 구조[11] 아래 사실상 황실 주도로 진행되었습니다. 궁내부의 직접적인 지휘 아래 중앙은행 설립 준비, 한성 도시 개조사업을 포함한 전국적 국토개발사업, 한성 전기회사 설립 등 근대 산업 투자, 상공업 보호, 실업학교 설립 등 수많은 근대적 상공업 육성정책이 추진되었죠. 그리고 필요한 재원을 조달하기 위해 서구식 양전 사업(토지 조사 사업)을 진행하였고, 그 과정에서 근대적 토지 소유권 문서인 지계를 발행하여 개인의 토지 소유권을 국가가 인정, 보호하는 획기적 조치가 이루어졌습니다.

이도학 —— 네, 당시 그런 모습도 있기는 했지요. 하지만 그보다 중요한 건 시장 경제 발전과 산업화를 뒷받침할 제도를 마련하는 것입니다. 그중에서도 특히 군주의 자의적 과세를 방지하고 국민의 사유 재산을 보호할 의회제도가 필요한데, 앞서 언급했다시피 고종은 이에 대

[11]
대한제국은 의정부과 궁내부를 별도로 설치하여 의정부는 국가 정치를 총괄하고 궁내부는 황실 업무를 담당하게 하였는데, 이를 이원적 정치구조라 부른다. 하지만 실제로는 궁내부 산하에 수많은 개혁 관련 산하 기구를 설치하여 궁내부가 실질적인 개혁 총괄 기구의 역할을 하였다.

해 부정적이었지요.

김민국 — 저도 말씀드렸지만, 그런 시도가 없었던 것은 아니었습니다.

이도학 — 그것만이 아닙니다. 또 재고해야 하는 것은 이중적 재정 구조입니다. 정부 재정은 탁지부가, 황실 재정은 궁내부 산하의 내장원이 관리하는데, 실제로는 황실 재정이 전체 국가 재정을 주도합니다. 1904년 전체 국가 재정 중 황실 재정 비중이 44% 이상으로 급증했다는 구체적 통계 수치가 이를 증명합니다. 그러니 정부 재정이 빈약해지고 재정 행정의 효율성이 떨어질 수밖에 없었지요. 오죽하면 관리들 월급조차 제대로 못 줬다고 할까요. 백번 양보해서 개혁을 위해 돈이 필요했다면 그렇게 모은 돈을 제대로 써야 하는데, 황실 재정 주요 사용처가 황실의 사치와 의례비, 또 황실 관련 조직 및 특권 상인에 대한 인건비와 선물비였다고 하니 말 다했지요. 이런데 돈이 많이 드니 국왕과 관리들이 매관매직을 비롯해 각종 부정행위에 매달릴 수밖에 없었고, 공직 기강은 흥선대원군 이전, 세도정치 시기로 후퇴하였습니다.

김민국 — 당시 고종의 매관매직은 조선 후기 공명첩[12]의 연속선상에 있다고 봐야 합니다. 국가의 어려움이 있을 때 공명첩을 통해 재정을 확보하는 것은 조선의 전통이었습니다. 다만, 조세 징수 과정에서 지방관과 중간 관리의 부정이 심하였던 것은 사실입니다. 하지만 1905년 이전에 이미 이와 관련해 부정부패를 막을 논의를 하고 있었다는 점에 주목해야 합니다.

이도학 — 계속 시도와 논의만 한 것이네요. 결과물은 없고.

정부 재정 부족 시 부유한 이들에게 재물을 받고 형식상의 관직을 부여하며 발급한 관직 임명장을 말한다. 말 그대로 '이름이 비어 있는 임명장'이다. 임진왜란 이후 일반화되었다.

김민국 — 세상 모든 것이 한꺼번에 바뀔 수는 없는 일이죠. 변화가 시작하는 과도기에 이런 시도를 했다는 것 자체만으로도 의미가 있습니다. 중추원 관제가 제대로 시행되지 못했지만 처음 구상할 때는 법령과 칙령의 심의, 인민의 건의사항 등 군주를 견제하고 민의를 대변할 수 있는 기능을 갖추고 있었습니다. 그리고 황실 재정 사용처는 뭔가 착오가 있는 듯한데, 사치가 아니라 서북철도 사업비나 대한천일은행 투자금 등 근대화 사업과 군사비에 주로 사용된 것이 맞습니다. 문제가 된 1904년 황실 재정의 급증은 러·일전쟁 발발과 뒤이은 일본인 재정 고문 부임을 앞두고 재정 비축, 아마도 군자금과 밀사 외교용으로 추정이 되는데, 그 자금을 비축하기 위해서였습니다. 특히 주목할 점은 고종과 의병 간의 관계입니다. 이토 히로부미는 1906년 통감부에서 "궁중과 폭도와의 관계를 익히 알고 있으며 현재 폭도에 대해 궁중에서 자금을 공급하고 있다는 증거가 있다"라고 말합니다. 이는 곧 황실 재정 중 상당액이 의병으로 흘러들어갔다는 것을 증명합니다.

오계몽 — 여기에 대해서는 보충 설명이 필요할 것 같네요. 고종 시대는 불과 100여 년 전이지만 아는 것보다 모르는 것이 더 많은 실정입니다. 황실 재정 사용처도 2/3 이상이 베일에 싸여 있습니다. 연구자들의 노력이 더 필요한 부분이니 청취자 여러분께서는 참고 바랍니다. 이 문제에 관해서는 두 분 선생님 모두 전체 추이를 말씀한다기보다는 부분을 일반화하는 오류가 있는 것 같습니다.

김민국 — 네, 오계몽 선생님 말씀에 동의합니다. 논리를 정교화하기 위해 사료 발굴과 연구에 좀 더 매진하도록 하겠습니다. 이야기 계속 이어 가겠습니다. 이도학 선생님께서 계신 STARDROP 연구소에서 정리한 통계자료를 인용하면 19세기 내내 하락곡선을 그리던 경제 지표가 19세기 말 상승세로 반전하고 있는데, 이는 곧 광무개혁의 성과가 있었다는 증거입니다. 특히 당시 주한 일본공사 하야시가 본국에 '발달의 추세가 현저하다'는 편지를 보내며 대한제국 내 일본 상인에 대한 정부 차원의 투자와 지원을 요청했다는 사실은 그 성과의 명명백백한 징표인 셈이죠. 광무개혁이 뜻밖의 성과를 올리자 일본은 갖은 방식으로 이를 견제하려고 했는데, 1901년 영국제 최신 대포 도입을 앞두고 일본이 영국에 로비해 이를 저지하려고 했던 사례가 대표적입니다.

오계몽 ── 후발 국가가 국왕 또는 정부를 중심으로 집중적인 개혁, 개발을 추진하는 것은 일반적인 경향입니다. 따라서 개혁에서 황실 중심이라는 것 자체는 문제가 되지 않습니다. 하지만 전체 재정을 합리적이고 효율적으로 운영할 재정 제도가 부실했다는 문제는 심각했습니다. 또 세금 부과와 징수 과정이 매우 복잡하고 불투명했으며, 이는 지방관과 중간 관리의 부정부패로 이어졌지요. 이에 더해 황실에 상납금을 바치는 대가로 특권을 부여받은 특권 상인들이 급성장하며 근대 시장 경제의 성장을 가로막은 폐단도 빼놓을 수 없습니다. 고종이 이런 어려운 상황에 대해 관심을 갖지 않고 방치했기 때문에 근대화 개혁이 추진될수록 민에 대한 수탈이 심화되었다는 비판은 피할 수가 없습니다.

이도학 —— 어쨌든 오계몽 선생님께서는 근대화 개혁이 별 성과가 없다는 데 동의하시는 거지요?

오계몽 —— 그렇게 몰아가지 마시고요. 물론 산업화를 위한 제도가 미비했다는 데는 고종과 집권 세력의 책임을 묻지 않을 수 없습니다. 하지만 산업화를 방해하는 요인은 그게 다가 아닙니다. 최근 연구 성과에 따르면, 첫째, 서구 열강의 중국 분할 정세와 러·일 간 전쟁 분위기 고조로 군사비 지출이 급증하여 상대적으로 행정과 교육, 근대화 사업 등 다른 부문에 대한 투자를 줄여야 했다는 점, 둘째, 열강의 균형 정책이 투자 저조로 이어졌다는 점, 셋째, 개혁에 대한 국내 정치 세력의 비판, 견제, 그리고 그들 간의 갈등으로 개혁을 추진할 통일된 주체 세력이 형성되지 못한 점, 넷째, 일본의 방해 공작이 매우 치밀하였다는 점 등 매우 복합적인 원인이 대한제국의 근대화 개혁을 가로막고 있었습니다. 이 모든 것을 단순히 고종의 탓으로만 몰고 가는 것은 너무 과도한 처사가 아닌가 하는 생각이 드네요. 그리고 이런 악조건 속에서도 개혁 성과를 추측해…….

이도학 —— 잠시, 잠시만요. 말을 끊어 죄송하지만, 결국 방금 말씀하신 내용처럼 산업화를 위한 제도의 미비, 실제 성과의 저조 등은 확실하게 드러났던 문제입니다. 이를 극복한 것은 식민지 시기입니다. 1910년대 토지 조사 사업을 비롯해 각종 재정 및 경제 제도가 정비되어 산업화가 본궤도에 오르지요. 두 분께서는 식민지 시대에 대한 막연한 반감으로 역사적 사실을 똑바로 보지 못하고 계신 듯합니다.

오계몽 —— 아닙니다. 역사는 거대한 물결이고 끊임없는 과정이자 결과입니다. 제가 말씀드린 그런 악조건에도 불구하고 김민국 선생님 말씀처럼 19세기 내내 부진했던 경제 지표가 대한제국 시기부터 상승세로 돌아섰다는 것은 부정할 수 없는 사실입니다. 만약 STARDROP 연구소의 통계자료를 사실이라고 가정해 봅시다. 그쪽 통계자료에 따르면, 1910년대 조선총독부 지배 아래에서 연 3% 이상의 높은 경제 성장률을 보였는데, 세계 그 어떤 사회도 전근대적 시스템의 저성장 경제를 갑자기 그렇게 높은 성장세로 이끈 곳이 없습니다. 그 말은 곧 대한제국 시기에 경제 성장을 위한 기본 토대인 교통, 병원, 학교와 같은 기본 인프라가 갖추어졌고, 이를 토대로 한 성과가 이미 시작되어 식민지 시기에 이르기까지 연속적으로 이어졌다는 의미입니다.

마무리 발언

사회자 — 벌써 시간이 이렇게 되었네요. 시간 관계상 오늘의 열띤 토론은 여기서 마무리해야 할 것 같습니다. 오늘 토론 마무리 부탁드립니다.

이도학 — 제가 처음에도 말씀드렸지만, 역사가는 이성과 논리를 무기로 있는 그대로의 사실을 봐야 합니다. 이에 가장 적합한 도구가 통계자료와 사료입니다. 하지만 지금 역사학계는 식민사관의 극복이라는 명분 아래 반일 종족주의로만 역사를 바라보는 오류를 범하고 있습니다. 고종이 노회한 정치가임을 부정하지는 않지만, 변화가 절실한 시기에 근대가 아니라 성리학 중심의 구체제로의 회귀를 선택했다는 점에서 전근대적인 군주이자 망국의 첫 번째 책임자라는 사실은 절대 달라지지 않습니다. 그리고 그 절망적인 상황은 식민지 시기에 근대화가 본격적으로 시작되며 극복될 수 있었다는 점도 다시 한번 힘주어 말씀드립니다.

김민국 ── 고종은 과거의 민국이념을 이어받아 근대적 평등 이념을 창출해 낸 전통과 진보를 중재한 계몽군주입니다. 고종이 가려고 했던 길은 서구를 참고했지만 세계 어디에도 없는 새로운 모델을 만든 독창적인 방향이었습니다. 그런데 우리만의 근대화 노선이 성과를 보이려던 찰나 일본의 극악한 침탈로 자주적인 역사 발전이 좌절될 수밖에 없었습니다. 오늘 토론에서 이 부분이 많이 언급되지 않아서 아쉬웠는데, 다음에 기회가 된다면 여기에 대해 더 깊은 이야기를 나눴으면 좋겠습니다.

오계몽 ── 이도학 선생님은 서구식 근대화 노선을 절대시하고 지나치게 통계 숫자와 사료에 나와 있는 문장 그 자체만 맹신하시는데, 거기서 저와 근원적 견해 차이가 시작되는 것 같습니다. 숫자보다는 해석을, 사료를 글자 그대로 받아들이기보다는 그 너머의 맥락을 헤아리는 게 역사입니다. 대한제국을 민을 수탈하는 구체제라고 한다면, 일제 강점기는 참정권은 고사하고 자유와 평등, 기본권마저 박탈당한 시대였습니다. 이런 시대에 설령 각종 경제 지표와 통계 수치가 발달 곡선을 그린다고 한들 무슨 의미가 있습니까? 고종이 비록 정국 운영에 있어서 어두운 면을 보이기도 했지만, 개항부터 대한제국에 이르는 시기 동안 개혁을 향한 의지와 노력, 주도성은 인정받아야 합니다. 특히 개화를 이끌 통일된 세력이 형성되지 못한 한국의 상황을 고려한다면, 고종의 이런 선구적 모습은 망국의 원인 제공자보다는 진보적 계몽군주라는 호칭이 더 어울립니다. 마지막으로 한 말씀 덧붙이자면 이 논의는 여기서 끝날 게 아니라 더욱 확장, 발전시켜 '근대화'란 우리에게 어떤 의미인가라는 근원적 물음으로 이어져야 합니다. 오늘 이 자리에서 이 점을 제대로 논의하지 못한 점이 아쉽네요. 이 주제에 대해서는 다음 토론자들께 공을 넘기겠습니다. 감사합니다.

사회자 ── 이상으로 '고종, 진보적 계몽군주인가, 망국의 원인 제공자인가'에 관한 토론을 마치도록 하겠습니다. 오늘 수준 높은 토론으로 역사를 바라보는 새 지평을 열어 주신 세 분께 감사의 인사를 드립니다. 지금까지 경청해 주신 청취자 여러분 감사합니다.

망국의 원인? 투쟁의 원동력?

1895년 2월, 고종은 국가의 부강이 신민의 교육에 있다는 것을 천명한 교육입국조서를 발표합니다. 그 후속 조치로 1895년 7월 소학교령과 한성사범학교 관제를 발표하고, 1899년에는 중학교 관제를 칙령으로 공포하며 근대식 국민교육과 보편교육을 단계별로 진행시켜 나갑니다.

그러던 중 1903년 고종은 영남 지역에 근대식 학교를 설립하라는 윤음(임금의 말씀)을 내리는데, 이에

▲ 협동학교 제3회 졸업생 사진
출처: 경상북도 독립운동 기념관

호응하여 1907년 혁신 유림 류인식은 김병후, 김동삼, 김병식 등과 함께 당시로서는 최고 수준의 학부인 협동학교를 안동에 설립합니다.

하지만 일제의 탄압에 의해 협동학교는 설립 12년 만에 문을 닫게 되지요. 그런데 여기서 주목할 것은 김성로, 류림, 정현모 등 협동학교 졸업생 대부분이 국내외 독립운동 지도자로 성장했다는 점입니다.

자, 그러면 우리는 협동학교 12년 역사에서 무엇을 보고, 어떤 해석을 내려야 할까요? 고종 시대를 지나며 우리가 일본의 식민지로 전락했다는 것은 엄연한 사실입니다. 하지만 35년간 피눈물 나는 투쟁을 통해 우리는 끝내 독립을 쟁취했고, 그 이후로 발전을 거듭한 것도 사실입니다. 어떻게 보면 고종 시대는 망국의 요인과 더불어 식민지 시대 내내 이어진 끝없는 투쟁, 그리고 100년 이상 장기 역사 발전의 원동력이 같이 뒤섞인 시대가 아닐까요?

마무리
하기

고종, 진보적 계몽군주인가,
망국의 원인 제공자인가

1. 고종과 대한제국에 대한 토론 내용을 읽고, 각 주장에 관한 근거를 정리해 적어 보세요.

고종, 진보적 계몽군주인가, 망국의 원인 제공자인가?

고종은 성리학적 구체제를 지향한 도학군주이다.
근거 :

고종의
지향점은
어디인가?

고종은 전통과 근대를 절충한 근대화의 새 모델을 제시하였다.
근거 :

고종은 개항부터 광무개혁까지 개방, 개혁 정책을 주도한 계몽군주였다.
근거 :

황제 중심의
전제정치는
옳았는가?

고종은 자신의 안위나 권력 유지에만 주력한 채 민권이나 국민 참정권 부여 등 근대적
정치 체제 구축에 실패하여 나라를 망국으로 이끌었다.
근거 :

당시 역사적 상황 속에서 황권 중심의 대한국 국제는 긍정적 평가를 내릴 수 있다.

근거 :

황제 중심의 정치체제는 긍정과 부정, 양면을 가진 동전과도 같았다.

근거 :

광무개혁은 완전히 실패한 복고주의적 개혁이었고, 한국 사회에서 진정한 근대화는
식민지 시대에 시작되었다.

근거 :

광무개혁은
성과가
있었는가?

대한제국 시기 추진된 광무개혁은 뜻밖의 성과를 올렸고, 이에 위협을 느낀 일본이
러·일전쟁이라는 비상수단을 통해 국권을 강탈하며 대한제국의 역사가 망국으로 이
어졌다.

근거 :

광무개혁 자체는 여러 한계도 있었지만, 개혁의 방향성이나 산업화 발전을 위한 기반
조성 노력 등은 높이 평가해야 한다.

근거 :

2. 고종에 대한 본인의 생각을 적어 보세요.

그때 세계는

두 얼굴의 노벨 '평화'상 수상자

◀ 1905년 7월, 미국이 파견한 아시아 외교사절단. 앞줄 가운데 여성이 당시 시어도어 루스벨트 대통령의 딸 앨리스, 바로 뒤 인물이 사절단장 윌리엄 태프트 육군장관이다.

출처: 문화재청

　　20세기 초 먼로주의(외교상 불간섭주의)를 폐기한 미국은 필리핀의 식민지화와 러시아 견제를 우선적으로 추진하였습니다. 이에 1905년 7월 미국 대통령 시어도어 루스벨트는 이승만이 전달한 고종의 밀서를 거부하고 대신 미국의 필리핀 지배와 일본의 한국 지배를 상호 승인한 가쓰라-태프트 밀약 체결과 포츠머스 조약 중재를 연달아 성사시킵니다. 동시에 자신의 딸 앨리스와 일본과의 밀약에 합의한 육군장관 태프트를 중심으로 한 대규모 순방단을 한국을 포함한 아시아에 파견하였습니다. 고종은 한국에 도착한 '미국 공주' 앨리스를 마지막 희망의 끈으로 여겨 융숭히 대접하였지만, 두 달 뒤 을사조약의 강압적인 체결을 막지 못하였습니다. 이듬해 미국 대통령 시어도어 루스벨트는 포츠머스 조약 중재를 이유로 노벨 평화상을 받습니다.

· 쟁점 7 ·

일제 강점기

— 식민지 근대화론을 어떻게 볼 것인가

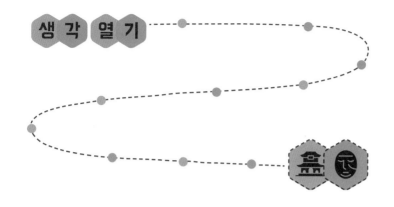

'일제 강점기'라고 하면 무엇이 떠오르나요? 당장 독립투사와 3·1운동, 일제 순사와 그 앞잡이 친일파 등등 여러 모습이 그려질 것입니다. 일제 강점기를 배경으로 삼은 영화도 꽤 유명하죠. 「밀정」(2016)이나 「암살」(2015) 등이 큰 사랑을 받으며 그 시대에 대한 관심이 전혀 식지 않았음을 보여 주기도 했고요. 드라마 「미스터 션

▲ 1943년 조선인 육군특별지원병 병사의 모습

출처: Wikipedia

샤인」(2018)도 일제에 맞서는 조선 의병의 모습을 멋지게 묘사해 대단한 인기몰이를 했지요. 우리가 일본 제국주의 아래 식민지로 살았던 시대는 이렇게 오늘날 우리의 기억과 문화에 아직도 영향을 미치고 있습니다.

물론 일제 강점기는 마음을 아프게 하고 분노를 불러일으키는 사건도 많이 일어났던 때입니다. 일본군 '위안부' 피해가 대표적이지요. 당시 일제가 동원한 일본군 성노예 문제는 일본 정부의 발뺌 속에 아직 해결되지 못했습니다. 그 밖에 일제의 전쟁터 총알받이로 군대에 끌려갔거나 군수공장 노역에 강제 동원된 수많은 사람의 고난은 역사의 아픔으로 각인되어 그 시대를 비판적으로 성찰하도록 요청하고 있습니다.

　　따라서 일제 강점기는 우리 역사에서 아주 어두운 시기로 기록될 것입니다. 숱한 외침과 고난 속에서도 다시금 일어서는 불굴의 역사를 이어 오다 이웃 일본의 식민지로 전락했으니 대단한 흑역사가 아닐 수 없습니다. 더구나 지금 우리는 어떤 면에서 단군 이래 가장 멋진 시기를 보내고 있는 듯하니 그 역사가 더 안타까울 수도 있습니다. 예를 들어, 식량원조가 절실했던 가장 못사는 나라에서 불과 70년도 안 되어 공식적으로 선진국 반열에 올라선 경우는 우리가 거의 유일하다고 합니다. 세계적인 사랑을 받는 지구촌 대표 아이돌 스타 방탄소년단^{BTS}으로 상징되는 K-팝과 K-드라마를 앞세운 K-컬처는 또 어떤가요? 경제 발전과 민주주의를 최단기간에 달성한 유례없는 성공 신화가 다름 아닌 대한민국의 위상인 상황에서, 일제의 식민지로 전락한 그 역사에 분노가 치밀어 오르지 않을 수 없겠죠.

　　그런데 경제적인 측면에서 일제 강점기는 철도가 들어서고 중공업이 발전하는 급변의 시대이기도 했습니다. 영화 「모던

보이」(2008)[1]가 그 시절 이야기입니다. 일본 제국주의의 침탈과 억압에 맞서 독립운동이 불같이 일어나는 이면에서는 사회 전반에 자본주의 구조가 들어서며 근대적인 변화가 속속 일어나고 있었던 것이지요. 이른바 '식민지 근대화론'이 근거로 삼는 면모들입니다. 이렇게 복합적이고 모순적인 시대가 바로 일제 강점기였기에 그에 대한 설명이나 해석도 분분할 수밖에 없습니다.

자, 그럼 일제 강점기로 시간 여행을 떠나 볼까요? 타임머신을 타고 먼저 그 시대의 역사를 살펴본 다음, 그 시대의 변화를 어떻게 볼 것인지를 둘러싸고 벌어지는 열띤 토론의 현장으로도 가 보겠습니다. 이제 출발합니다. Let's GO!

독립투사들의 멋진 활약이 깔려 있는 동시에, 1930년대 근대화되는 경성(서울)의 모습과 그 산물인 '모던보이', '모던걸'의 색다른 모습을 담아내고 있다.

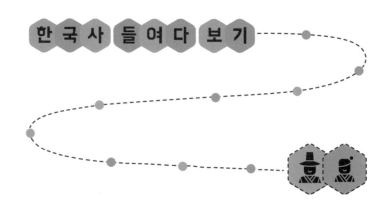

한국사 들여다 보기

▲ 왜성대 조선총독부 청사

출처: Wikipedia

1910년대의 '무단 통치기'에서 시작해 이른바 '문화 통치'로도 불리는 1920년대의 '민족분열 통치기'를 지나, 1930년대 이후부터 일제 패망까지를 일컫는 '민족 말살 통치기'로 나눌 수 있다.

대한제국 선언과 더불어 주권과 독립을 유지하기 위한 노력에도 불구하고 한반도에 대한 일본의 영향력은 러일전쟁 후 급속히 커져만 갔습니다. 고종 황제가 퇴위당하고 상황은 더 심각해져 1910년 '한일강제병합'을 통해 우리나라는 일제의 식민지가 되고 말았습니다. 하지만 일제 강점기 내내 무장 독립 투쟁을 비롯해 다양한 방식의 항일운동이 나라 안팎에서 끊임없이 일어났지요. 이러한 분투 끝에, 1945년 일본이 제2차 세계대전에서 무조건 항복을 선언하며 그 35년의 역사는 끝이 났습니다.

일제 강점기는 흔히 크게 세 번의 시기로 나뉩니다.[2] 첫 번째

'무단 통치기'에 일제는 조선총독부를 정점으로 헌병경찰을 앞세워 극도로 강압적인 지배 방식을 밀고 나갑니다. 심지어 소학교 교사나 군수 등 문관들까지 칼을 차고 근무하게 하는 헌병경찰 제도는 극단적인 공포 분위기 속에서 식민 통치 초기의 반발과 저항을 억누르며 질서를 유지하려는 의도가 담겨 있었지요. 경제적으로는 토지조사 사업을 시행하고 회사령을 제정해 조선총독부의 허가를 받아야만 회사 설립을 가능케 하면서 철도와 항만, 통신 및 도로 같은 기간 시설을 장악해 식민 지배의 토대를 마련해 나갔습니다.

이러한 일제의 수탈 속에서도 서간도에 신흥 무관 학교가 설립되어 독립군을 길러 냈고, 언론과 출판, 집회 및 결사의 자유를 억압당하던 민중의 분노가 1919년 3·1운동으로 폭발합니다. 나라를 잃고 채 10년도 지나지 않아 일어난 만세운동은 식민지 억압에 대한 우리 민족의 굳건한 독립 의지를 세계 만방에 공포해 큰 주목을 받았지요. 세계사에서도 유례가 없는 사건인 3·1운동은 대한민국 임시 정부의 탄생으로 이어지고 계속적인 독립운동의 강력한 추동력으로 작용합니다.

▲ 덕수궁 앞에서 벌어진 3·1 만세 시위

출처: 국가기록원

일제는 한반도 전역을 가로지른 거대한 민중 저항에 직면해 식민지배 형태를 전환하지 않을 수 없었지요. 우선, '문화 정치'를 표방하며 헌병경찰 대신 보통경찰 제도를 도입합니다. 3·1운동에 대한 무자비한 탄압으로 야기된 국제 사회의 비난을 의식해 무단 통치를 뒤로 물리고 언론·출판·결사의 자유를 일부 허용하며 표면상 유화적인 지배를 들고나온 것이지요. 하지만 '문화 통치'는 일부 자산계급이나 지식인 및 종교인을 끌어들여 친일세력을 양산하는 방식이었습니다. 게다가 사복형사와 밀정을 심어 무단 통치를 능가할 정도로 지배와 감시 구조를 강화하는 '민족 분열 정책'과 다름없었지요.

물론 독립운동 진영도 격렬한 저항으로 맞섰습니다. 국내에서 사회주의 운동이 확산하며 계급 철폐와 민족 해방을 주장하는 한편, 민족주의 세력은 교육진흥운동과 물산장려운동을 펼치며 실력 양성을 앞세웁니다. 국외에서는 무장투쟁이 본격화되어 봉오동 전투나 청산리 전투[3] 같은 눈부신 성과도 올렸고요. 만주에서 조직된 의열단은 서울과 부산, 밀양 등의 경찰서와 조선총독부 건물에 폭탄을 투척하며 무장 항쟁을 이어 나갑니다. 일제의 분열 및 이간 정책에 민족주의자들과 사회주의자들은 통일된 신간회 결성으로 맞서고 학생들은 전국적인 동맹 휴학과 집단 시위로 항일투쟁을 전개했습니다.

일제 강점기의 마지막 단계인 1930년대 이후는 일본의 만주 침략에서 태평양 전쟁까지의 시기와 겹칩니다. 1929년 뉴

봉오동 전투는 1920년 6월 7일 중국 지린성 왕칭현 봉오동에서 홍범도, 최진동, 안무 등이 이끈 대한북로독군부의 한국 독립군 연합 부대가 일본군 제19사단의 월강추격대대를 무찌르고 크게 승리한 전투이다. 청산리 전투는 1920년 김좌진, 홍범도 장군이 이끄는 북로 군정서의 2,500명 독립군이 만주의 청산리에서 5만 명의 일본군을 대파한 전투이다.

욕 증시에서 시작된 세계 경제 공황에 타격을 입은 일제는 파시즘[4] 체제로 전환하고 1931년 만주 침략에서 탈출구를 찾습니다. 이때부터 1937년 중일전쟁과 1941년 태평양 전쟁으로 이어지는 전시 총동원 체제 속에서 한반도 식민통치 정책도 극도의 억압과 '민족 말살 통치'로 전환됩니다. 중국 대륙 침략을 위한

▲ 창씨개명 신청을 위해 줄 서 있는 사람들

출처: 한국근현대사사전

전진 기지로 삼기 위해 한반도에는 일본의 병참 기지화 정책이 강행되었습니다. 인적, 물적 자원의 수탈은 최고조에 이르고 사상 통제의 강화 속에 황국 신민화 정책도 추진됩니다. 일본인과 조선인의 조상이 같다는 '일선동조론'을 주장하며 일제는 한글 사용을 금지하는 한편, 조선인에게 일본어 상용과 신사참배를 강요하고 일본식 이름 바꾸기인 '창씨개명'도 강제합니다. 이 시기를 '민족 말살 통치'라고 부르는 이유가 분명했던 것입니다.

특히 중일전쟁을 기점으로 침략 전쟁이 본격화되는 가운데 일본의 통치는 극단으로 치닫게 됩니다. 국가 총동원령 속에 산미증식 계획을 재차 강화하고 쌀을 강제로 거두어 간 결과 조선인은 식량 배급에 의존하는 사태까지 벌어집니다. 일제는 전쟁에 동원할 인력과 군자금, 군수품을 한반도에서 강제 조달

1919년 이탈리아의 B.무솔리니가 주장한 국수주의적·권위주의적·반공적인 정치이념 및 운동을 말한다. 원래 묶음을 뜻하는 이탈리아어 파소[fascio]에서 나온 말이었으나, 결속·단결의 뜻으로 전용되었다.

태평양 전쟁이 시작되는 1941년까지 이미 약 160만 명의 조선인이 일본으로 끌려가 공장과 건설 현장, 탄광, 농장의 노역에 강제 동원된다.

하며, 징용과 징발, 성금 모금 등 다양한 방식으로 노동력과 자본을 차출해 갔습니다.[5] 게다가 일제는 식민지인의 전쟁 차출을 금지하는 국제규약을 무시하고 징병제를 통해 조선인을 전쟁에 동원하는 것도 모자라, 10대 초반에서 40대에 이르는 여성들을 '위안부'라는 이름으로 전쟁터의 일본군 성노예로 보냅니다. 일제의 마지막 지배기 동안 총 수백만 명의 조선인이 전쟁 노동력으로 끌려가고, 50만 명의 조선 청년이 전투인력으로 강제 동원되었습니다.

물론 항일 투쟁을 멈추지 않은 독립운동 진영은 다양한 방식으로 저항했습니다. 우선, 조선학 운동,[6] 조선어학회 운동, 한국사 연구 등을 통해 민족문화 수호운동을 전개하고 국외에서의 독립 투쟁도 멈추지 않습니다. 만주에서 조선혁명군과 한국독립군, 동북항일연군이 무장투쟁을 이어 갑니다. 중국에서는 1942년부터 임시 정부가 통일 정부로 올라서고, 조선의용대가 임시 정부의 군사력인 한국광복군으로 통합되었습니다. 국내에서는 1944년에 좌우익 통일전선으로 비밀리에 조직된 건국동맹이 해외 조직들과의 통일을 위해 노력하던 중 일제가 패망함으로써 드디어 광복을 맞이했습니다.

1930년대 일제의 식민주의적 조선(한국) 연구에 대항하여 조선인 본위의 조선 연구를 주창하고, 나아가 독자적 조선 인식을 통하여 민족 정체성을 확립하고자 한 문화·학술적 차원의 민족운동을 말한다.

일제 강점기는 우리 역사에서 일본의 점령에 맞서 불굴의 독립운동이 일어난 자랑스러운 시기이자 조선 사람과 강토에 대한 약탈이 끝없이 일어나던 참으로 암울한 시대였습니다. 게다가 그런 시대를 배경으로 조선이 일본 경제에 포함되며 새로운 자본주의적 관계가 우리 사회 곳곳에 스며들어 근본적인 변화를 경험하는 시기이기도 했죠. 정치적으로도 사회, 경제적으로도 격동하고 급변하는 시대였던 것입니다.

따라서 이 시기의 모습은 무척이나 다양했고 그에 대한 해석도 상이할 가능성이 크지요. 대표적인 주장이 '식민지 근대화론'입니다. 어떤 내용의 이론이냐고요? 그 핵심은 일제 강점기에 우리 경제가 근대화되었을 뿐만 아니라, 이 시기의 경험과 역량이 1960년대 이후 한국 경제가 급속히 발전하는 원동력이었다는 주장입니다. 식민지 근대화론을 둘러싼 논쟁은 중요합니다. 그 시기를 어떻게 보느냐에 따라 조선 시대를 바라보는 관점과 해방 이후 경제성장 및 민주화의 출발점을 어디에서 찾는지가 결정되니까요.

물론 그 주장에 대한 반론도 만만치 않습니다. 근대화는 고사하고 수탈만 있었다는 주장에서부터, 근대화가 있었다 하더라도 그 본질은 착취를 위한 개발에 불과했다는 논리 등 다양한 비판이 쏟아지고 있지요. 식민지 근대화론의 주장이 맞는 것일까요? 아니면, 반대편의 주장대로 수탈이 본질일까요? 혹은 둘 다 문제가 있는 것일까요? 이런 궁금증을 풀기 위해 전문가 분들을 모시고 토론을 해 보겠습니다.

식민지 근대화론을
어떻게 볼 것인가

　　식민지 근대화론은 일제 강점기의 사회와 경제를 설명하는
이론이다. 식민지 시기 경제성장과 근대화를 주장하고, 그 경
험이 해방 후 경제의 급성장에 크게 기여했다고 강조한다. 따
라서 일제 강점기에 대한 이론이면서도, 세계가 주목하는 한국
경제성장의 기원까지 말하는 대담한 주장이다.

　　사실 식민지 근대화론은 한국의 위상이 올라가는 것과 적
잖은 연관이 있다. 1980년대 말 사회주의를 자처하던 동유럽
이 줄줄이 몰락하고 북한의 경제도 곤두박질치는 상황에서 우
리나라를 비롯해 대만과 싱가포르 및 홍콩 같은 아시아 신흥
공업국NICS의 놀라운 성공이 주목받으며 확산된 것이기 때문이
다. 1980년대 중반 미국에서 시작해 일본을 거쳐 우리나라에
서는 주로 경제사학계가 그런 해석을 시도하게 되었다. 따라서
이 식민지 근대화론 역시 역사적 상황의 산물이고, 또한 역사
에 대한 새로운 시도를 추구하는 역사 해석에 속한다고 볼 수
있다.

어쨌든 식민지 근대화론의 등장은 큰 논란을 일으켰다. 일단, 일제 강점기라는 암흑기를 미화한다는 비판의 목소리가 거세게 울려 퍼졌다. 일제에 수탈당한 시기를 좋게 말하니 친일 세력과 다름없다는 말이었다. 식민지 근대화론자들은 개발과 발전이 명백한 사실이라고 맞섰다. 이런 논쟁은 꽤 오랫동안 지속되면서 결국 식민지와 근대의 본질에 대한 물음을 낳을 수밖에 없었다. 이에 JDS 방송은 '한국사 토론 끝판왕' 시간에 이 문제를 다루기로 했다.

사회자 — 안녕하세요, 시청자 여러분! 큰 인기를 끌고 있는 JDS '한국사 토론 끝판왕' 시간이 돌아왔습니다. 오늘의 주제는 '식민지 근대화론을 어떻게 볼 것인가'입니다. 우리 역사의 어두운 시대를 둘러싼 주제이다 보니 뜨거운 토론이 예상됩니다. 전문가 두 분을 모셨는데요. 경제사학계의 원로로 식민지 근대화론을 주장하는 김식근 교수님 나오셨습니다. 맞은편에 계시는 분은 그 이론에 대한 한국사학계 최고의 비판자 강수탈 교수님입니다. 바쁘신 와중에 귀한 시간 내어주신 두 교수님께 감사의 말씀 드리며 토론 시작하겠습니다. 한 말씀씩 부탁드릴까요?

김식근 — 네, 반갑습니다. 저희 쪽 주장을 간단히 설명 드리겠습니다. 일제 강점기가 아름다운 시절이라고 주장하는 한국인은 사실 없을 것입니다. 저희도 마찬가지고요. 다만, 그 시기에 일어난 객관적인 발전의 양상을 인정하고 그 의미를 찾자는 말씀을 드리고 싶을 뿐입니다.

강수탈 —— 안녕하세요. 지당한 말씀이십니다. 하지만 김 교수님도 잘 아시겠지만 친일파 가운데 친일파라고 속죄하고 반성하는 사람이 몇이나 있는지요. 해방 후에 많은 친일파가 과거 행적을 속이고 버젓이 애국자인 양 행세하며 호의호식하지 않았습니까. 그런 사실을 고려한다면 일제의 침략과 수탈을 어떻게 '발전'이라고 할 수 있겠습니까.

주제 1
발전인가, 수탈인가

사회자 —— 예. 초반부터 분위기가 심상치 않습니다. 김 교수님은 일제 강점기에 분명하고 구체적인 경제 발전이 있었다고 확신하시는 것이겠죠?

김식근 —— 물론이죠. 식민지 시기의 통계지표는 조선의 경제가 크게 발전했다는 사실을 명백히 보여 줍니다. 우선, 1911~1940년의 GDP(국내총생산) 증가율은 매년 3.70%에 달했습니다. 같은 기간의 인구증가율 1.33%를 적용하면 1인당 GDP가 연간 2.37%의 속도로 늘어난 것이죠. 이게 얼마나 대단한지는 당시 세계 전체와 비교하면 잘 드러납니다. 영국 경제학자 앵거스 매디슨Angus Maddison에 따르면 1913~1950년 전 세계의 1인당 GDP 증가율은 0.91%에 불과합니다. 우리의 절반 수준에도 미치지 못했지요. 같은 시기 아시아의 1인당 GDP는 매년 0.02%가 줄어들고 있었으니 식민지 조선은 세계적으로 정말 높은 성장을 이룩한 지역이었다는 사실이 더 분명해질 수밖에 없습니다. 그러니까 그 경제 성장을 우리 역사상 전례가 없던 대사건이라고 할 만하지 않습니까?

강수탈 — 전혀 그렇지 않다고 봅니다. 일단, 말씀하신 GDP 관련 통계는 허점으로 가득 찬 것입니다. 먼저, 1918년 이전의 기간을 평가할 때 중대한 결함이 있습니다. 1918년까지 급증했다는 조선의 GDP는 조선총독부가 내놓은 1910~1917년의 부정확한 통계를 거의 그대로 사용했기 때문입니다. 게다가 중요한 1941~1945년의 시기가 빠져 있습니다. 일제 강점기의 그 마지막 5년간은 조선 경제가 급속히 몰락했기 때문에, 아까 말씀하신 매디슨의 자료를 가져와 1913~1950년으로 계산하면 당시 남한의 1인당 GDP는 거꾸로 연평균 -0.2%의 성장률을 기록합니다. 이런 점을 고려하면 식민지 시기 조선의 경제 성장률은 전혀 높지 않았고, 조선인의 1인당 GDP도 증가했다고 보기 어렵습니다.

김식근 — 그렇다 쳐도 1911~1940년 사이 GDP의 급성장을 부정할 수는 없지요. 이 기간에 조선인 1인당 GDP는 70%나 늘어났습니다. 이게 경제 발전이 아니면 대체 무엇입니까!

강수탈 — 저는 그렇게 보지 않습니다. 그 시기로 제한해도 의문투성이의 결과입니다. 예를 들어, 조선인 1인당 GDP 70% 증가라는 주장부터 그렇습니다. 원래 GDP가 '국내총생산'이니 한반도 거주 일본인의 몫도 당연히 포함된 수치지요.

김식근 — 네, 물론이지요. 그래서 조선 거주 일본인의 소득을 일본 국민 1인당 소득의 2배라고 일단 가정했고, 그 결과 조선인의 소득 증가분이 70%로 계산되어 나온 것이죠.

강수탈 — 그렇다면 그 2배의 근거는 전혀 없는 것이지요? 당시 통계로는 한반도 내 일본인과 조선인의 소득을 구분할 방법이 없지 않습니까?

김식근 — 그렇긴 하지만 조선인의 소득이 전혀 증가하지 않았다고 간주할 경우 더 큰 문제가 생깁니다. 왜냐하면 1939년에 조선 전체 GDP가 2.66배 증가했는데 여기서 조선인 비중이 그대로라고 가정할 경우 조선 거주 일본인의 1인당 소득이 본국 거주 일본인에 비해 6배가 넘고 조선인보다는 37배 많아지기 때문입니다. 아주 비상식적인 수치지요.

강수탈 — 아니, 조선에 사는 일본인의 특권과 횡포는 너무도 잘 알려져 있는데, 그들의 소득이 조선인보다 37배가 많았다는 것이 왜 이상한가요? 그리고 험한 곳인 식민지에 사는 일본인이 관료든 사업가든 일본 본토 거주자들보다 수입이 6배 많은 게 왜 있을 수 없는 일인가요? 결국 그 계산법은 근거가 없고 조선인 1인당 GDP는 거의 멈춤 수준이거나 오히려 감소했을 수도 있다는 게 제 결론입니다.

김식근 — 그것이야말로 추측에 불과합니다. 1910년부터 1939년까지 수출과 수입이 수십 배로 늘어나는 등 경제가 급속히 발전한 사실은 너무나 분명하니까요. 초기 무역 형태는 농산물을 수출하고 공산품을 수입하는 전형적인 식민지 무역이었지만, 1930년대 조선에서 공업화가 진행되자 상황이 변합니다. 소비재 대신 기계나 장비 같은

생산재 수입 비중이 늘어나고 우리 면제품이 만주 같은 곳으로 수출
되기 시작한 것입니다. 게다가 일본 자본이 엄청나게 유입되면서 식
민지 경제 개발도 활력을 얻게 됩니다. 특히 1920, 30년대에 일본
정부 및 민간 자본이 대거 들어와 농업 개발과 철도산업, 광공업과
전기사업에 투자되며 식민지 경제 개발을 촉진했습니다. 이런 상황
에서 경제 발전을 부정한다면 손바닥으로 하늘을 가리는 것이나 다
름없지 않겠습니까.

강수탈 —— 말씀을 듣고 있자니 '일본의 식민 지배는 한국에 축복이었다'
는 주장이 생각납니다. 어떤 우리 경제학자의 엉터리 궤변이었죠.
게다가 이 '식민지 축복론'이 실린 곳이 일본 우익 잡지였으니 무슨
말이 더 필요할까요. 어차피 망할 수밖에 없는 나라 조선에 일본이
근대화라는 선물을 주기라도 했다는 것인가요?

사회자 —— 아, 두 분 교수님. 논쟁이 너무 달아오른 듯합니다. 조금 긴장
을 풀고 말씀해 주시면 좋겠습니다.

김식근 —— 저도 일제가 우리를 도와주려고 경제 발전을 일으키지는 않
았다고 봅니다. 하지만 우선 철도만 봐도 근대 산업화의 시발점이자
기본인데 지금 우리 철도는 대부분 일본이 자본을 들여와 놓은 거라
는 사실을 부정하기 어렵습니다. 이게 발전이지요.

강수탈 —— 아니지요. 일본의 철도 부설을 이야기하셨는데, 사실 조선을
침략하기 위한 기초 다지기가 아닌가요? 조선인의 편의를 위해서
철도를 놓았을 리가 없지 않겠습니까? 그래서 1923년 3월 「동아일
보」 사설에서는 일본이 자랑하는 조선의 교통 발달은 "조선 사람의

피를 빨아먹고 주머니를 빼앗아 가는" 것이며, 도로 개척을 두고도 "그 곁에 섰던 조선 농부와 상인의 살 자리를 파서 무덤을 만드는" 것이라고 외쳤습니다.

김식근 —— 제 말씀은 일본이 어떤 의도를 가졌든 조선이 일본제국의 경제 속에 포함되면서 경제 성장과 근대화로의 길이 열렸다는 말입니다. 무엇보다 객관적인 경제 지표가 성장과 발전을 이야기하고 있지요. 가령, 공장의 숫자를 보면 일본인 공장보다 조선인 공장의 증가 속도가 더 빨라서 1920년대 후반이 되면 조선인 공장 수가 더 많아지고 1930년대에 들어서면 격차가 한층 더 벌어지게 되죠. 조선의 산업구조 역시 1차 산업의 비중이 줄고 2차 산업인 광공업과 3차 산업인 서비스업의 비중이 늘어나며 고도화됩니다. 1930년대부터 이루어진 중화학공업 발전이 특히 눈부신데 1940년대 들어서면서 선진국화됩니다. 이 모든 일이 식민지화를 통한 결과이죠.

강수탈 —— 그건 기본적으로 일제 쪽의 주장입니다. 발전이라는 것이 그에 참여하는 주체도 중요하지만, 그 발전의 결과가 누구에게 주로 돌아갔는지가 더 중요한 것 아니겠습니까. 일제의 '발전'은 조선 사람들에게 '수탈'이었고 발전의 과실도 주로 일본인들 차지였습니다. 미쓰이나 미쓰비시 같은 일본 대기업이 한반도에 진출해 조선의 값싼 자원과 노동력을 이용해 큰 이익을 본 것은 어떻게 설명하겠습니까. 또 공장 숫자만 많으면 뭐 합니까. 조선인이 세운 공장이라고 해봤자 운수업이나 양조업 같은 소규모 회사가 대부분이며 1920년대 조선 자본은 10%에 불과해 일본 자본이 조선을 지배한 것이나 마찬가지인데요.

김식근 —— 어떤 자본인가보다는 일본의 자본 투자로 개발이 이루어져 우리 경제가 발전했다는 것이 중요하다고 봅니다.

강수탈 —— 김 교수님, 경제 문제를 식민지배 및 침탈과 분리해서 생각하시는 듯한데, 그건 아니죠. 조선총독부가 조선의 주권을 침탈하는 와중에 경제기반을 조성한 것인데 어떻게 경제만 따로 떼놓을 수가 있습니까. 이런 비유는 어떨까요. 어느 날 집에 강도가 들어와 우물물을 훔치기 위해 가족을 위협하고 폭력을 쓰며 송수관을 만들게 했다고 해 봅시다. 그래도 근대적 설비를 갖추게 해 줘서 고맙다고 절이라도 해야 하나요? 그리고 1930년대 중화학공업을 말씀하시는데, 그건 결국 한반도를 병참 기지화해 일제의 침략 전쟁을 뒷받침하기 위해서가 아니었습니까. 또 그 과정에서 동반된 경제 성장의 수치는 대다수 한국인 삶과는 완전 동떨어진 것이었죠. 그럼 이렇게 묻는 게 당연하지 않나요. 식민지 공업화는 누구를 위한 것인가요?

김식근 —— 강 교수님, 뭔가 오해하고 계신데, 저도 식민지 시대에 착취가 없었다고 생각하지 않습니다. 개발과 착취를 동시에 진행하며 근대적 개혁도 단행하는 것이죠. 그 과정에서 당연히 조선인도 개발 사업에 뛰어들고요. 사업가로서도 그렇고 농민이나 노동자로서도 마찬가지입니다. 그런 개발 과정에서 조선인들도 자본주의 경제 발전에 복무하는 주체가 되어 나간 것이고, 결국 전체적으로 경제 발전의 형태를 이루었다는 말입니다.

강수탈 —— 아니죠. 보통 '발전'이 일어나고 경제가 성장하면 사람들의 살

림살이가 나아지는 게 상식 아닙니까? 그런 게 아니라면 발전이 아니라 퇴보이자 수탈인 것이지요. 물론, 일부 조선 기업가들이나 친일파들은 큰돈을 만지고 배불리 살았겠죠. 하지만 대다수 조선 사람에게 식민지 시기는 눈물겨운 날들이었습니다. 일제 강점기 내내 고급 기술자들은 주로 일본인이고 조선인들은 하급 노동자 역할을 했습니다. 사실 식민지의 경제적 변화에서 수혜자는 절대적으로 일본인이었죠. 식민지 근대화론자들은 식민 조선의 개발을 통해 조선인도 상당한 이득을 누렸다고 하지만 실상은 그렇지 않았습니다. 겨우 3%에 불과한 조선 내 일본인들이 조선 논 면적의 18%를 차지하고 있었으며 광산업 자산은 무려 95%까지 소유했으니까요. 이는 결국 식민지의 '발전 혹은 근대화'가 평범한 의미의 발전이라기보다 조선인과 일본인, 나아가 민족 간 불평등을 확대 재생산한 것으로 보아야 하겠죠. 그 결과 불평등과 차별이 식민지 사회의 가장 기본적 특징이 되었다는 것입니다.

김식근 —— 아닙니다. 실제로 일제 강점기에 사람들의 생활수준은 높아졌습니다. 1912~1939년에 실질 소비지출은 매년 3.28% 증가했고, 1인당으로 계산해 1.94%의 연간 증가율을 기록했지요. 아, 양복을 입고 전차를 탄다든가 라디오를 듣는다든가 하는 당시 풍경을 담은 사진들 많이 보지 않으셨나요?

강수탈 —— 「모던보이」 말씀인가요. 백화점에서 쇼핑도 하고 겨울에 스키도 타며 말쑥하니 양복을 입고 다니는 사람들 말이죠? 대다수 조선 사람과는 무관한 먼 나라 이야기일 뿐입니다. 1920년대 인구의

80% 이상을 차지하는 농민의 절대다수는 땅이 전혀 없거나 있어도 손바닥만 해 남의 토지를 경작하고 수확의 50% 이상을 소작료로 바쳐야 했습니다. 노동자들도 마찬가지였고요. 하루 임금은 일본 노동자의 절반도 안 되는 데다 노동환경도 열악해 갖가지 산업재해와 직업병에 시달렸지요. 1936년 경성 전체 인구의 70%가 월 평균 40원도 안 되는 수입으로 입에 풀칠하는 가난 속에 살았습니다. 그런데 생활수준 향상과 근대화를 논할 수 있을까요?

김식근 —— 강 교수님, 아무리 그래도 일제 강점기 경제 발전의 객관적인 사실을 부정할 수는 없습니다. 그간 연구된 각종 지표와 조선의 공업화가 명백히 보여 주니까요.

강수탈 —— 김 교수님, 그건 사실 본질상 발전이라기보다 수탈을 위한 개발이라고 해야겠지요. 설사 이 때문에 발전이 일정 부분 있었다고 해도, 소수 일본인과 일부 친일파들의 몫이었지요. 왜 조선의 민중이 계속해서 저항하고 투쟁하고 독립운동을 했겠습니까. 허울뿐인 개발의 본질을 꿰뚫고 있었기에 그랬던 것이지요.

김식근 —— 우리는 독립운동의 의미를 부정하지 않습니다. 다만, 식민지 시기 개발과 공업화가 곧 자본주의 경제의 발전을 통한 근대화 과정이라는 것을 부정하지 말자는 것입니다. 어떤 의도인지는 별로 중요하지 않은 것이죠.

강수탈 —— 과연 그럴까요? 일제가 행한 일들의 핵심은 초대 조선총독 데라우치 마사타케의 말에서 잘 드러납니다. 그는 일제와 조선의 관계를 이렇게 선언했지요. "조선인이 사는 길은 오직 하나, 일본의 지배에 복종하든지 죽든지 하는 길밖에 없다." 이 말 속에 일본이 주도한 '개발과 공업화'의 본질이 고스란히 들어 있지 않나요? 그 본질이 수탈과 착취, 지배와 탄압임을 말입니다. 더 이상 드릴 말씀이 없습니다.

주제 2
객관적 역사학인가, 정치적 역사인식인가

사회자 ── 정말 팽팽하고 뜨거운 논쟁입니다. 이제 다음 주제로 넘어가 볼까요? 역사 인식 및 사관 문제에서 시작해 학문의 정치성도 다루고, 논쟁 상대의 서로 닮은 꼴 문제도 짚어 보겠습니다. 어느 분이 시작하시겠습니까?

강수탈 ── 사실 식민지 근대화론은 문제가 많은 역사 인식입니다. 일제 관변학자들이 주장한 '식민사관'의 발상과 닮아 있지요. 식민사관은 한국사의 전개과정을 타율적이고 정체된 역사로 파악합니다. 말하자면, 조선은 자력 근대화가 불가능해 일본에 동화되어 경제 발전을 도모할 수밖에 없다는 것이지요.

김식근 ── 역사관 문제는 아니죠. 조선 후기 사회가 지배층의 수탈 속에 정체되었다는 것은 그냥 팩트입니다. 조선은 내부적으로 개혁이나 근대화를 위한 능력도 자금도 없었다는 점을 인정해야 하지 않을까요? 그래서 일본의 개발을 통해 발전을 이루어 나가게 된 것이고요.

강수탈 ── 그런 역사 인식이 바로 식민사관 아니겠습니까. 일본의 전폭적인 후원 속에 일제 강점기에 널리 퍼졌던 것이고요. 해방 이후에도 친일파가 득세하며 식민사관이 바로 청산되지 못했던 것이 큰 문제였지요. 길게 보면 식민지 근대화론이 그 뒤를 이었다고 볼 수 있는 것 아니겠습니까.

김식근 ── 아니, 우리가 무슨 의도를 갖고 역사를 보는 것처럼 말씀하시는군요. 목적이 있다고 한다면, 식민지 시기 역사적 사실, 즉 객관적 팩트만 밝히자는 것입니다.

강수탈 ── 자꾸 팩트, 팩트 하시는데, 팩트 체크를 해 보죠. 조선 후기에 근대적 학풍인 실학이 등장하고 사회적으로도 신분제가 점차 해체되며 근대화로의 길을 밟고 있었다는 사실이 많은 연구로 밝혀졌습니다. 이미 자본주의 맹아(씨앗)가 싹트고 있었다는 것으로, '내재적 발전론'이라 불리죠. 그러니까 조선 후기부터 내부에서 성장하던 근대화의 싹이 오히려 일제의 침략으로 짓밟혔다는 게 바로 팩트입니다.

김식근 ── 무슨 말씀이신지요? 아니, 조선이 스스로 발전할 능력이 내부에 있었다면 왜 외세에 휘둘리고 국권을 빼앗겼겠습니까? 오히려 일본의 통치가 시작되면서 조선의 봉건시대가 확실히 막을 내리고 양반과 상놈으로 나누어진 신분제도 무너지지 않았습니까.

강수탈 ── 어떻게 말해도 식민지 근대화론의 주장이 일본의 오만한 주장과 맥이 닿아 있는 사실은 부정하기 어렵습니다. 일제가 패망하기 직전에 주장한 이른바 '산업혁명론'에 뿌리가 있기 때문입니다. 즉,

1930년대 일본의 조선 공업화 정책이 한국의 산업혁명이라는 주장이 전후 일본정부나 정계와 재계에서 계승되었고, 다시금 식민지 근대화론의 이름으로 그 맥을 이어 가고 있지 않나요? 1987년 한일 연구자 16명이 결성한 '한국 근대경제사 연구회'를 지원한 것이 일본의 보수 재단이었다는 점도 같은 맥락이고요. 결국, 식민지 근대화론이 순수한 학문적 연구로 출발했다기보다는 식민지배 정당화를 위한 연구라는 의심을 거두기가 어렵습니다. 다분히 정치적이죠.

김식근 —— 그런 주장이 오히려 정치적이지 않은가요? 저는 착취와 수탈만 바라보는 '수탈론'이 전형적으로 민족주의라는 정치 이데올로기에 입각해 있다고 봅니다. 정확히 말해 '감정적 민족주의'입니다. 철천지원수인 일제에 의한 발전은 절대 인정할 수 없다는 듯이 들리죠. 우리 스스로도 잘할 수 있었는데 일제가 침탈해서 그런 발전의 길이 가로막혔다고 말하고요. 이런 논리는 전혀 학문적이지 않습니다. 민족 감정에만 호소하는 것이니까요. 저희는 다릅니다. 일제의 침략과 민족 탄압은 잘못이지만, 그 시대가 낳은 경제 발전과 근대화의 결과를 제대로 보자는 쪽이지요.

사회자 —— 그럼, 논의의 진척을 위해 이 시점에서 새로운 분을 소개합니다. '서구근대화 비판연구소' 소장이신 정탈근 교수님 나오셨습니다. 교수님께서는 어떻게 보십니까?

정탈근 —— 예, 안녕하세요. 저는 수탈론이 민족주의에 기운다는 비판에는 동의하지만, 식민지 근대화론 역시 정치 이데올로기와 무관하다고 보기는 어렵다고 생각합니다.

김식근 —— 무슨 말씀이십니까? 우리는 민족 감정에서 벗어나 객관적 사
실에만 기반하여 역사를 설명하고 있습니다.

강수탈 —— 일제 강점기 식민사관도 그런 식으로 객관성을 주장했지만,
사실 역사를 일본의 제국주의 침략을 정당화하는 수단으로 만든 것
에 불과했지요.

정탈근 —— 저는 좀 다른 면에서 정치성을 말씀드리고 싶습니다. 사실 식
민지 근대화론 자체도 1980년대 세계의 정치적 · 경제적 상황 변화
에 발맞춰 탄생한 것 아닙니까?

김식근 —— 그것이 무슨 문제입니까?

정탈근 —— 식민지 근대화론의 탄생 과정에 정치적 전략이라는 의도가
들어 있다는 말씀입니다. 1980년대 초 미국 정부는 자국 중심의 세
계경제체제를 이룩해 제3세계의 이탈을 방지하려 했는데, 당시 제
3세계는 대체로 식민지 경험을 가진 국가들이었습니다. 당연히 제
3세계 입장에서 제국주의 열강인 미국 및 미국 주도의 세계경제체
제를 곱게 보기는 어려웠겠죠. 이런 상황에서 식민지 경험이 근대화
에 도움이 되었다는 식민지 근대화론을 통해 미국의 정치적인 경제
체제 구상을 뒷받침하는 역할을 했던 것이었습니다. 그것이 일본을
통해 한국으로 건너온 것이고요.

김식근 —— 그런 주장은 요점에서 벗어난 것 아닐까요? 저희 이론이 외
국 학자들의 영향을 받았다는 것이 문제가 되지는 않는다고 봅니다.
미국이나 일본 학자들이 아시아 신흥공업국들의 유례없는 발전을
보면서, 이들의 공통점이 식민지 경험이었음에 주목하고 연구를 진

행한 것은 어쩌면 자연스러운 경로 아닐까요. 사회주의 국가들의 경제가 침체의 늪에 허우적거리는 동안 식민지 출신 신흥공업국들의 놀라운 경제성장은 세계적인 주목거리가 아닐 수 없었으니까요.

정탈근 —— 꼭 그렇지는 않습니다. 미국의 식민지 근대화론이 식민지 경험을 가진 전체 나라를 대상으로 했다면, 일본에서는 과거 일본 식민지 지역을 주요 대상으로 삼았습니다. 또 미국이 1980년대 당시 미국의 정책을 이론적으로 뒷받침하려는 의도였다면, 일본에서는 식민지 국가의 경제성장이 식민지 경험 덕분이라며 자신의 침략과 지배의 역사를 정당화하는 역할을 하였죠. 따라서 일본 학자들의 식민지 근대화론에 담긴 '정치성'을 완전히 부정하기는 어렵습니다. 그런데 저는 식민지 근대화론이든 수탈론이든 근대화란 무엇인가라는 본질적인 질문을 해 봐야 한다고 생각합니다.

주제 3
근대(화)의 본질은 무엇인가-식민지 근대화론과 수탈론을 넘어

사회자 —— 정탈근 교수님께서 벌써 다음 주제를 언급하셨네요. 자연스레 근대화의 본질 문제로 논의를 이어 가겠습니다.

김식근 —— 저는 오늘날 역사 발전을 논할 때 근대화를 제쳐 놓고 뭘 얘기해야 하는지 도통 모르겠습니다. 식민지 시기의 경제 발전과 근대화 성과를 빼고는 세계사에서도 유례가 없는 해방 후 대한민국의 놀라운 경제 기적을 설명하기 어려우니까요. 일제 강점기의 경제적 성

과야말로 1960년대 이후 급속한 한국 경제 발전의 원동력이라는 것
이지요.

강수탈 —— 전혀 논리적이지 않습니다. 시기적으로도 한참 떨어져 있는
데다 인적으로도 연결이 안 되죠.

김식근 —— 아니, 충분히 설명 가능합니다. 1940년대 전반기의 식민지
공업화 정책을 들어 봅시다. 이 과정에서 처음으로 제대로 된 자본
주의 공업화를 경험함으로써 조선인 자본가 계급이 형성되고 경제
발전을 위한 기틀이 마련되었습니다. 미국의 대표적인 한국사 연구
자 카터 에커트Carter Eckert도 1960년대 이후 한국 경제 발전의 뿌리
가 일제 강점기에 있다고 말합니다.

강수탈 —— 그렇지 않습니다. 일제 강점기에 이루어진 개발 중 한국전쟁
이후까지 남은 것은 1/10 정도에 불과하다는 연구도 있습니다. 또
식민지 근대화론 진영에서 나온 대표적인 연구 성과 자체가 반론
의 증거가 되고 있습니다. 해방 직후인 1946년 남한의 1인당 GDP
는 식민지가 되기 전인 1910년보다 낮았다고 제시하지 않았습니
까. 결국, 대량 원조를 바탕으로 한 공업화로 고도성장을 해 나간
1967년이 되어서야 그나마 정점에 올랐던 1941년의 수준을 회
복하지요.

김식근 —— 해방 이후의 노력을 무시하는 게 아닙니다. 식민지 때 토대가
마련되었기에 그 노력이 성공에 이르렀다는 것이죠. 게다가 한국인
들은 일제의 식민 통치에서 배운 게 많습니다. 무엇보다 근대국가
운영의 경험과 능력을 쌓았고, 이것이 해방 후 국가 운영에 큰 도움

이 되었지요.

강수탈 ─ 아닙니다. 해방 이후 본격적으로 우리 국민의 생활수준이 향상되었다는 사실을 모르시지는 않겠지요. 해방 직후 이른바 '교육혁명'이라고 불리는 근대교육이 급속히 보급되기 시작하고, 1950~1955년의 농지개혁에 힘입어 이후 20년간 농업혁명이라 불러도 좋을 정도로 농업 생산이 비약적으로 늘어나니까요. 사실 이런 토대 위에서 1960년대 중엽부터 공업 발전이 속도를 내기 시작하는 것이죠. 실질임금이나 1인당 소득도 그 무렵부터 급속히 높아지고요. 일제 강점기와는 별 관련을 찾기 힘듭니다.

사회자 ─ 자. 다시 열띤 토론이 펼쳐지기 시작하네요. 정탈근 교수님의 의견도 들어 보겠습니다.

정탈근 ─ 저는 일제 강점기의 성격에 대해 좀 더 큰 역사적 틀에서 볼 필요가 있다고 생각합니다. 사실, 스스로 근대화한 나라들은 서양의 10개국 정도에 불과합니다. 나머지는 모두 외부로부터 자본주의나 근대화가 이식된 경우입니다. 물론 이식은 '침략과 병합'의 결과물이고요. 우리가 1876년 개항을 근대의 시작으로 보는 이유도 그렇고, 일본사에서 미국의 강제 개항이 근대화의 출발점이라고 보는 것도 세계 자본주의 시장으로의 편입을 근대의 출발로 보는 인식 때문인 것입니다. 이렇게 볼 때 일본 식민지가 되면서 근대적 경제구조가 본격적으로 들어왔다는 사실은 전혀 이상하지 않습니다. 식민지 시기에 경제가 양적으로 팽창하고 자본주의 생산관계가 도입되었다는 것, 또 일본이 미리 받아들인 근대 문화의 여러 요소가 한국에 들어왔다는 것을 인정할 필요가 있습니다.

김식근 — 제 말이 그 말입니다. 저희 입장과 비슷하군요.

정탈근 — 그건 아닙니다. 식민지 근대화론은 그 발전의 본질이 식민지 착취라는 것을 경시하는 게 큰 문제지요. 즉, 식민지를 발전시켜 주려고 한 것이 아니라, 제국의 경제를 위해 식민지를 자본주의 경제 속에 강제로 포함시킨 것입니다. 제국의 확장에 동반되는 이런 근대화의 '착취적 본질'을 놓치니, 식민지에 이식된 경제구조의 모순이 제국주의 본국보다 심화되고 식민지인에게 훨씬 더 폭력적인 형태로 작동한다는 사실을 외면하거나 무시하게 되고요. 그런 모순적 본질이 다름 아닌 끝없는 저항의 원인이었습니다. 즉, 일종의 근대화라고 하더라도 시스템에 큰 문제가 있었다는 것입니다. 3·1운동이라는 전 세계적으로 유례없는 최대 규모의 독립운동도 그런 맥락을 반영하는 것이었죠.

강수탈 — 그렇습니다. 일제 강점기는 착취와 수탈이 본질이었고, 해방 이후 진정한 근대화가 시작된 것이지요.

김식근 — 아닙니다. 의도가 어떻든 식민지 시절 근대화가 이루어진 것은 엄연한 사실이고 이를 토대로 한국이 선진국으로 나갈 수 있었지요.

정탈근 — 그럼, 언제 시작되었든 근대화는 무조건 좋다는 말씀이신가요. 진정한 근대화란 무엇인가요? 저는 이 질문이 중요하다고 봅니다. 세계사적 차원에서 본다면, 식민지 근대화론이든 수탈론이든 모두 근대 유럽을 보편적인 역사 발전의 모델로 보는 공통분모를 가지고 있습니다. 우선, 수탈론은 수탈을 강조하면서 조선 후기 내부에서 싹튼 자본주의 맹아가 개항 및 외세에 짓밟혔다고 말하는데, 이는 서구중심주의를 민족주의적으로 되풀이하는 논리입니다. 식민지 근대화론은 정반대의 주장을 펼치는 듯하지만, 수탈론과 마찬가지로 결국 근대 유럽을 역사 발전 모델로 보는 한계를 가지고 있습니다.

김식근 —— 서구 모델이 선진 모델인데, 그걸 따르는 게 뭐가 문제입니까?

정탈근 —— 바로 그런 위계적인 발상법이 문제입니다. 여기서 '식민지'는 식민 모국의 우월하고 선진적인 자본주의 구조를 통해서만 근대화가 가능하고, 그래서 수동적이고 혜택받는 존재로 치부되지요. 그런데 '모국'의 근대화 자체가 식민지 수탈, 아니 좋게 보아 식민지 '발전'을 통한 착취 구조와 밀접히 결부되어 있습니다. 그런 착취 시스템 속에서 식민 모국도 성립하고 발전했으니까요. 말하자면, 일본제국이야말로 조선을 식민화/공업화한 덕분에 근대화라는 발전을 완성한 셈이지요.

김식근 —— 선뜻 이해가 안 되지만, 어쨌든 역사가 발전하려면 근대화는 필요한 것 아닙니까?

강수탈 —— 저도 근대화 자체가 뭐가 문제인지는 잘 모르겠습니다만.

정탈근 —— 제가 이런 점에서 두 분의 주장이 일정 부분 닮은꼴이라고 말씀드린 것입니다. 식민지 근대화론과 수탈론은 '근대화'와 '민족주의'라는 두 축을 공유합니다. 수탈로 인한 자체적인 '근대화의 중단'을 주장하든, 발전을 통한 '근대화의 성공'을 주장하든 모두에게 근대화란 따라야 할 롤모델이자 진보적이고 올바른 그 무엇인 것이니까요.

김식근 ─ 아니, 수탈론이야 당연하겠지만, 우리가 민족주의에 기반한다니요?

정탈근 ─ 식민지 근대화론의 비판 대상은 모든 것을 민족주의로 재단하는 과도한 민족주의적 인식이지 민족주의 그 자체는 아니기 때문입니다. 1960, 70년대 고도 경제성장의 기원을 식민지에서 찾으며 해방 이후 한국 '민족'국가에 의한 근대화 추진에 주목한다는 점에서 역시 '민족주의'에 기반한다는 말입니다. 결국, 식민지 근대화론이나 수탈론 모두 기본적으로 '민족주의'와 '근대화'에 바탕을 두고 있는 것이지요.

사회자 ─ 그래서 '근대(화)'의 본질을 이해하는 데 문제가 있다는 말씀인가요?

정탈근 ─ 예, 식민지에서의 근대(성) 문제를 생각할 때 일국적 차원에 갇히면 사고의 진전에 장애가 됩니다. 이를 넘어서기 위해 자본주의 세계 경제라는 구체적이고 역사적인 장을 도입할 필요가 있는 것이지요. 식민지 자체가 세계 경제에서 중심부 제국주의 국가들의 지배와 착취 과정을 통해 내적 구성 부분을 이루었으니, 세계 경제는 출발부터 식민지를 자신의 존재 조건으로 두고 있었습니다. 식민지 없이는 세계 경제나 제국(주의)도 존재하지 않는 것이란 뜻이죠. 이런 점에서 식민지는 근대의 조건이라고 할 수 있습니다.

사회자 ─ 논쟁의 심화 속에서 다른 측면이 드러나며 뭔가 반짝하는 발상의 전환 같은 느낌입니다.

정탈근 —— 예, 맞습니다. 지금 우리는 '근대(화)' 자체에 대한 문제 제기가 등장해 수탈론과 근대화론이 공유하는 기반을 허물어 버리는 시대에 살고 있습니다. 탈근대주의, 탈식민주의라고 불리는 그런 통찰에 따르면, 근대란 지배(권력)의 담론입니다. 즉, 인권과 평등, 보편, 해방, 진보라기보다 억압과 폭력, 균열, 배제, 위계가 그 본질이라는 것이죠. 왜냐하면 근대는 유럽이나 서구를 역사 판단의 기준이고 진보와 문명의 잣대로 파악하는 유럽/서구중심주의가 작동하는 공간이자, 다른 한편으로 제국과 식민지, 중심과 주변, 주류와 비주류라는 우열과 위계가 작동하는 복합적인 장이었기 때문입니다. 그래서 근대(화)는 계몽적인 진보와 보편적인 발전의 장이 아니라, 자본주의가 폭력적으로 주변부를 착취하고 식민화하는 현장이었습니다. 식민지 근대화론과 수탈론 모두 이런 모순적이고 억압적이며 복합적인 근대에 대한 인식 없이, 근대를 '보편적 발전의 롤모델'로만 상정하는 한계가 있는 것입니다. 그래서 우리는 식민지 근대화론을 비판할 필요가 있지만, 그 대항자이면서도 '근대(화)'에 대한 맹신을 공유한 수탈론/내재적 발전론도 넘어서는 시야와 지평의 확장이 필요한 것입니다!

사회자 —— 매우 이론적이라서 어렵기도 하지만, 뭔가 중요한 문제를 지적해 주신 느낌입니다.

마무리 발언

사회자 — 정말 아쉽게도 벌써 마칠 시간이 되었네요. 처음에 김식근, 강수탈 교수님 두 분의 열띤 논쟁으로 시작해서, 정탈근 교수님까지 합류하셔서 열정적인 토론을 꾸려 주셨습니다. 세 분 마무리 말씀 부탁드립니다.

김식근 — 처음에 강 교수님과의 토론에 집중하면서 감정이 좀 고조된 것 같습니다. 뒤에 참가하신 정 교수님의 말씀을 들으며, 우리 쪽 주장의 약점을 깨닫게 된 좋은 시간이었습니다. '근대(화)' 자체에 대한 근본적인 비판이 아주 인상적이었습니다.

강수탈 — 저 역시 김 교수님과의 논쟁에 몰두해서 시작부터 다소 격앙되었던 것 같습니다. 정 교수님 말씀대로 우리 한반도의 일이 결국 세계적 차원의 일부이자, 그 구조로부터 영향을 받을 수밖에 없다는 점을 곱씹어 볼 생각입니다.

정탈근 — 제게도 참 귀중한 토론이었습니다. 사실 어떤 이론과 논리도 영원하거나 명백한 진리일 수는 없다고 생각합니다. 그렇지만 서구(화)란 이름과 결부된 '근대(화)'는 우리가 열등감을 가져야 할 진보나 우월이 아닌, 식민지와 제국이 함께 만들어 간 모순적이고 복합적인 공간이었음을 생각해 보는 시간이 되었기를 기대합니다.

사회자 — 자, 이것으로 '식민지 근대화론을 어떻게 볼 것인가'라는 주제의 토론을 끝마치겠습니다. 열띤 토론을 함께해 주신 세 분께 감사의 말씀 드립니다.

한국의 근대화와 관련된 논쟁

한국의 근대(화)와 관련된 논쟁은 다양합니다. 역사학 분야의 '식민지적 근대', '장기 근대화론', 사회학과 철학 및 문학 분야의 '환원 근대론'과 '중층 근대성론', '유교적 근대성론' 등입니다.

우선, '식민지적 근대'는 아메리카나 호주처럼 제국주의가 원주민을 쫓

▲ 1876년 5월 7일(양력 5월 29일) 아침 요코하마에 도착한 수신사 일행 76명이 요코하마역으로 기차를 타러 가는 행렬이다.

출처: 우리역사넷

아내고 이주한 경우와 달리 우리와 일본처럼 식민지와 모국의 생산 격차가 크지 않은 경우를 가리킵니다. '장기 근대화론'은 한국의 근대가 19세기 후반의 어느 시점부터 민족 통일이 달성되기까지의 장기적인 역사적 시간대라는 주장입니다.

한편, '환원 근대론'은 근대화가 원래 경제 외의 다양한 삶의 영역이 변화하는 과정의 의미를 담고 있는 것인데, 한국의 근대화 논쟁이 경제성장만을 논하는 '환원 근대'로 특징된다는 비판적인 논리였습니다. '중층 근대성론'은 근대의 기원을 서구에 두는 것을 비판합니다. 역사적 근대는 다양한 문명권에서 비슷한 시기에 동시에 출연했고, 긴 역사 속에서 중층적으로 만들어진 것이기 때문이라는 주장입니다. 그런가 하면 '유교적 근대성론'은 유교가 집단과 위계를 중시한다는 통념과 달리 근대화 압력에 대한 적극적 저항과 협력의 과정을 포함하는 한국의 유교적 문화 전통이 해낸 역할을 강조합니다.

식민지 근대화론을
어떻게 볼 것인가

1. 일제 강점기를 설명하는 식민지 근대화론에 대한 토론 내용을 읽고, 각 주장에 관한 근거를
정리해 적어 보세요.

식민지 근대화론을 어떻게 볼 것인가?

| 일제 강점기의
본질은
무엇인가? | 발전이다.
근거 : | 수탈이다.
근거 : |

| 식민지
근대화론의
본질은
무엇인가? | 객관적 역사학이다.
근거 : | 정치적 역사 인식이다.
근거 : |

| 근대(화)의
본질은
무엇인가? | 역사의 보편적 롤모델이다.
근거 :
-식민지 근대화론-

-수탈론- | 비판과 성찰이 필요한 복합적 공간
이다.
근거 : |

2. 일제 강점기와 식민지 근대화론에 대한 본인의 생각을 적어 보세요.

나가사키 원폭

▲ 나가사키 원폭 투하

출처: 환경운동연합

　일제 강점기가 끝난 해인 1945년, 미국은 일본이 무조건적인 항복을 거부하자 8월 6일에는 '꼬마(리틀보이)'라는 이름의 원자폭탄을, 8월 9일에는 '뚱보(팻맨)'라는 이름의 원자폭탄을 각각 히로시마와 나가사키에 떨어뜨렸습니다.

　1945년 5월 독일이 항복하고, 8월에는 히로시마와 나가사키에 원자폭탄을 맞은 일본이 무조건 항복을 선언하며 제2차 세계대전은 막을 내렸습니다. 히로시마 투하 사흘 후에 또다시 투하된 나가사키 원폭은 3만 5,000명의 사람을 죽이고 1.8평방마일의 구역을 초토로 만들었습니다.

· 쟁점 8 ·

이승만 대 김구

― 남한과 북한은 어떻게 생겨났는가

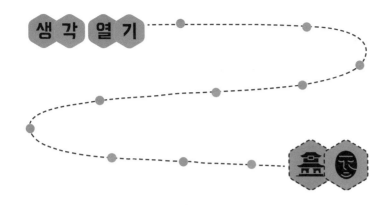

생 각 열 기

2020년 7월 통일부 장관 후보 인사청문회에서 우리나라의 국부國父가 누구인가를 놓고, 1919년부터 6년간 대한민국 임시 정부 대통령을 지낸 우남 이승만李承晚, 1875~1965과 1940년부터 5년간 임시 정부 주석을 맡은 백범 김구金九, 1876~1949가 거론된 적이 있습니다. 해방되고 대한민국 정부가 수립된 지 70여 년이란 시간이 흘렀지만, 아직도 두 인물에 대한 객관적인 평가보다는 정치적인 이념과 서로 다른 역사관에 따라서 양 진영으로 나뉘어 해묵은 논란이 이어져 오고 있습니다.

▲ 이승만과 김구

출처: 한국역사연구회

두 사람 모두 개항기 외세의 침략과 민족운동, 봉건적 질곡과 근대화 운동으로 점철된 파란만장한 격동의 근·현대사 시기를 관통하면서 일제 강점기 해외에서 독립운동을 했던 대표적인 독립 운동가이자 해방 이후 대한민국 정부 수립까지 우익 민족 진영을 이끌던 민족 지도자라는 공통점을 지닙니다. 또 두 사람은 황해도에서 비슷한 시기에 태어나 1905년 을사늑약 체결 당시 애국계몽운동[1]에 참여했다는 행적 또한 비슷합니다. 이후 일제의 침탈이 심화되어 국내 활동이 어려워지자 두 사람은 일제 강점기 동안 해외에서 활동하기 시작합니다. 김구는 중국에서, 이승만은 미국에서 각각 자주독립의 지사志士[2]로 활동하였습니다.

두 사람 모두 해방 후에 국내로 복귀하여 정치 활동을 이어 나가면서 처음에는 우익 진영을 대표하여 서로 협력하는 관계를 유지하다가, 남북한 단독 정부 수립 여부를 놓고 의견 차이를 보이면서 사이가 멀어지게 됩니다.

해방 후 한반도가 남과 북으로 분단된 원인은 여러 가지가 있겠지만, 우리 근현대사를 대표하는 두 사람이 겪었던 처절한 역경의 삶과 사고의 흐름을 비교하면서 남한과 북한이 어떻게 생겨났는지를 고찰해 보도록 하겠습니다.

1
사회 진화론의 영향을 받아 교육, 언론, 종교 등의 문화 활동과 산업 진흥을 통해 민족의 근대적 역량을 배양(실력 양성)함으로써 국권을 회복하려는 운동

2
나라와 민족을 위하여 제 몸을 바쳐 일하려는 뜻을 가진 사람

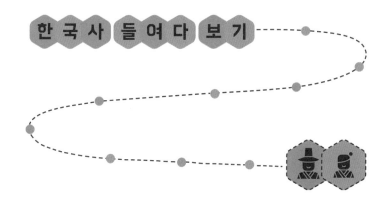

한국사 들여다 보기

김구가 이끌던 대한민국 임시 정부는 윤봉길의 거사 이후 일본의 탄압과 간섭이 심해지자, 1932년에 상하이를 떠나 1940년 충칭에 자리를 잡고 지청천[池靑天, 1888～1957][3]을 총사령관으로 하는 한국광복군을 창설합니다. 이윽고 1941년 말 일본이 태평양 전쟁을 일으켜 미·일 간 전면전이 발발하자, 임시 정부는 정식으로 대일 선전 포고를 하고 1943년에는 인도·미얀마 전선에 한국광복군 대원을 파견, 연합군과 합동 작전을 전개하여 일본군 포로의 심문, 전단 살포와 같은 선전 활동, 정보 수집 등을 담당하였습니다.

또 임시 정부는 대미외교가 중요하다고 판단하여 1941년 미국에 머물고 있던 이승만을 주미외교위원부의 책임자로 임명함으로써 임시 정부에 대한 공식 승인과 군사적 지원 등에 힘쓰게 하였습니다. 태평양 전쟁이 막바지로 치닫고 있을 때 김구는 우리 힘으로 일제를 몰아내고자 하였습니다. 이때 이승

독립운동가·정치가. 본명은 대형[大亨], 호는 백산[白山]. 중국 망명 때의 이름은 이청천[李靑天]이었다. 일본 육군 사관 학교를 졸업한 후 만주로 망명하여 1940년 광복군을 조직하고 총사령관을 지냈다. 광복 후 귀국하여 대동 청년단을 창단하고 청년 운동에 힘쓰다가, 제헌[制憲]·제2대 국회의원을 지냈다.

▲ 국내정진군 두 번째 줄 가운데 인물이 이범석이다.

만이 미국과 접촉하여 1945년 4월부터 중국에 주둔한 미국 전략첩보국[OSS]의 지원으로 399명의 광복군이 특수 훈련을 받도록 하는 데 성공했습니다. 이들의 임무는 국내에 은밀히 투입되어 일제의 배후를 교란하는 것이었습니다.

비록 한반도에 주둔해 있는 수십만 일본군에 정면으로 맞서기는 역부족인 병력이었지만, 김구는 종전 후 임시 정부가 연합군에게 목소리를 내려면 광복군이 상징적인 작전이라도 반드시 펼쳐야 한다고 생각했습니다. 마침내 1945년 8월 11일, 이범석李範奭, 1900~1972[4]이 지휘하는 50여 명의 국내정진군國內挺進軍이 선발대로 편성되었습니다. 이들은 8월 20일로 계획된 연합군 상륙 전에 국내에 투입되어 유격 작전으로 일본군의 배후를 혼란스럽게 만들 예정이었습니다. 하지만 8월 15일 일본이 무조건 항복하면서 계획은 실행되지 못하였습니다.

미국에서 활동하고 있던 이승만은 국제 연합에 임시 정부 공식 승인을 요구하였습니다. 그러나 미국은 대한민국 임시 정부가 과연 한국민 전체의 의사를 대표한다고 볼 수 있는지에 대한 의문과 더불어 실제 군사적 수행 능력에 대한 의심, 나아

독립운동가·정치가. 호는 철기鐵驥. 1915년 중국으로 망명. 1920년 만주 청산리 전투에 김좌진을 도와 중대장으로 참가하여 일본군과의 싸움에서 큰 승리를 거두었다. 광복 후 귀국하여 초대 국무총리 겸 국방장관, 국토 통일원 고문, 자유당 부당수 등을 역임하였다.

가 한국민 자치 능력 부족 및 독립운동 내부의 분파 투쟁 등을 들어 임시 정부에 대한 승인은 물론, 전후 한국의 즉각적인 독립마저도 유보하고 나섰습니다. 이승만은 이러한 미국 정부의 태도에 대하여 강경하게 항의하고 이의를 제기하였지만, 미국은 그의 주장을 받아들이지 않았습니다.

▲ 1943년 11월 카이로 회담 모습. 왼쪽부터 장제스 중국 총통, 프랭클린 루스벨트 미국 대통령, 윈스턴 처칠 영국 총리이다.

출처: Wikipedia

한편, 제2차 세계대전에서 우위를 차지한 연합국은 전후 처리를 논의하기 위해 국제 회담을 열었습니다. 1943년에 미국·영국·중국의 정상이 이집트에 모여 카이로 회담을 개최합니다. 이 회담에서 일제로부터 한국의 독립이 처음으로 거론되었고, 한국인의 자유와 독립을 보장할 것을 합의하였습니다. 1945년 7월 17일 미국이 원자폭탄 개발에 성공한 다음 날, 베를린 교외에 있는 포츠담에서 연합군의 세 거두인 트루먼, 처칠, 스탈린이 유럽의 전후 처리 문제를 논의하기 위해 회담[5]을 가졌습니다. 이 회담에서는 카이로 선언의 모든 조항 이행을 다시 확인하고 일본의 항복을 요구하죠.

국내에서도 광복을 1년여 앞두고 여운형의 주도로 사회주의자와 민족주의자를 아우른 조선 건국 동맹이 결성되어 중앙

제2차 세계대전 종결 직전 연합국인 미국·영국·소련의 수뇌부가 독일 포츠담에 모여 개최한 회담이다. 이미 그 전에 점령한 독일에 대한 처리 문제와 패망이 확실한 일본에 대한 처리가 주된 내용이었다. 특히 이 회의에서 일본의 무조건 항복과 한국의 독립을 담은 포츠담 선언(1945년 7월 26일)이 발표되었다. 그러나 일본은 이를 거부했고, 결국 원자폭탄이 투하된 후에야 받아들였다.

▲ 건국준비위원회 시절 몽양 여운형 선생이 연설하는 장면이다.

출처: 몽양여운형선생기념사업회

조직과 더불어 전국 10개 도에 지방 조직을 갖추었습니다. 또 충칭의 임시 정부와도 연락하기 위해 노력합니다.

1945년 8월 미국이 일본에 원자폭탄을 투하하고 소련이 대일전에 참전함으로써 일본이 무조건 항복하게 됩니다. 그 후 미국과 소련은 일본군의 항복 접수와 무장 해제를 명분으로 서로 간 동의하에 북위 38도선을 경계로 한반도의 남과 북에 자국의 군대를 각각 주둔시킵니다.

광복 직후 여운형은 조선 건국 동맹을 바탕으로 안재홍과 함께 조선 건국 준비 위원회(이하 건준)를 결성하고 국가 건설을 준비하였습니다. 건준은 해방 후 혼란한 정국의 치안 유지와 행정 업무를 담당하였습니다. 이들은 연합군이 한반도에 진주하더라도 우리 민족 스스로의 힘으로 독립 국가를 세울 수 있을 것으로 예상하였습니다. 그래서 친일파를 제외하고 국내외의 다양한 정치 세력을 망라하여 정부를 수립하고자 하였습니다.

건준은 미군이 한반도에 진주한다는 소식을 접하고 미리 조선 인민 공화국 수립을 선포하고, 이승만을 주석에 추대하는 등 좌우 세력을 망라하려는 모습을 보였지만, 이후 남한에 주둔한 미군정은 조선 인민 공화국의 대표성을 인정하지 않았습니다. 또 충청에 있던 임시 정부의 대표성도 인정하지 않아서 김구는 개인 자격으로 입국할 수밖에 없었지요.

해방 후 남한의 민족 지도자 진영은 김구와 이승만을 대표로 하는 우익 세력, 여운형과 안재홍과 같은 중도 세력, 박헌영의 조선 공산당 같은 좌익 세력 등 여러 이념으로 분열하여 갈등하고 있었습니다. 소련군이 주둔한 북한에서는 점차 소련의 지원을 받는 김일성 중심의 좌익 세력이 정국을 주도하게 됩니다.

그런 와중에 1945년 12월에 모스크바에서 미국, 영국, 소련의 외무 장관들이 모여 한국의 독립 문제를 논의하였습니다. 이 회의에서 미국과 소련이 미·소 공동 위원회를 설치하고, 여기에서 한국인들로 구성되는 조선 임시 정부를 수립하며, 최장 5년간의 신탁통치[6]를 거쳐 한국을 독립시킨다는 것이 결정되었습니다.

모스크바 3국 외상 회의 결정이 국내에 알려지자, 김구와 이승만 등 우익 세력은 한국의 독립을 부인하는 것이라며 신탁통치 반대 운동에 나섰습니다. 좌익 세력도 처음에는 신탁통치에 반대하였으나, 얼마 뒤 모스크바 3국 외상 회의의 핵심적 내용은 임시 정부 수립에 있으며, 우리의 역량에 따라서 신탁통치 기간을 단축할 수 있다며 지지 입장으로 돌아섰습니다. 이후 모스크바 3국 외상 회의 결정을 둘러싼 좌우의 견해 차이는 서로 간에 절충점을 찾지 못하면서 좌우 대립은 점차 확산되었습니다.

6
한반도 내 독립 국가 수립 논의를 위해 최장 5개년 동안 미군과 소련군이 한반도에 주둔하면서 통치를 하겠다는 결정을 내렸다.

▲ 삼상 결정을 지지하는 좌익 세력의 시위   ▲ 신탁통치를 반대하는 우익 세력의 시위
출처: 우리역사넷   출처: Wikipedia

　이후 서울에서 제1차 미·소 공동 위원회가 열리지만 성과 없이 끝나고, 좌익 측의 여운형과 우익 측의 김규식이 중심이 되어 좌우 합작 운동에 나서지만, 여운형마저 암살되면서 실패로 돌아가게 됩니다. 국제적으로는 1947년 3월 미국의 트루먼 대통령이 사회주의의 확장을 저지하겠다는 선언(트루먼 선언)을 한 것을 계기로 냉전이 본격화되는데, 국내에도 큰 영향을 미쳐서 제2차 미·소 공동 위원회가 다시 결렬되고 맙니다. 이에 미국은 한국 문제를 UN 총회로 넘겨서 UN 감시하의 남북 총선거를 시행하여 독립된 한국 정부를 수립하기로 하였습니다. 그러나 소련의 거부로 UN 소총회를 열어 선거가 가능한 지역, 즉 38도선 이남 지역만의 총선거를 결정하고 맙니다. 이제 한반도는 분단의 갈림길에 서게 됩니다.

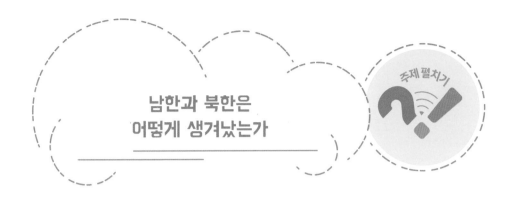

남한과 북한은
어떻게 생겨났는가

　해방 후 한반도가 분단되는 상황에서 그 중심에 있었던 두 인물을 꼽자면 바로 우남 이승만과 백범 김구일 것이다. 두 사람 모두 한국 현대사에서 가장 많은 사람에게 회자될 정도로 큰 역할을 한 인물이다.

　백범 김구는 일생을 바쳐 조국 광복을 위해 분투하였던 독립운동가이다. 해방 후에는 남과 북의 극우와 극좌로부터 맹렬한 공격을 받았지만 이에 굴하지 않고, 통일을 가로막는 외세와 외세에 기대어 민족 분단을 주장하는 국내 정치 세력들과 맞서 싸웠다. 2004년 새로운 고액권 지폐의 발행을 앞두고 벌인 설문 조사에서 김구는 지폐에 들어갈 인물로 가장 많은 지지를 받았다. 김구의 자서전인 『백범일지』는 한국인이라면 꼭 읽어야 할 필독서가 되었으며, 백범기념관은 매년 수많은 사람이 방문하고 있을 정도로 김구는 한국인들의 존경을 받는 인물이다.

　우남 이승만 또한 한국의 자유와 독립을 위하여 일생을 바친 독립투사이자 애국자이며 한반도의 공산화를 방지한 신념의 정치가라는 평가를 받는다. 반면, 친미 반공적인 냉전적 인물로서 민족 분단의 책임에서 벗어날 수 없으며, 임시 정부와 해방 후 초대 정부 시절 두 번이나 대통령을 역임하지만 두 번 다 쫓겨나는 불명예를 떠안기도 했다. 정권 수립 후 자신의 정치 권력을 연장하기 위해 민주주의를 위반한 독재자라는 비난을 받기도 한다.

이에 직접 이승만 박사와 김구 선생의 입장이 되어 시간적 흐름에 따라 역사적인 현장을 회상하면서 두 사람의 행적과 생각을 들어 보도록 하겠다. 편의상 호칭은 이승만 박사와 김구 선생으로 한다.

주제 1
개화기~일제 강점기 전후

사회자 — 먼저, 두 분의 어린 시절 성장기부터 이야기를 시작해 볼까요?

김구 — 저는 강화도조약이 체결된 1876년, 황해도 해주 텃골의 몰락한 양반 집안에서 태어났습니다. 10대 시절에는 옛 선조들이 누렸던 가문의 영광을 되찾기 위해 과거科擧로 입신출세를 꿈꾸기도 하였지만, 과거 시험장에서 부정 행위가 난무하던 시절이다 보니 낙방하고 말았습니다.

이승만 — 저는 김구 선생보다 1년 앞선 1875년 양녕대군 16대손으로 몰락한 양반 집안의 둘째 아들로 태어났는데 형이 일찍 죽어서 가문의 6대 독자로 자라났습니다. 어머니의 높은 교육열로 일찍이 천자문을 떼고, 서울 최고 가문의 자제들만 다닌다는 서당에서 공부를 할 수 있었죠. 저도 김구 선생처럼 19세가 될 때까지 과거시험에 8번이나 응시하였으나 낙방한 경험이 있습니다.

사회자 —— 두 분 다 집안 출신이나 과거시험 낙방 경험 등 비슷한 점이 많군요. 이후 해외로 나가기 전의 국내 활동에 관해서도 이야기를 해 주시죠.

김구 —— 과거 시험을 통한 양반사회 편입이 좌절된 후 1년간 방황하다가, 저는 존비귀천이 없다는 말에 이끌려 1893년 동학에 입문하면서 새로운 삶을 살아가겠다는 뜻으로 이름도 김창암金昌巖에서 김창수金昌洙로 개명하였죠. 동학농민 전쟁은 일본군의 개입으로 실패하였지만, 그 과정에서 안중근 의사의 아버지인 안태훈의 각별한 후원으로 선비 고능선 선생을 만나서 큰 가르침을 받았습니다. 그런 가운데 청일전쟁 등 국제 정세 속에서 국가 존재의 소중함을 깨닫게 되었죠. 1895년 명성황후가 시해되는 을미사변이 일어난 다음 해, 그 사건에 대한 복수 차원의 의거로 일본인 스치다 조스케를 죽인 일명 치하포 사건으로 근 2년간 옥살이를 하게 되었죠. 그 안에서 김진사라는 사람을 만나서 비밀결사에 대한 비법을 듣게 되었는데, 아마도 이것이 이후 한인애국단 등 비밀결사와 의거를 중시하는 나의 독립투쟁 방략에 큰 영향을 주었던 것 같네요. 그리고 감옥 안에서 근대적 서적 등을 읽으면서 기존에 가졌던 화이론적[7] 세계관에서 탈피하여 1903년 기독교에 입교하게 되었고, 이후 근대적인 애국계

7
중화를 존중하고 오랑캐를 물리친다는 뜻으로, 조선 대외정책의 골간이 된 사상

8

1907년에 국내에서 결성된
항일 비밀결사

9

죽음과 삶에 대한 견해를 체
계적으로 갖춘 세계관

10

독립운동가·정치가(1864~
1951). 호는 송재松齋. 김옥균
등과 일으킨 갑신정변의 실
패로 일본과 미국에서 망명
생활을 하였다. 후에 귀국하
여 독립협회를 조직하고, 우
리나라 최초의 민간 신문인
「독립신문」을 발간하였다.

몽운동에도 매진하게 되었어요. 이 당시 신민회[8]에 가입하고 스스로 신사상가임을 자부하며 의병 운동에 대해 비판적인 입장이 되었죠. 그러나 안명근 사건에 연루되어 1911년 서대문 감옥에 투옥되었을 때, 일제에 몸을 던져 맞서는 의병의 의리와 사생관[9]을 다시 받아들여 나의 정신적 상태가 나약해졌다는 반성도 하게 되었죠. 그래서 1914년 출옥에 대비하여 이름을 구龜에서 구九로, 호를 백정범부白丁凡夫를 뜻하는 백범白凡으로 고쳤습니다.

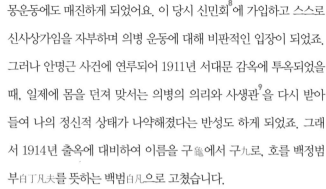

이승만 ── 저는 배재학당 영어부에 입학하여 미국 선교사들로부터 신교육을 받으면서 영어와 토론 실력을 쌓았습니다. 그 후 독립협회에서 서재필[10] 선생을 만나 한국의 정치개혁 필요성을 느끼게 되면서 만민공동회에도 적극적으로 참여하여 민중 계몽운동을 주도한 혐의로 25세부터 30세까지 5년 7개월 동안 옥살이도 겪었죠. 옥중에서 기독교에 입교하였고, 혹독한 고문 중에도 『성경』을 영어로 써서 책을 만들 정도로 영어 공부에 매진하였습니다. 그리고 독립협회 이전 모든 개혁 운동의 실패 원인이 바로 일반 민중의 무지몽매함에 있다고 보고, 교육 문제에 관심을 두고 가능한 한 많은 젊은이를 외국으로 유학 보내야 한다고 주장하였습니다. 저 역시 1904년 출옥하자마자 미국으로 유학을 떠나 조지워싱턴대학교에서 학사를 마친 후 하버드대학교에서 석사를 이수하였으며 프린스턴대학교에서 1910년 6월에 「미국의 영향을 받은 중립 Neutrality as Influenced by the United States」이라는 제목의 논문으로 한국인 최초로 미국에서 박사 학위를 취득하였습니다.

일제 강점기

사회자 —— 구한말 어지러운 정국 상황처럼 김구 선생은 굴곡진 삶의 여정을 거치셨군요. 동학의 서민성과 의병의 기개, 그리고 근대 계몽 운동을 경험하시면서 선생의 인생관과 민족관을 정립시켜 나갔던 시기라고 감히 평가해 봅니다. 이승만 박사께서는 옥중 생활 속에서도 공부를 게을리하지 않으셨군요. 게다가 스스로 영어를 공부하시고 미국 유학길에 오르셔서 그렇게 단기간에 학위를 세 개나 받으시다니 매우 놀랍습니다. 그렇다면 이제부터 본격적으로 독립운동 시기에 관한 얘기를 나눠 보도록 하겠습니다. 먼저, 김구 선생의 본격적인 독립운동의 출발점은 1919년 중국으로 망명하여 상해 임시 정부에 참여하면서부터일 텐데요.

김구 —— 네. 맞습니다. 내 나이 44세가 되던 해였죠. 그해 8월 임시 정부의 경무국장을 맡으면서 본격적으로 활동을 시작하였습니다. 저는 임시 정부의 문지기라도 할 마음으로 지원했는데, 내무총장인 안창호 선생께서 저에게 처음부터 경무국장이라는 막중한 역할을 맡기셔서 큰 자부심을 품게 되었죠. 관직에 오르기 위한 과거에 낙방하고 무려 27년 만에, 44세의 늦은 나이로 국가 중앙기구의 고위 관리가 되었으니 감격스러웠습니다. 경무국장으로서 일본 경찰과의 첩보 대결, 동포사회의 안녕질서 확보와 임시 정부 요인의 경호, 임시 정부에 도전하는 인물과 세력을 처단하는 일을 하였죠. 그 후

1923년에는 내무총장직을 맡아 국민대표회의 과정에서 임시 정부를 해체하고 새 정부를 세우자는 창조파에 대해 해산령을 내렸으며, 그 후 혼란한 임시 정부를 수습하기 위해 노력하였습니다.

사회자 ─── 이승만 박사는 미국에서 독립운동 활동을 전개하고 계셨는데요. 구체적으로 어떤 활동을 하고 계셨나요?

이승만 ─── 저는 유학을 목적으로 미국으로 갔습니다. 하지만 일본이 우리나라를 병합한 후 9월에 귀국하여 중앙기독교청년회YMCA 교육부 간사를 맡으면서 전도 및 교육사업에 열중하였습니다. 그러나 이것도 잠시, 소위 105인 사건[11]으로 기독교계 인사들에 대한 대대적인 검거가 시작되자 다시 미국으로 건너가지 않을 수 없었습니다. 17개월 만에 미국으로 다시 돌아온 저는 박용만[12]의 권유로 1913년 하와이로 건너가 정착했습니다. 이 당시 저는 무력 항쟁이나 의열투쟁의 부질없음을 깨닫고, 외교 활동을 통한 독립운동에 집중하고 있었죠. 외교가 나라를 유지하는 법이며, 외교를 친밀히 하는 것이 강대국 사이에서 국권을 보존하는 방법이라고 믿었습니다. 그 당시 제1차 세계대전이 종결되고 미국의 윌슨 대통령이 민족자결주의[13] 원칙을 발표하자, 저는 미주 대한인국민회 대표로 파리강화회의에 참석하고자 하였습니다. 하지만 미국 정부는 한국은 제1차 세계대전의 참전국이 아니라는 이유로 파리행 여권 발급을 허가하지 않아서 좌절되고 말았지요. 저는 그 대안으로 한국이 국제연맹의 위임통치를 받겠다는 청원서를 미국 국무부에 제출했는데, 그 내용에는 '열강은 한국을 일본의 학정虐政으로부터 구출할 것, 한국의 완전 독립을 보

1911년 조선총독부가 민족해방운동을 탄압하기 위하여 데라우치 마사타케寺內正毅 총독의 암살 미수사건을 조작하여 105인의 독립운동가를 감옥에 가둔 사건으로 애국계몽운동가의 비밀결사였던 신민회가 해체되는 원인이 되었다.

1912년 하와이로 건너가 대한인국민회 하와이 지방총회의 기관지인 『신한국보新韓國報』의 주필로 언론 활동을 폈다. 1914년에는 농장을 임대하여 동포의 청년들이 공동으로 경작하게 하였다. 또 항일무장 독립운동단체인 대조선국민군단大朝鮮國民軍團을 조직해 군사훈련을 실시하여 130여 명을 독립전쟁에 대비한 인원으로 확보할 수 있었다.

1919년 제1차 세계대전의 뒤처리를 위해 열린 파리강화회의에서 당시 미국 대통령이었던 우드로 윌슨이 제창한 것으로, 한 민족이 그들 국가의 독립 문제를 스스로 결정짓게 하자는 원칙을 말한다. 이는 식민지 상태에서 해방과 독립을 열망하는 약소민족들에게 큰 희망을 안겨주었고, 우리나라의 3·1운동에도 많은 영향을 미쳤다.

장할 것, 한국을 당분간 국제연맹 통치하에 둘 것' 등이 포함되어 있었습니다. 한국이 더 이상 불법적이고 포악한 일본의 통치 아래에 있는 대신 나중에 독립할 목적으로 열강의 위임통치를 받는 것이 낫겠다는 판단이었지요. 그러나 한국은 참전국이 아니라는 이유로 위임통치 청원서가 무시된 점을 참으로 안타깝게 생각합니다.

사회자 —— 3·1운동 이후 국내외 각지에서 여덟 개가 넘는 임시 정부가 수립되었고, 거의 모든 임시 정부에서 이승만 박사는 국무총리급에 해당하는 직위에 추대됩니다. 이어 상해 통합 임시 정부의 초대 대통령으로 취임하시게 되는데요. 스스로 그 이유가 뭐라고 생각하십니까?

이승만 —— 허허. 제 입으로 직접 말하기는 쑥스럽지만, 많은 독립운동 지도자 사이에서 저의 독립협회 활동 경력, 미국 박사 학위, 프린스턴대학교 시절 나의 은사였던 윌슨 대통령과의 친분, 재미교포 사회에서의 명망, 카리스마적 매력, 자금 조달 능력 등을 높게 평가해서이지 않을까 싶습니다.

사회자 —— 하지만 얼마 가지 않아 1925년에 탄핵을 당하여 임시 정부 대통령직에서 면직되셨는데요. 그 이유는 무엇인가요?

이승만 —— 파리강화회의에 참석하려는 노력이 실패로 끝났지만, 미국을 중심으로 한 외교 독립 노선을 포기하지 않다 보니 임정 내의 무장 독립투쟁 노선 및 소련에 의존한 독립운동가들과 마찰을 빚었죠. 결국, 1921년 국제연맹에 위임통치를 청원한 것이 미국에 나라를 팔아먹는 매국 행위라고 문제 삼은 세력들에 의해 탄핵당했는데 저로서는 매우 억울한 심정입니다.

사회자 — 이후 독립운동가들의 기대와 열망 속에 출발한 임시 정부는 좌우 간 갈등과 반목 등 사상과 조직의 혼란으로 얼마 가지 않아 극심한 위기에 빠지게 되는데요. 김구 선생께서는 이 시기를 어떻게 회상하시나요?

김구 — 그 당시 임시 정부에서는 독립운동의 방향을 두고 갈등이 벌어지는 상황이었죠. 이를 논의하기 위해 국민대표 회의가 소집되어 격론을 벌였지만 큰 성과를 거두지 못한 채 결렬되었고, 이에 실망하여 많은 사람이 대한민국 임시 정부를 떠나고 말았습니다. 이 당시 임시 정부는 이름만 있고 찾아오는 동포들이 없는 상태여서 '해 지는 외딴 성에 슬픈 깃발 날리듯 암담한 시기였다'고 표현할 수 있겠네요. 제 개인적인 형편 또한 급속하게 악화되어서 1924년 사랑하는 아내 최준례가 프랑스 조계지역[14]밖인 홍커우 폐병원에서 숨을 거둘 때 옆에 있어 주지도 못하였고, 이후 어머니와 아들마저 본국으로 돌아가 외로운 생활을 하게 되었지요.

사회자 — 듣기만 해도 참담한 시기였다는 게 느껴집니다. 이러한 난국을 어떻게 타개해 나가셨는지도 궁금합니다.

김구 — 1927년 임시 정부가 결국 무정부 상태에 처하자, 당시 임시의 정원 의장 이동녕李東寧은 저에게 임시 정부의 국무령에 취임할 것을 권유하였습니다. 하지만 저 같은 미천한 출신이 한 나라의 원수가 되는 것은 국가와 민족의 위신을 크게 떨어뜨리는 일이라며 사양하였죠. 결국 개헌 작업을 거쳐 임시 정부를 국무령제에서 국무위원

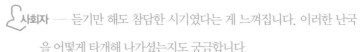

[14]
19세기 후반에 영국, 미국, 일본 등 8개국이 중국을 침략하는 근거지로 삼았던, 개항 도시의 외국인 거주지이다. 한때는 28개소에 이르렀으나 제2차 세계대전 이후 폐지되었다.

제로 개편하였고, "죽자꾸나!" 하는 결의로 거사를 도모한 것이 이봉창과 윤봉길로 대표되는 한인애국단의 의열 투쟁이었습니다.

이승만 —— 김구 선생과 임시 정부 인사들은 세계적인 대세에 대해 몽매하다고 생각합니다. 저는 이봉창과 윤봉길 의거와 같은 폭력적인 투쟁 방식은 국제적인 여론, 특히 기독교적 평화주의를 모범으로 하는 미국에서 좋은 평을 받을 수 없다고 생각하여 간디와 같은 비폭력주의를 주장하였습니다. 조국 광복을 위한다면서 무법한 개인 행동으로 적의 원수 한두 사람이나 상해하려다가 수천 명의 생명과 무수한 재산 손실을 당하는 일은 절대로 하지 말았어야 한다는 것이 저의 생각이었습니다.

사회자 —— 그렇다면 탄핵을 당한 후 이승만 박사께서는 어떤 활동을 하셨나요?

이승만 —— 이봉창, 윤봉길 의사의 의거 방식에는 찬성하지 않지만, 그 덕분에 임시 정부가 국제사회에서 존재감을 드러내기 시작했다는 점은 긍정적으로 보고 있습니다. 그래서 이 기회에 스위스 제네바에 있는 국제연맹본부에 한국의 독립을 탄원하기로 하는데, 임시정부 측에서 나를 적임자인 전권대사로 임명하더군요. 아마도 시간이 흘러서 임시 정부 내에 제게 반감이 있었던 세력들이 많이 사라졌던 것 같습니다. 김구 선생이 저를 지지하며 외교 역할의 필요성을 강력히 역설한 덕분에 1933년, 즉 1925년 임시 정부 대통령직에서 탄핵당한 이후 8년 만에 임시 정부의 국무위원으로 복귀하였지요.

사회자 —— 하지만 앞에서 말씀하신 것처럼 이봉창, 윤봉길 두 의사의 의거로 인해 임정의 위신이 높아진 만큼 위험도도 커졌는데요. 그래서 난징, 한커우, 창사 등을 거치는 피신과 유랑 생활을 이어 가시다가 1940년 드디어 충칭에 터를 마련하시게 됩니다. 이 당시는 제2차 세계대전이 벌어진 시기이기도 합니다. 이후 1945년 해방될 때까지의 5년이라는 시기를 다시 정리해 보신다면요?

김구 ── 이 시기에는 세 가지를 중점에 두었습니다. 첫째는 오랜 피난 생활로 흐트러진 임시 정부의 조직과 체제를 정비·강화하는 것, 둘째는 좌익 세력과의 정치적 합작을 확대하는 것, 셋째는 군사 활동으로 국내 진입 작전을 추진하는 것으로 정리할 수 있겠습니다. 조직을 정비하는 차원에서 민족주의 계열 3당을 통합하여 새로이 한국독립당을 결성함으로써 임시 정부의 세력 기반으로 삼고, 한국광복군을 창설하였으며, 임시 정부의 헌법을 개정하여 주석제를 도입하고 강력한 지도체제를 확립하고자 했습니다. 이를 기반으로 저는 중국 관내의 좌우합작을 추진하였습니다. 1942년 좌익진영의 조선의용대가 광복군에 편입되었고, 좌익진영의 인사들이 의정원 의원에 선출되었지요. 1944년 김규식을 비롯하여 좌파 인사들이 부주석 및 국무위원과 행정부서 책임자로 선출됨으로써 임시 정부는 좌우 연합정부로 확대됩니다. 나아가 저는 옌안에서 활동하고 있던 조선독립동맹과도 합작을 모색하였습니다. 독립동맹 위원장 김두봉에게 편지를 보내 양측의 통일을 제의하고, 장건상을 옌안으로 파견하여 합작을 추진하였지만, 협상이 실현되기 전에 일제가 패망하고 말았죠.

이승만 ── 저는 제2차 세계대전이 전개되자 외교 독립 활동을 더욱 활발히 전개하기 위해 하와이에서 워싱턴 D.C로 무대를 옮겼습니다. 1941년 일본이 미국 하와이 진주만을 습격하기 열 달 전부터 일본이 결국 미국을 상대로 전쟁을 일으킬 것임을 예측한 『일본의 침략근성Japan Inside Out: The Challenge of Today』이라는 저서를 미국에서 출간하여 미국에 일본의 공격을 미리 경고하며 미국의 참전을 촉구하였지요. 그리고 1942년에 '미국의 소리VOA 한국어 방송'을 통해 국내외 동포들에게 우리말과 영어로 광복군의 활동을 알리는 육성방송을 하여 일제 치하에 고통받고 있는 우리 민족에게 해방의 희망찬 소식을 알리는 활동도 하였습니다. 또 미국 전략첩보국OSS과 협력관계를 구축하고 소수의 한인을 선발하여 군사훈련을 받게 하는 데 일조하였습니다.

사회자 ── 이승만 박사께서는 미국에서 외교 활동을 꾸준히 하시면서 제2차 세계대전에서 일제의 패망을 예상하고 계셨군요. 그리고 김구 선생의 말씀대로라면 해방 후 국내의 남북협상 전에 이미 중국 관내에서 먼저 좌우합작을 시도하셨네요. 한편, 군사 활동과 관련하여 어떤 전략을 가지고 계셨나요?

김구 ── 하나는 연합군과 함께 대일전쟁을 전개함으로써 전후 연합국의 지위를 획득한다는 것이었습니다. 이런 취지에서 임시 정부는 일제가 미국의 진주만을 기습 공격하자 즉각 대일 선전 포고를 발표하였고, 광복군 대원들을 인도·미얀마 전선에 파견하여 영국군과 함께 대일전쟁을 수행하게 하였으며, 미국의 첩보 기구인 OSS와 '독수리 작전'이란 이름으로 공동 작전을 추진하였습니다. 또 제주도를 교두보로 국내에 진입하려고 구상하고 있었지만, 아쉽게도 일제의 항복 선언으로 성사되지는 못했죠.

사회자 —— 해방 전 연합국 사이에서 우리나라의 독립 문제에 대한 논의가 진행되었습니다. 즉, 1942년부터 미국과 영국 사이에 전후 한국 문제를 '국제 공동관리'로 해결한다는 내용이 알려지기 시작했는데요. 또 1943년 12월 카이로에서 미·영·중 3국 정상이 '한국 민중의 노예 상태에 유의하여 적당한 시기에 한국이 자유롭게 되고 독립하게 될 것을 결의하였다'라는 선언을 발표하였습니다. 그 당시 이 소식을 접하신 두 분의 생각이나 대응은 어떠하셨는지 궁금합니다.

김구 —— 1942년의 '국제 공동관리' 소식을 듣고 즉각 반대운동에 나섰죠. 임시 정부 명의로 전후 한국 문제에 대한 국제 공동관리를 반대하는 성명을 발표하고, 한국 민족은 절대로 받아들이지 않을 것임을 천명하였습니다. 다른 한편으로는 충칭에서 활동하던 좌우익 진영의 독립운동 세력들을 집결시켜 '재중 자유 한인대회'라고 불리는 대규모 집회를 열어, "우리는 완전 독립을 요구하며 소위 국제 감독 보호나 다른 어떠한 형식의 외래 간섭도 반대한다"라는 결의안을 채택하고, 각 동맹국 원수들에게 임시 정부에 대한 승인과 즉각적인 독립을 촉구하는 전문을 발송하였습니다. 그리고 1943년의 카이로 회담에 대해서도 몇 말씀 드리자면, 이 회담에 중국의 장제스가 참석한다는 사실을 알고, 회담 시행 5개월 전에 임시 정부 요인들과 함께 장제스를 찾아가 한국의 독립을 관철해 달라고 부탁하였고 이것이 장제스를 통해 카이로 선언에서 한국의 독립 보장으로 이어지게 된 것이었죠. 하지만 우리의 외교적 노력으로 한국의 독립이 보장된 것은 환영할 만한 소식이었지만, '적당한 시기'라는 조건에는 반대하였고, 일제가 패망하면 그 즉시 독립되어야 한다고 주장하였습니다.

이승만 — 김구 선생이 중국의 장제스 정부를 통해 카이로 선언에 우리나라의 독립이 언급되도록 한 바에는 마땅히 감사하고 축하할 일이외다. 하지만 제2차 세계대전 이후 전 세계를 주도할 국가는 미국과 소련이었소. 따라서 저는 김구 선생의 중국만을 통한 외교적인 노력에는 한계가 있다고 생각하며, 카이로 선언의 한국 독립 보장은 미국에서 활동하는 동안 본인이 미국을 통한 우리나라의 해방을 끊임없이 강조하고 노력한 결실이라고 자평하고 싶소.

주제 3
해방정국

사회자 — 1945년 8월 15일 해방이 찾아왔을 때, 기쁨도 잠시 제2차 세계대전 막바지에 체결된 얄타 회담[15]에 의해 한반도에 미국과 소련 군정이 들어서게 됩니다. 이후 미국에서 활동하던 이승만 박사와 중국에서 활동하던 김구 선생을 포함하여 많은 민족 지도자도 속속들이 국내로 들어오기 시작했습니다. 중국에서 오랜 세월 동안 갖은 고생을 하며 임시 정부를 이끌고 있었던 김구 선생은 미군정이 임시

15

제2차 세계대전 중반인 1945년 2월 우크라이나 흑해 연안에 위치한 얄타에서 미국·영국·소련의 지도자가 모여 독일의 패전과 그 관리에 대하여 의견을 나눈 회담이다. 또 한반도의 38도선 분할 통치를 결정하였다.

정부를 승인하지 않는 바람에 임시 정부 요인 자격이 아닌 개인 자
격으로 국내에 입국하게 되셨는데요. 그 당시를 회상한다면 심정이
어떠하셨는지요?

김구 —— 광복 3개월 후인 11월 23일에야 감격스러운 귀국을 하였지만,
환영인파 하나 없는 김포공항에 개인 자격으로 발을 디뎠을 때는
말로 표현할 수 없는 심정이었습니다. 해방을 준비하면서 1941년
중국 충칭에서 제정한 건국강령에서는 대한민국 임시 정부가 수립
된 1919년 3월 13일을 건국일의 의미로 정의했지만, 미군정은 이
를 무시하였습니다. 27년간 해외에서 갖은 고생을 하며 민족 독립
을 위해 묵묵히 일해 온 임시 정부 사람들에게는 가슴 아픈 일이
었지요. 그리고 충칭에 있던 임시 정부는 한국광복군을 조직하고,
제2차 세계대전이 발발하자 일제에 선전 포고를 하며 연합군의 일
원으로 참전하였습니다. 제2차 세계대전 말미 일제가 패전할 기미
를 보이자 국내정진군을 조직하여 국내 진공 작전을 펼쳐 한반도에
서 일본을 무력화시키려는 계획도 세워 둔 상태였지요. 하지만 아시
다시피 일본이 그보다 앞서 항복을 선언하는 바람에 우리의 거사는
안타깝게도 실행에 옮겨지지는 못했습니다. 이에 일제가 항복을 선
언한 날 저는 크게 기뻐할 수만은 없었습니다. 국내 진공 작전을 수
행하여 성공하였다면 우리 민족 스스로 해방을 쟁취한 것이므로 신
국가 건설에 주도적인 역할을 할 수 있었을 텐데, 국내 진공 작전을
펼치지 못한 상황에서 해방이 이루어졌기 때문에 제2차 세계대전의
승전국들에 의해 해방 이후 우리 민족의 신국가 건설이 결정될 가능

성이 크다고 판단하였기 때문입니다.

이승만 —— 저는 1945년 10월 16일 미군기 편으로 김포공항에 도착하여 귀국한 지 1주일 만인 1945년 10월 23일 각 정당 대표 2백여 명이 참석한 가운데 자주독립을 촉구하기 위해 각 정당을 규합하는 대표 기구로 독립촉성중앙협의회를 결성하였지요. 해방 후 60여 정당이 난립하여 혼란을 일으키고 있으니 각 정당 단체가 자신만의 주장을 고집하지 말고 그 소리를 하나로 하여 세계에 표명하여야 하며, 무엇이든지 하나로 만들어야 하는 것 아니겠습니까? 타국 사람이 한국을 알려면 바로 가서 물어볼 만한 책임 있는 기관을 만들어야 한다고 생각했기에, 이념을 뛰어넘는 대동단결의 의미로 독립촉성중앙협의회라는 단체를 중심으로 국내 정치 활동을 시작한 것이지요.

사회자 —— 비록 해방은 되었지만, 우리 민족이 한마음 한뜻으로 뭉쳐지지는 않았습니다. 불과 몇 개월 사이에 수백 개의 정당이 난립하였고, 좌익과 우익으로 편을 갈라 서로 싸우기 시작하였습니다. 특히 1945년 12월에 열린 모스크바 3상 회의에서 신탁통치 결의안이 채택되면서 좌익과 우익은 신탁통치안을 놓고 대립이 극에 달했습니다. 이 당시의 상황으로 돌아가서 말씀을 나눠 볼까요? 좌익진영은 처음에는 반탁에 뜻을 같이하다가 찬탁으로 입장을 급선회하였는데요. 신탁통치 소식을 듣고 두 분은 어떻게 생각하셨는지요?

김구 —— 신탁통치는 자주독립에 방해가 되기 때문에 당연히 반대하였지요. 우리 지도자들뿐만 아니라 대다수 여론은 반대 입장이었습니다. 저는 곧바로 국무회의를 소집하고, 각계 인사들과 함께 신탁통치에 반대하는 신탁통치 반대 국민 총동원위원회를 결성하고 반탁 운동에 나섰습니다. 이는 해방 전 충칭에서 전개한 국제 공동관리 반대운동의 연장이었습니다. 국제 공동관리에 반대하였듯이, 신탁 통치 문제도 받아들일 수 없었던 겁니다.

이승만 ── 당연하게 저 역시 반대하였지요. 미·소에 의한 남북 분할 점령은 우리가 자초한 바가 아니고 오히려 우리에게 강요된 것이며, 한반도의 신탁통치 제안은 연합국의 중대 잘못이 될 것이라고 강하게 경고하면서 반탁을 표명하였지요. 그래서 저와 김구 선생은 우익의 대표 지도자로서 반탁운동을 주도하였습니다.

사회자 ── 그럼 이 당시에는 두 분 모두 우익 진영으로서 같은 생각을 가지고 계셨군요. 그런데 3상 회의 결정에 따라서 1946년 서울에서 제1차 미·소공동위원회가 열리게 되었는데요. 아시다시피 회의는 별 소득 없이 휴회되고 말았습니다. 이렇게 정국이 혼란한 가운데 중도 성향의 여운형과 김규식을 중심으로 좌우 합작 운동이 있었는 데요. 이 당시의 정치적인 생각을 말씀해 주시겠습니까?

이승만 ── 저는 좌우 합작을 반대하였습니다. 그 이유는 소련 스탈린의 적화赤化 방식을 일찌감치 파악했기 때문이죠. 만약 좌우 합작을 통해 연립정부를 세운다고 하더라도 결국 한반도는 적화 통일될 것이 틀림없었을 겁니다. 스탈린의 적화 야욕은 동유럽 전역을 휩쓸었으니, 체코에 이어 루마니아, 헝가리, 폴란드 등이 이러한 적화 방식에 의해 소련의 위성국가로 변했지요. 적화 도미노 현상은 이후 아시아 대륙으로 파급되어, 중국의 경우 국공합작國共合作으로 대일항전을 전개했으나 해방 후 모택동의 팔로군(중공군)이 장제스의 국민당 정부를 내몰고 중국대륙을 적화 통일한 것에서도 알 수 있는 바 아닙니까? 저 또한 통일 정부를 고대하였으나 무기 휴회된 미·소공동위원회가 재개될 기색이 보이지 않는다고 판단하였습니다. 따라서 좌우 합작은 민족의 자살을 의미하는 것이기에 좌우 연립정부의 수립을 적극 반대하였고, 우리는 남방이라도 임시 정부, 혹은 위원회 같은 것을 조직하여 38도선 이북에서 소련이 철퇴하도록 세계 공론에 호소할 것을 주장하였지요.

사회자 —— 남한만의 단독 정부 구성도 염두에 두어야 한다는 말씀이시군요. 이 말을 전해 들은 김구 선생은 어떠하셨나요?

김구 —— 남한만의 정부라니요. 천부당만부당한 말이라고 생각했습니다. 38선을 경계로 한 분단도, 또 남한만의 단독 정부 수립도 받아들일 수 없었습니다. 이는 임시 정부를 이끌며 독립운동을 전개한 목표가 아니었기 때문입니다. 일제가 패망하면 그 즉시 자주적인 독립국가를 건설하여야 한다는 생각이었고, 자주독립국가는 당연히 통일된 국가였습니다. 또 단독 정부를 수립하는 것은 민족을 분단시키는 것이나 다름없었습니다. 남한에서 단독 정부를 수립하면, 북쪽에서도 정부를 수립할 것이기 때문입니다. 즉, 한반도 내에는 하나의 정부가 수립되어야 한다는 생각뿐이었습니다.

사회자 —— 1947년에 제2차 미·소공동위원회가 열렸습니다. 하지만 양국의 의견 차이를 좁히지 못하고 결국 결렬되고 말았습니다. 결국 한반도에 정부를 수립하는 문제는 UN으로 넘겨졌습니다. UN 총회에서 한반도 정부 수립을 위한 남북한 총선거 실시를 결정하고 선거 감시를 위한 임시위원단을 한국에 파견하기로 하였는데요. 이에 대해 두 분은 어떤 반응을 보이셨나요?

이승만 —— 한반도에 정부 구성을 할 수 있다니 당연히 UN 결정을 적극적으로 지지하였지요.

김구 —— 남북한을 포함한 단일정부 구성이 가능하겠다는 희망이 생겼습니다. 이 무렵 김규식 선생을 중심으로 한 중도파와 연계하여 '자주독립의 민주주의 통일 정부'를 수립한다는 원칙 아래 38선 철폐, 남북교류 보장, 전국적 총선거 실시를 전제하고, 미소 양군의 철병과 남북요인회담을 추진해 나갔죠.

사회자 —— 1948년 1월 UN 한국 임시위원단이 한반도에 들어오려 하였지만, 소련이 북한지역으로의 입국을 거부하자, 이후 UN 소총회를 열어 가능한 지역에서만이라도 총선거를 실시하여 정부를 구성하기로 하였습니다. 이 결정에 대해 두 분은 어떤 생각을 하셨나요?

이승만 —— 당연히 적극적으로 환영하였지요. 우선 남한만이라도 독립을 하자는 뜻을 전달하기 위해 1947년 2월에 미국에 직접 가서 미 국무부에 '6개 항목 요구안'을 제출했는데, 그 첫째 안이 '총선거에 의해 남북통일 정부가 수립될 때까지 남한에 과도정부를 수립한다'는 것이었습니다. 이를 미국이 승인하여 남한에서 자유롭고 간섭 없는 선거를 통해 한국민의 명확한 의사로 남한 독립 과도정부를 수립할 수 있게 되었고, 이는 남북통일로 나아가는 첫 번째 단계일 것이라고 확신하였습니다.

김구 —— 저는 결사적으로 반대하였습니다. 왜냐하면 남북 양쪽에 다른 정부가 들어서면 우리 민족은 영원히 분단되는 거라고 판단했기 때문입니다. 이 당시 「3천만 동포에게 읍고함」이란 성명을 발표하고, 단독 정부 수립에 협력하지 않겠다는 것과 통일국가 건설에 대한 의지를 다시 한번 천명하였습니다.

사회자 —— 이 부분에서는 두 분이 각기 다른 생각을 하고 계셨군요. 김구 선생은 반대의 의미로 어떤 활동을 하셨는지요?

김구 —— 저는 1945년 12월 모스크바 3상 회의 이후 이승만 박사를 형님으로 부르면서 공동보조를 취해 왔지만 단독 정부 수립 문제를 둘러싼 견해 충돌로 마침내 1947년 12월 결별을 선언하고, 독립촉성중앙협의회 부총재직을 사임하였습니다. 그리고 당시는 조국이 독립의 길이냐, 예속의 길이냐, 통일의 길이냐, 분열의 길이냐 하는 분수령의 시기였기에, 비록 저는 공산주의를 싫어하지만 그러한 이념을 한 꺼풀 벗어 던지면 그 안에는 같은 피와 언어와 조상과 풍속을 가진 조선 민족만이 있을 뿐이라고 생각하였습니다. 즉, '민족은 주의를 초월한다'는 신념과 임정 시절 중국에서 좌우 연합전선을 결성한 경험을 바탕으로 남북협상의 희망을 품었던 겁니다. 그래서 남북한 통일 정부 수립을 위해 북한 공산당을 이끌고 있던 김일성에게 통일 정부 수립을 위한 남북회담을 제의하고, 저와 뜻이 비슷하던 김규식과 함께 평양에 다녀왔습니다.

이승만 —— 그 당시 북한은 이미 스탈린의 지령에 따라 단독 정부 수립이 이미 결정된 상태였습니다. 1945년 말 유고슬라비아에서의 우익 탄압, 이듬해 6월 폴란드 공산당의 국민 투표 결과 조작, 그리고 1947년 8월 20%밖에 득표하지 못한 공산당이 소련군의 비호 아래 정권을 강탈한 헝가리 사태를 고려해 볼 때, 당시 남북협상은 북한의 통일전선 전술에 이용될 것이 불 보듯 뻔했단 말씀이외다. 따라서 남북협상 요구에 호응한다면 결국 김일성의 통일 전략에 의해 한반도 전체가 공산화될 뿐만 아니라 민족문화를 기초로 한 민족자주독립국은 소멸하고 한국은 소련의 위성국으로 전락할 것으로 생각하였지요. 나는 당시 내가 친아우처럼 아끼던 김구가 나하고 같은 길을 가지 않은 것을 슬프고 원통한 일이라고 느꼈습니다.

사회자 ── 그렇다면 남북협상의 결과는 어떠하였나요?

김구 ── 기대와는 다르게 결과적으로는 큰 소득이 없었습니다. 저는 당시 남쪽과 북쪽 어디에서도 단독 정부를 세우는 데 반대하고, 우리 민족의 미래를 위해 반드시 통일 정부를 수립해야 한다는 취지의 연설을 통해 통일 정부 설립 방안이 수립되도록 노력하였지만, 이는 실행에 옮겨지지 못하였습니다. 남과 북에서 이를 실행할 의지가 없었고, 별도로 정부 수립을 추진한 것이 가장 큰 요인이었지요.

이승만 ── 저는 이미 북한 정세와 소련의 태도를 예상하였습니다. 김구 선생의 구상이 성공하려면 김일성에게 자주적 결정권이 있어야 했지만, 당시 북한은 사실상 소련 군정 치하였기에 실패할 수밖에 없었지요. 저는 남한만이라도 우선 단독 정부를 수립한 후에 38도선 이북의 소련군을 축출하고 북한과의 통합된 정부 수립으로 나아가야 한다고 주장한 것입니다.

대한민국 정부 수립

사회자 — 김구 선생의 노력에도 불구하고 의도와는 다르게 양상이 흘러갔군요. 그러면서 두 분의 감정의 골은 점점 깊어져 갔습니다. 1948년 5월 10일 선거가 가능한 지역인 남한에서만 초대 국회의원을 선출하는 총선거가 실시되었고 그 결과 1948년 8월 15일 대한민국 정부가 수립되었습니다. 이에 대한 평가를 각자 내려 주시겠습니까?

김구 — 저를 비롯한 임시 정부 측 인사들이 만든 한국독립당은 선거에 불참하였습니다. 남한만의 선거는 남북한이 영구 분단되는 시발점이 되기 때문이죠. 저는 임시 정부를 유지, 운영하면서 좌우의 독립운동 단체들이 서로 분립하였던 실상을 목격하였습니다. 마찬가지로 남북에 각각 정부가 들어서면 우리 민족의 의도와는 달리 남북의 우리 형제자매가 미·소 전쟁의 전초전을 개시하여 총검으로 서로 대치하게 될 것이 불 보듯 뻔한 일이니, 민족적 참화를 가져올 것으로 판단하였죠.

이승만 — 1948년 8월 15일에 대한민국 정부 수립을 국내외에 선포하는 '대한민국 정부 수립 국민축하식'이 거행되었죠. 그해 여름에는 폭염과 폭우가 기승을 부려서 자연재해가 극심했는데, 대한민국의 출범을 알리는 역사적 행사가 열리는 이날만은 쾌청한 날씨였던 것으로 기억합니다. 중앙청[16] 앞에서 세종로, 시청, 남대문에 이르는

옛 조선총독부 건물로 광복 후 정부청사와 국립박물관 등으로 쓰이다가 1995년 철거되었다.

광장에는 새벽부터 축하 시민들로 인산인해를 이루었습니다. 저는 이날 "민주와 민권을 선양, 자유 옹호와 균등사회 건설에 힘쓰자"라는 기념사를 읽었던 것이 아직 생생합니다. 그리고 기념사 끝에 "대한민국 30년 8월 15일"이라는 대한민국 임시 정부 연호를 사용한 것은 1919년 상해 대한민국 임시 정부의 법통法統을 계승하고 있음을 분명히 해 두기 위해서였습니다. 해방 직후 한반도에서는 사회주의와 공산주의가 위세를 떨치고 있었습니다. 이러한 악조건을 격파하고 자본주의와 자유민주주의 대한민국 정부를 수립한 것은 기적이 아닐 수 없다고 생각합니다. 신생 국가에서 자유민주주의와 자본주의가 나라의 근본이어야 한다는 신념을 확고하게 유지했기에 가능하지 않았나 평가하고 싶습니다.

사회자 ── 이승만 정부 출범 이후 김구 선생은 이승만 박사에 대해 노골적으로 비판한 사실이 있습니다. 왜 그런 건가요?

김구 ── 우리가 중국에서 뻣뻣한 빵 한 조각으로 며칠씩 끼니를 이어 올때, 이승만 박사는 반역자의 자금을 걷으러 미국에 간다고 하고서는, 돈을 보내는 것은 고사하고 미국에서 호의호식하다가 왔으면서 이제 와 본인이 애국자라 한다고 비판한 적이 있습니다.

이승만 ── 저도 그 당시에 가만히 듣고만 있을 수 없어서 이런 말을 한적이 있습니다. 김구는 혁명가는 될 수 있어도 정치가는 못 되고, 그저 곡괭이 들고 나가서 부수라면 하겠지만, 사람 다독거리는 정치는 못한다고 말이죠.

김구 ── 오히려 북측과 대화를 하지 않던 이승만이 진정한 정치가인지

되묻고 싶습니다. 저는 제2차 세계대전 종전 이후 4개년간의 국제 정세를 보면 전쟁보다는 평화를 갈망하고 있는 것으로 판단하였습니다. 그러므로 한반도 문제도 국제 정세의 큰 조류, 즉 평화에 발맞추어 남북의 전쟁을 통한 통일을 지양하고, 타협으로 통일 정부를 수립해야 한다고 호소하였습니다. 그래서 남북한 단독 정부가 수립된 이후에도 미소 양군의 무조건 철수와 남북협상을 통한 자주 민주의 통일을 지속적으로 주장하였죠. 일부에서는 이것을 공염불인 양 코웃음을 쳤지만, 그것은 실천 가능한 일이고, 이 길만이 우리 민족이 최후 승리를 거둘 수 있다고 확신하였습니다.

사회자 ── 그 당시 두 분의 감정싸움이 극에 달했다는 것이 여실히 느껴집니다. 이승만 정부가 수립되고 1년도 지나지 않은 1949년 6월, 육군 장교 안두희의 총에 김구 선생이 저격당하여 세상을 떠났습니다. 많은 사람은 이승만 지지 세력이 반대만 하는 김구가 보기 싫어 시해하였다고 주장하였습니다. 이에 대해서 이승만 박사는 하실 말씀이 있는지요?

이승만 ── 나도 그 사건에 대해서는 매우 안타깝고 유감스럽게 생각합니다. 비록 해방 이후 정부 수립 과정에서 서로 다른 의견으로 대립한 부분은 있지만, 일제 강점기 그 긴 시간 동안 서로 먼 타국에서 각자 독립 활동을 한 동지의 죽음은 너무 애통한 일이 아닐 수 없었습니다. 김구 선생은 남북협상을 통해 통일 정부 수립을 완수하자는 정치 이상을 구현하려다가 그 뜻을 펴지 못한 채 극우파 청년의 흉탄을 맞고 한 많은 일생을 마감한 것이지요. 김구 선생의 죽음 직전 우리의 적대적 관계만 놓고 김구 선생의 죽음 배후에 나를 언급하기도 하는데, 믿어 줄지 모르지만 나는 그 일에 있어서는 관여한 바가 없다는 걸 다시 한번 얘기하고 싶습니다.

사회자 —— 남북 단독 정부 수립 이후 2년 뒤 결국 한국전쟁이 발발하게 되었습니다. 이 두 사건, 즉 단독 정부 수립과 한국전쟁의 연관성에 대해 어떻게 생각하시는지요?

김구 —— 서로 적대적인 관계 속에서 남북 단독 정부가 세워진다는 것은 무엇을 의미하겠소? 더군다나 냉전이라는 세계 정세 속에서 한반도는 강대국 간 힘겨루기의 장이 될 수밖에 없다는 건 자명한 사실 아니겠습니까? 그래서 저는 초지일관 한반도에 통일 정부 수립을 주장한 것입니다. 이를 위해 주변의 만류를 무릅쓰고 평양에 가서 직접 김일성을 만나 남북협상을 시도하였고요. 하지만 남과 북에서 이를 실행할 의지가 없었죠. 결국 한국전쟁이 발발하게 된 가장 근본적인 이유는 남과 북에서 별도로 정부 수립을 추진한 것이었다고 생각합니다.

이승만 —— 김구 선생이 남북협상에 나섰지만 결국 어떻게 되었소? 김일성이 공산 정권을 수립하는 데 명분만 준 꼴이 돼 버렸잖소. 김일성은 남북협상(1948. 4. 19.)을 주재하면서 '주한미군 철수 후 정치회의 소집'을 고집했는데, 이는 결국 그때부터 미군 철수 후 한반도를 적화 통일하려는 목적을 이미 가지고 있었다는 것이지요. 한국전쟁을 준비하기 위해 김일성은 미리 소련의 군사 지원 약속과 중국 공산당의 남침 승인을 받아 내었습니다. 결국 한국전쟁은 옛 소련－중공－

북한 등 공산주의자들이 한반도를 공산주의 진영의 아시아 전진기지로 삼으려는 이해관계가 맞아떨어졌기 때문에 발생한 것입니다. 나도 전쟁이 일어나는 것은 원치 않았습니다. 하지만 한국전쟁이 발발하자 미국을 비롯하여 16개 UN 회원국이 남한의 편에 참전하여 북한의 침략에서 대한민국을 지킬 수 있는 토대가 된 것은 내가 UN 총회로부터 대한민국 정부의 정식 승인을 받아 놓았기 때문이지요.

마무리 발언

사회자 ─── 개화기부터 일제 강점기를 거쳐 해방정국과 대한민국 정부 수립까지 이승만 박사와 김구 선생의 행적과 생각을 들어 보았습니다. 이처럼 우리 선조들은 개항기, 일제 강점기, 해방 공간에서 앞날을 개척하기 위해 처절하게 고뇌하고 노력하였습니다. 해방 후 비록 분단을 맞이했지만, 김구나 이승만 등 수많은 독립 투사가 모두 분단된 국가를 얻기 위해서 독립운동을 한 것은 결코 아닙니다. 한반도 통일만이 그들이 원했던 완전한 독립 국가로 가는 길이었습니다. 우리는 그들이 놓쳤던 것을 거울삼아 치열하게 국제 관계를 조명하는 가운데 우리 앞에 놓인 분단이라는 과제를 자주적이고 주체적으로 해결해 나가야 할 것입니다. 시간 관계상 오늘 토론은 마쳐야 할 것 같습니다. 역사적인 현장을 회상하면서 두 분의 행적과 생각을 되새길 수 있었던 의미 있는 시간이었다고 생각합니다. 감사합니다.

분단에서 통일로

왜 우리는 분단국가가 되었을까요? 분단 국가가 된 배경 속에는 개항기 제국주의 열 강의 접근과 청·일·러 사이의 국제 정세, 일 제의 침략과 지배, 제1·2차 세계대전, 해방 직후 미·소의 한반도 주둔 등 외부적 요인들 이 있었습니다.

만약 일본 강점기를 거치지 않았더라면 우리는 분단국가가 되지 않았을까요? 아니 면 해방 후 미·소에 의해 38도선으로 나뉘지 않았더라면? 물론 이런 외부적 요인들이 우

▲ 한국전쟁 중 전쟁고아가 된 아이들

출처: Wikipedia

리의 분단에 영향을 미쳤던 건 사실이겠죠. 하지만 역사적 흐름 속에서 앞으로도 우리의 앞날에는 여 러 가지 외부적 상황이 발생할 것입니다. 그 상황 속에서 우리가 어떤 결정을 하고 행동하느냐에 따라 서 앞날이 결정될 것입니다. 그렇기에 우리는 이전의 역사에서 지침이 될 만한 것들을 얻어야 합니다.

한반도 분단의 근원적 요인이 제2차 세계대전에서의 연합국의 승리에 힘입은 바 크다는 외부적인 점을 부인할 수 없지만, 식민통치하 우리 독립운동사 및 해방 공간에서 벌어졌던 이념 갈등에 대해 이해하는 노력 역시 필요합니다.

**남한과 북한은
어떻게 생겨났는가**

1. 이승만과 김구의 독립 운동과 해방 이후의 활동에 대한 토론 내용을 읽고, 각 주장에 관한 근거를 정리해 적어 보세요.

남한과 북한은 어떻게 생겨났는가?

이승만이 국제연맹에 제출하려 했던 위임통치서는 적절하였는가?	긍정적이다. 근거 :	부정적이다. 근거 :
김구의 한인애국단 활동은 적절하였는가?	긍정적이다. 근거 :	부정적이다. 근거 :
남북협상운동에 대한 평가는?	긍정적이다. 근거 :	부정적이다. 근거 :
단독 정부 수립과 한국전쟁은 연관성이 있는가?	연관성이 적다. 근거 :	연관성이 크다. 근거 :

2. 남한과 북한은 어떻게 생겨났는가에 대한 본인의 생각을 적어 보세요.

이스라엘 건국 선언

▲ 1948년 5월 14일 텔아비브 박물관에 모인 유대인들이 의회를 소집하고 이스라엘의 건국을 선언하는 모습이다.

출처: 이스라엘 외교부

우리나라가 해방을 맞은 1948년, 중동의 팔레스타인 지역에서는 유대인들이 이스라엘 건국 선언을 합니다. 유대인들은 BC 1500년 무렵부터 중동의 팔레스타인 지역에 정착해 살다가 AD 70년 무렵 이 지역을 점령한 로마군에 의해 쫓겨난 뒤로 세계 곳곳에 흩어져 살아야만 했죠.

19세기 후반이 되자 유대인들 사이에서 우리도 나라를 세워야 한다는 목소리가 나오기 시작했는데, 그중 조상들이 살던 땅, 즉 팔레스타인 땅을 되찾자는 생각을 시오니즘이라고 합니다.

1948년 국제 연합의 도움으로 유대인은 팔레스타인에 이스라엘을 세웠습니다. 수천 년 동안 팔레스타인에서 살던 팔레스타인 사람들이 자기네 땅에서 쫓겨나게 된 거지요. 이 지역의 유대인과 팔레스타인 사람들 간에 네 번의 전쟁이 일어났는데 모두 이스라엘이 승리하게 됩니다. 땅을 뺏긴 팔레스타인 사람들은 1964년에 '팔레스타인 해방 기구PLO'를 결성하여 이스라엘에 맞서 싸웁니다. 이후 1993년이 되어서야 평화 협정을 체결하고 '팔레스타인 자치 정부'를 세울 수 있게 되었어요. 하지만 지금까지도 두 민족 간에 공격과 보복이 자행되는 등 악순환이 계속되고 있습니다.

생각 더하기

+ 생각 더하기는 장별 '마무리하기'의 예시 답안입니다.

 쟁점 1 **단군 신화를 어떻게 볼 것인가**

고조선의 통치자이다.
근거 : 단군은 제사장, 왕검은 정치적 지배자를 가리키는 표현이다.

고조선의 첫 통치자이다.
근거 : 단군은 통치자를 가리키는 표현이지만, 왕검은 개인의 이름이었다.

기원전 10세기 이후에 세워졌다.
근거 : 삼국유사에 기록된 건국 시기는 신석기 시대에 해당하며, 고조선의 건국은 청동기의 본격적인 사용이 이루어진 기원전 10세기 이후이다.

기원전 24세기 무렵에 세워졌다.
근거 : 삼국유사 등 여러 기록과 기원전 20세기 무렵에 만들어진 청동기 유물의 존재에 따라 기원전 24세기 무렵에 세워졌다고 볼 수 있다.

| 지금 우리에게 단군 신화와 고조선은 어떤 의미인가? |

주장 1 : 홍익인간의 이념에서, 현대 세계가 직면한 문제를 해결하는 데 영감을 얻을 수 있다.

주장 2 : 같은 민족으로서의 정체성을 인식하고 하나로 묶어 주는 역할을 한다.

삼국사기와 삼국유사는 어떻게 다른가

삼국사기는 정사이다.

근거 : 국가에서 공식적으로 편찬한 역사서이며, 정사의 기본 역사 서술 방식인 기전체 방식에 따라 서술되었다.

삼국유사는 야사이다.

근거 : 다양한 이야기가 일연의 선택을 통해 수록되어 있다.

신라 중심으로 쓰인 편향적인 역사서이다.

근거 : 삼국사기의 시작은 고구려가 아니라, 신라의 혁거세이다. 또한 고구려, 백제와 비교하면 신라 관련 서술이 많으며, 열전의 경우 총 69명의 인물 중 신라인이 56명이다.

신라 관련 서술이 많을 뿐 신라 중심으로 쓰인 것은 아니다.

근거 : 고구려, 백제 관련 사료가 부족하고 고려가 후삼국을 통일한 사실에 정당성을 부여하기 위해 신라 관련 서술이 많은 것이다.

사실보다는 허황된 이야기를 담고 있어 역사서로 볼 수 없다.

근거 : 신화, 전설 등 역사적 사실로 인정할 수 없는 기이한 이야기들이 대부분을 차지하고 있다.

삼국에 대한 진실에 다가갈 수 있는 역사서이다.

근거 : 보이는 것만이 진실이 아니다. 신화, 전설 등의 이야기 속에 숨겨진 역사적 사실을 파악할 수 있다.

삼국유사는 자주적인 성격을 띠지만 삼국사기는 사대주의적 성격의 역사서이다.

근거 : 삼국유사는 단군과 고조선을 우리 민족의 기원으로 삼아 서술하였다. 이에 반해 삼국사기는 고구려, 백제의 멸망을 중국 왕조와의 관계 악화 때문으로 서술하고 있다.

삼국사기와 삼국유사 모두 자주적인 성격을 띠고 있다.

근거 : 삼국유사와 마찬가지로 삼국사기도 자주적인 성격을 띠고 있다. 삼국사기에서 고구려, 백제, 신라를 모두 〈본기〉에 수록한 점은 삼국 모두 정통성을 가진 국가로 인식한 것이다.

쟁점
3

고려 멸망의 원인은 무엇인가

고려는 자체 개혁을 할 역량을 가지고 있지 않았다.
근거 : 원·명 교체기에 효과적으로 대응하지 못하였고, 사회 모순에 시달렸다.

고려는 자체 개혁을 할 역량을 가지고 있었다.
근거 : 반원자주정책을 실시하였고, 전민변정도감을 설치하여 민생 문제를 해
결하고자 했다.

위화도 회군은 정당하다.
근거 : 4불가론 등 합리적인 이유에 따른 불가피한 선택이었다.

위화도 회군은 정당하지 않다.
근거 : 권력을 잡기 위한 반역이었고, 요동을 차지할 수 있는 기회를 놓쳤다.

고려와 조선은 다른 시스템이다.
근거 : 과전법을 통해 토지제도가 획기적으로 개편되었고, 공론에 의거한 민본
정치가 나타났다.

고려와 조선은 다른 시스템이 아니다.
근거 : 과전법은 제한적인 효과를 거두었으며, 고려 때도 유학, 성리학을 중시
하였다.

황윤길과 김성일, 그들은 왜 상반된 보고를 했던 것일까

1. '임진왜란'을 부르는 한, 중, 일의 다양한 역사적 용어

(가)	**임진왜란** (한국)	• **예시답안:** '임진왜란'이란 용어에서는 '일본'이라는 공식적인 국호 대신에 '왜'라는 비칭을 사용하고 있다. 여기에서 '난'은 사전적인 의미로 '정통 정부의 권위에 대한 비정통 집단의 도전 행위'를 뜻한다.
(나)	**항왜원조** (중국)	• **예시답안:** 일본군이 명나라로 가는 가장 빠른 경로는 바로 조선을 통하여 요동 지방을 경유하는 것이었다. 명군의 참전에는 요동을 보호하는 것도 강한 동기로 작용하였다. 한편, 오늘날 중국에서는 조선을 도왔다는 의미를 강조하여 '항왜원조'라는 용어를 사용하고 있다.
(다)	**분로쿠, 게이초의 역** (일본)	• **예시답안:** 1910년 이후 일본은 '임진왜란'을 '분로쿠, 게이초의 역'이란 용어로 부르기 시작했다. 일본에서 '역'이란 국내 전쟁에서 사용하는 용어로, 주로 내전이나 정부군이 반란을 토벌할 때 사용한다.

2. 예시답안

1) '임진왜란'은 1592년 임진년에 왜인들이 일으킨 난동이라는 의미로, '왜'라
는 비하 명칭에는 일정한 주관적인 감정이 내포되어 있다. 이 용어에는 국
가와 국가 간의 대등한 전쟁이라는 시각이 존재하지 않으며, 임진왜란을
삼포왜란처럼 왜구의 분탕질 차원에서 파악한 것이다.

2) '항왜원조'는 '일본에 맞서 조선을 도운 전쟁'이라는 뜻으로, '원조'라는 표
현에는 조공국에 대한 보호와 같은 명분이 담겨 있으며, 명의 참전이 조선
을 도와준다는 뜻을 담고 있다.

3) '분로쿠, 게이초의 역'은 '분로쿠, 게이초 시대의 전쟁'이라는 의미로, '분로
쿠'는 1592년부터 1595년까지, '게이초'는 1596년부터 1614년까지 일본 천
황이 사용하였다.

4) 한국, 중국 그리고 일본 세 나라가 공통적으로 사용할 수 있는 명칭으로
'임진 전쟁'이라는 표현이 있다. '임진년'이라는 간지(干支)는 한, 중, 일 삼국
이 다 같이 사용하였고, 국가 대 국가 간의 전쟁이라는 의미를 담을 수 있
기 때문이다.

병자호란, 그 시작과 끝, 명분과 현실 사이에서

주제	명분론	현실론
친명배금 정책	성리학적인 명분론에 따라서 재조지은의 나라인 명에 대한 의리를 지켜야 한다.	명은 쇠퇴하고, 청은 성장하고 있으므로 현실적으로 청과의 외교관계를 맺고 전쟁을 막아야 한다.
병자호란 군사 준비	인조반정 이후 남한산성, 정 방산성을 구축하고 속오군과 4군영 정비 등 군사 준비에 노력을 기울였다.	대의명분을 내세운 척화파와 조선 조정은 군사 준비가 제대로 되지 않았다. 국경 방어선 구축과 지휘체계 및 통신체계가 부실했다.
북벌운동	명은 멸망했지만, 명의 은혜는 사라지지 않는다. 명의 원수와 병자호란의 치욕을 갚기 위해서는 청을 쳐야 한다.	병자호란 이후 청의 군사력은 더욱 강해졌다. 영토도 명의 세 배까지 확대되었다. 북벌 주장은 정권 안정용으로 이용되었고, 실현 가능성이 없었다.
북학운동	18세기 후반은 청이 쇠퇴하기 시작한 시기였다. 정조 사망 이후 북학파의 주장은 실현 가능성이 없었다. 대명의리론을 주장한 기호지방 사대부들은 청을 오랑캐로 인식하였다.	18세기 청의 문물을 직접 보고 온 한양 출신의 지식인들은 화이의 개념을 극복하고 북을 배우자는 주장을 펼쳤다. 가난한 조선의 현실을 극복하기 위해 수레와 선박의 이용을 강조했다.

쟁점 6 **고종, 진보적 계몽군주인가, 망국의 원인 제공자인가**

고종은 성리학적 구체제를 지향한 도학군주이다.

근거 : 고종은 친정 초기 경학에서 성리학을 집중적으로 공부했고, 이후 남긴 글과 행적에서 성리학 질서 수호, 전통적 사대주의를 강조하였다.

고종은 전통과 근대를 절충한 근대화의 새 모델을 제시하였다.

근거 : 18세기 정조의 민국이념, 군민일체사상을 계승하여 군주, 국가, 국민이 일체가 되는 평등지향적인 새 정치이념을 지향하였다.

고종은 개항부터 광무개혁까지 개방, 개혁 정책을 주도한 계몽군주였다.

근거 : 친정 이후 보수세력의 반대를 물리치고 개항, 개화정책을 적극적으로 주도하였고, 특히 근대화 개혁을 주도할 통일된 정치, 사회 세력이 형성 되지 않은 당시 상황에서 근대화를 추진한 구심점으로서 역할이 컸기 에 계몽군주라는 평가가 적합하다.

고종은 자신의 안위나 권력 유지에만 주력한 채 민권이나 국민 참정권 부여 등 근대적 정치 체제 구축에 실패하여 나라를 망국으로 이끌었다.

근거 : 황제 중심의 전제정치를 노골적으로 표방한 대한국 국제, 소수 근왕세 력 중심의 정국 운영, 민권 운동에 앞장선 독립협회 탄압, 고종 퇴위 이 후 봇물 터진 민권 운동 등이 후진적 전제정치의 증거이다.

당시 역사적 상황 속에서 황권 중심의 대한국 국제는 긍정적 평가를 내릴 수 있다.

근거 : 조선 전통의 법치주의를 계승하여 군주권을 처음으로 법으로 규정했다 는 점에서 긍정적인 평가를 내릴 수 있다. 또 한편으로는 군주 중심의 개혁이 후발국가로서 제국주의 국가와의 경쟁에서 생존하기 위한 효율 적인 방편이었다는 점, 외세와 결탁한 수많은 정치 세력의 위협을 극복 하기 위한 방편이라는 점 등도 인정해야 한다.

황제 중심의 정치체제는 긍정과 부정, 양면을 가진 동전과도 같았다.

근거 : 후발국가의 생존 방편으로서 전제정치의 필요성은 인정되나, 그 뒷면에서는 언론 탄압, 정부와 황실의 이원적 정치구조, 소수 근왕세력 중심의 정치 운영, 국민 교육과 계몽활동에 대한 소홀함 등의 부정적인 면 역시 존재하였다.

광무개혁은 완전히 실패한 복고주의적 개혁이었고, 한국 사회에서 진정한 근대화는 식민지 시대에 시작되었다.

근거 : 근대 자본주의 사회로의 발전은 산업화 그 자체뿐만 아니라 산업화를 뒷받침할 제도, 의식의 개혁이 전제되어야 한다. 하지만 광무개혁은 제도 개혁에 소홀했다. 특히 보수적 특권 상인의 이익 보호에만 앞장서 소상인, 소생산자의 몰락을 가져왔고, 부정부패의 구조적 모순을 만들었다.

대한제국 시기 추진된 광무개혁은 뜻밖의 성과를 올렸고, 이에 위협을 느낀 일본이 러·일전쟁이라는 비상수단을 통해 국권을 강탈하며 대한제국의 역사가 망국으로 이어졌다.

근거 : 광무개혁의 성과가 있었다는 것은 19세기 말 각종 경제 지표의 반전으로 증명된다. 특히 광무개혁의 성과를 높이 평가한 당시 일본 공사나 여러 주한 고문관의 증언도 참고할 만하다.

광무개혁 자체는 여러 한계도 있었지만, 개혁의 방향성이나 산업화 발전을 위한 기반 조성 노력 등은 높이 평가해야 한다.

근거 : 광무개혁이 추진되며 국민에 대한 수탈 강화, 부정부패의 만연화, 소수 특권 세력 보호로 인한 개혁을 이끌어 갈 세력 미형성 등의 한계를 보인 것은 사실이다. 하지만 근대 산업화를 향한 기반 조성(특히 지계 발급으로 사유재산 보호)이나 정권 차원의 굳은 의지, 노력 등은 높이 평가해야 한다. 그리고 이러한 것들이 일제 강점기까지 이어져 1910년대 연 3% 이상의 높은 경제 성장률을 가능하게 했다.

쟁점 7 식민지 근대화론을 어떻게 볼 것인가

발전이다.

근거 : GDP(국민총생산)의 증가율로 보나, 무역 형태 변화와 중공업의 성장으로
보나 그 시기에 조선의 경제가 발전한 것은 부정하기 어려운 사실이다.

수탈이다.

근거 : 조선총독부가 내놓은 GDP 통계자료도 문제지만, 설사 경제가 성장했
다고 해도 일본인과 친일파를 제외한 대다수 조선 사람에게는 억압적
인 수탈일 뿐이었다.

객관적 역사학이다.

근거 : 일본의 개발을 통해 정체된 조선 후기 사회를 돌파하는 발전이 가능했
다는 것을 설명하는 객관적 역사학이다. 또한 미국이나 일본 학자들의
주장에서 영향을 받았다는 사실도 설명의 객관성에 영향을 주지 않기
때문에 전혀 문제가 없다.

정치적 역사 인식이다.

근거 : 일제의 한반도 식민 지배를 정당화하는 식민사관의 전통 속에 있다. 또
한 과거 일본 식민지였던 국가들의 급속한 경제 성장이 식민지 경험 때
문이었다고 주장하며 침략과 지배의 역사를 미화하려는 정치적 역사
인식이다.

역사의 보편적 롤모델이다.

근거 : 식민지 근대화론

일제 강점기에 근대화가 이루어진 것은 분명하고, 해방 후 한국이 선진
국으로 나갈 수 있는 토대가 되었기에 근대(화)는 중요한 역사의 보편적
인 롤모델이다.

수탈론

진정한 근대(화)는 일제 강점기의 착취와 수탈에서 벗어나 해방 이후 시작되었는데, 근대(화) 자체는 올바른 것이고 우리 민족이 주도하는 근대화가 중요한 것이다.

비판과 성찰이 필요한 복합적 공간이다.

근거 : 수탈론도 식민지 근대화론도 모두 근대(화)를 좋은 것으로 파악한다. 수탈로 인한 자체적인 '근대화의 단절'을 주장하든, 발전을 통한 '근대화의 성공'을 주장하든 근대(화)는 진보적이고 올바른 것이라고 본다. 하지만 근대는 유럽이나 서구를 역사 판단의 기준이며 진보와 문명의 잣대로 파악하는 유럽/서구중심주의가 작동하는 공간이자, 억압과 폭력, 배제와 위계가 그 본질인 장이었다. 또한 근대는 자본주의가 폭력적으로 주변부를 착취하고 식민화하는 현장이자 식민지와 제국이 함께 만들어 간 공간으로, 우리가 열등감을 가져야 할 진보나 우월이 아니라 비판과 성찰이 필요한 복합적 공간이다.

남한과 북한은 어떻게 생겨났는가

이승만이 국제연맹에 제출하려 했던 위임통치서는 적절하였는가?
긍정적이다.

근거 : 제1차 세계대전 결과 일본이 승전국이었기에 미국의 윌슨 대통령이 제
창한 민족자결주의의 원칙에 해당되지 않던 한국으로서는, 불법 포악한
일본의 통치 아래에 있기보다는 나중에 독립할 목적으로 열강의 위임
통치를 받는 것이 1910년대 말 한국의 실정과 국제 정세를 고려한 현실
적인 외교적 판단이었다.

부정적이다.

근거 : 한국의 자력 독립을 인정하지 않고 열강에 국가의 통치를 위임했다는
점에서 그동안 임시 정부를 비롯한 다방면의 독립 운동에 대한 배반 행
위이며, 나라를 되찾기도 전에 나라를 팔려고 했던 외교적 대참사이다.

김구의 한인애국단 활동은 적절하였는가?
긍정적이다.

근거 : 1930년대 당시 일본의 침략은 중국 본토까지 확장되고 있었기에 독립
운동 활동이 위축될 수밖에 없던 상황에서 세계 각국에 일본의 식민 지
배에 대한 한민족의 반대와 저항, 독립 의지, 그리고 이를 대표하는 세
력으로서 대한민국 임시 정부의 존재를 알리는 방법은 일본 제국주의
에 대한 항일 의거가 그나마 실질적이었다. 이런 희생 덕분에 중국 국
민당 정부의 지원으로 한국광복군이 창설될 수 있었다.

부정적이다.

근거 : 한인애국단과 같은 폭력적인 투쟁 방식은 국제적인 여론, 특히 기독교
적 평화주의를 모범으로 하는 미국에서 좋은 평을 받을 수 없다고 판

단되며, 조국 광복을 위한다면서 무법한 개인 행동으로 적의 원수 한두 사람이나 상해하려다가 수천 명의 생명과 무수한 재산손실을 당하는 결과를 초래할 뿐이다.

남북협상운동에 대한 평가는?
긍정적이다.

근거 : 남과 북에 단독 정부를 수립하는 것은 우리 민족을 영원히 분단시키는 것이나 다름없었다. 비록 북한의 공산주의 체제와 협상을 한다는 것이 내키는 일은 아니지만, 이념의 대립보다 민족의 분열을 막아 내는 것에 우선순위를 두어야 했기에 남북협상운동은 반드시 필요한 것이었다.

부정적이다.

근거 : 그 당시 북한은 이미 단독 정부 수립이 이미 결정된 상태였기에, 당시 남북협상은 북한의 통일전선 전술에 이용당하는 것일 뿐이었다. 따라서 남북협상 요구에 호응한다면 결국 북한의 통일전략에 의해 한반도 전체 가 공산화될 뿐만 아니라 한국은 소련의 위성국으로 전락했을 것이다.

단독 정부 수립과 한국전쟁의 연관성이 있는가?
연관성이 적다.

근거 : 한국전쟁은 옛 소련─중공─북한 등 공산주의자들이 한반도를 공산주의 진영의 아시아 전진기지로 삼으려는 이해관계가 맞아떨어졌기 때문에 발생한 것이다.

연관성이 크다.

근거 : 냉전이라는 세계 정세 속에서 한반도는 강대국 간 힘겨루기의 장이 될 수밖에 없었는데, 한국전쟁이 발발하게 된 가장 근본적인 이유는 남과 북에서 별도로 정부 수립을 추진한 것이 가장 큰 요인이었다.

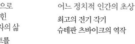